Playing Sick?

我有病，我装的

开装病背后的心理谜团

R. D. 费尔德曼
Marc D. Feldman 著

林颖 译

Web of Munchausen Synd...

CLASSIC EDITION

...ng, and Factitious Disorde-

人民邮电出版社
北京

图书在版编目（CIP）数据

我有病，我装的 ：解开装病背后的心理谜团 / （美）马克·D. 费尔德曼（Marc D. Feldman）著 ；盛文哲，林颖译. -- 北京 ：人民邮电出版社，2025. -- ISBN 978 -7-115-65651-3

Ⅰ . C912.69

中国国家版本馆 CIP 数据核字第 20240VU389 号

内 容 提 要

世界上有这样一群人：他们编造谎话、无病呻吟，常以匪夷所思、令人咋舌的悲惨故事引起他人的关注和同情，甚至利用这些精心设计的骗局获取爱、名声和经济利益。他们就是心理健康专业人士口中的装病患者。

本书收录了涉及做作性障碍、孟乔森综合征、代理型孟乔森及诈病的种种疾病骗局。作者基于多年来对这一领域的研究和实践，向我们阐述了装病现象的起源、分类、动机，以及识别和治疗装病患者的方法。全书以数十个故事、案例、患者自述将这些内容贯穿起来，让我们一睹装病患者"巧夺天工"的骗术，以及那些疯狂的行为背后的隐秘心理动机。

本书不仅适合相关专业人士借鉴和参考，还能帮助患者本人及其亲朋好友甚至普通大众了解并识别相关问题。对精神科医生、心理咨询师、临床社会工作者及任何对装病、诈病、伪造疾病等议题感兴趣的人来说，本书都是不可错过的佳作。

◆ 著 [美]马克·D. 费尔德曼（Marc D. Feldman）

　　译 盛文哲 林 颖

责任编辑 杨 楠

责任印制 彭志环

◆人民邮电出版社出版发行 北京市丰台区成寿寺路 11 号

邮编 100164 电子邮件 315@ptpress.com.cn

网址 https://www.ptpress.com.cn

三河市中晟雅豪印务有限公司印刷

◆开本：720×960 1/16

印张：20 2025 年 1 月第 1 版

字数：246 千字 2025 年 4 月河北第 2 次印刷

著作权合同登记号 图字：01-2024-2289 号

定 价：79.00 元

读者服务热线：（010）81055656 印装质量热线：（010）81055316

反盗版热线：（010）81055315

/ 推荐序 /

　　患有做作性障碍（Factitious disorder）的人会在没有外在利益或几乎没有明显好处（如获得伤残补助金或阿片类物质）的情况下，人为地在自己或他人身上诱发疾病或假装生病。很多时候，这会严重危及自己或其他受害者的健康。"做作性"这个词意味着疾病在某种程度上是人为、虚假的，而不是自然、自发产生的。作为患者，其社会责任就是想方设法地让自己康复，而这部分特殊人群却偏要违背其本该承担的社会责任，不惜一切代价以掩盖自身症状的真实来源。著名的社会学家塔尔科特·帕森斯（Talcott Parsons）① 描述了"患者角色"所具有的四种特征：

- 患者无法简单地通过意志力来恢复健康，因此需要得到治疗和照顾；
- 患者并不希望生病，所以会寻求治愈；
- 患者有责任积极配合医疗护理；
- 患者可以被免除部分正常社会责任。

　　在本书中，马克·D. 费尔德曼博士阐明了种种反常、怪异的病态行为的起源及其中的细微差别，并凸显了这些病态行为对社会责任造成的破

---

① 塔尔科特·帕森斯（1902—1979）是美国哈佛大学社会学者，美国现代社会学的奠基人，第二次世界大战后统整社会学理论的重要思想家，20世纪中期颇负盛名的结构功能论的代表人物。——译者注

坏。本书于 2004 年首次出版，对做作性障碍、孟乔森综合征（Munchausen syndrome）、代理型孟乔森（Munchausen by proxy，MBP）及诈病（Malingering）等问题进行了系统的描述，可谓开创了这一全新研究领域之先河。本书初版问世多年，至今仍然是该领域的"压卷之作"。费尔德曼博士是医疗欺诈（Medical deception）领域的顶级专家，他在书中针对这一内容给出了十分丰富而翔实的案例材料。尽管美国精神医学学会的《精神障碍诊断与统计手册》（*Diagnostic and Statistical Manual of Mental Disorders*，DSM）对相关诊断条目已经有所更新，但该主题内容依然具有重要的现实意义。最新版的 DSM（即 DSM-5）在保留"诈病"这一诊断的同时，还增加了"施加于自身的做作性障碍"和"强加于他人的做作性障碍"这两个子诊断条目。

以上这些情况都属于异常或过度"疾病行为"的范畴。所谓"异常"在于患者行为本身对疾病的认可甚至推崇。大多数患者都想缓解或消除自身的症状和功能障碍，从而履行前文提到的社会责任，而这些表现出异常疾病行为的患者则试图夸大自身的疾病症状。他们蓄意制造疾病的动机往往并不明确，甚至就连那些非这么做不可的患者本人也很难说清楚个中缘由。或许，他们的目的是谋取患者身份以从中获益，其中一种可能性是获取他人的照顾和关注，同时被豁免部分社会责任（如工作）。有时，他们蓄意制造疾病的动机可能会更加微妙，如想要宣泄愤怒或内疚的情绪。"强加于他人的做作性障碍"的动机则可能是患者想要表现得像饱受折磨但不屈不挠、令人钦佩的父母。对"诈病"来说，其中会存在金钱获利之类的明显外部利益，如获得伤残补助金或赢得法律诉讼。

在不同的历史时期，用来描述做作性障碍的术语各不相同。理查德·阿舍（Richard Asher）博士所提出的"孟乔森综合征"一词源于鲁道夫·埃里希·拉斯佩（Rudolf Erich Raspe）所著的《孟乔森男爵俄罗斯奇遇记》(*Baron Munchausen's Narrative of His Marvelous Travels and Campaigns in Russia*)。该书一经问世便立即引起轰动，至今仍在销售。阿舍博士描述了那些把医疗经历说得天花乱坠的"四处流窜的难搞患者"。这些人所说的故事真假参半，尤其是那些跟自己生活经历有关的事，这用专业术语来说叫幻想性谎言癖（Pseudologia fantastica）。阿舍博士在自己的论文中首次将这一概念引入医学文献，继而带动了一大批相关病例资料的发表，提高了人们对这一领域的认识。如今，我们已经清楚地知道，做作性障碍是一个谱系，其症状范围从"间歇性、轻微"到"长期、严重"不等，而且还混合了"幻想性谎言癖"。其中最棘手的病例则是"孟乔森综合征"这一亚型。如前所述，当一个人（施虐者）故意将其他人（通常是依赖于施虐者的人）置于患者角色时，就被称为"强加于他人的做作性障碍"。顾名思义，这属于一种虐待行为，通常针对儿童或其他受害者。

做作性障碍之所以会被当作一种匪夷所思的疾病，也许部分原因在于只有那些最严重、最极端的病例才会在报纸和杂志上出现。此外，医护人员也不愿相信他们的患者会欺骗他们，因为他们过去受到的教育是要相信患者（及其家属）告诉他们的话。

然而，流行病学研究表明，该病可能比我们以往所认为的更普遍。例如，在美国国立卫生研究院（National Institutes of Health，NIH）针对因不明原因发烧的患者进行的一项研究中，有超过9%的病例最终被诊断为做作性障碍。在一项关于肾结石病的研究中，有2.6%的病例被诊断为做作性障碍或诈病，所谓的疑似结石物可能是一些石英残留物或其他无机物。在一项针对精神科住院患者的研究中，有0.5%的病例被确诊为做作性障碍。总体而言，鉴于医学领域的专业化，有相当一部分病例可能属于做作性障碍或诈病的情况。此外，在这些人所追求与渴望的高度专业化的治疗环境中，这一比例会更高。

做作性障碍这一疾病的病程受多个因素的影响。如果病情轻微、间歇性发作，并且外部诱发动机比较少，预后一般会比较好。正如费尔德曼博士所指出的，这样的患者还有可能获得真正的痊愈。不过，如果患者被确诊为孟乔森综合征，那么他们的生活就会完全聚焦在这种装病行为上，治疗充其量只能缓解那些被制造出来的或医源性的并发症。其中，那些以精神症状为做作性症状的患者最难治疗，预后通常也最差。

如前文所述，在常见（同时也违背常理）的"强加于他人的做作性障碍"案例中，有些母亲会谎报、夸大或诱发孩子的疾病迹象和症状。例如，她们会给孩子服用催吐剂或泻药以引发真正的呕吐或腹泻，或者人为地堵塞孩子的呼吸道以诱发缺氧性癫痫发作。

对做作性障碍的治疗取决于患者的关注点在自己身上还是他人身上。如果患者伪造症状是针对他人的，如受抚养的儿童，治疗中要明确指出这属于一种虐待儿童的行为，还要向当地儿童保护机构和警方等相关部门上报。如果患者伪造症状是针对自身的，有多种方法值得提倡，但目前尚无可作为干预依据的随机对照试验研究。如果患者存在抑郁障碍或双相障碍等可能对药物有反应的疾病，进行药物治疗或许会比较有效，它可以缓解患者以非心理方式生病的冲动。有时，"非惩罚性面质"技术可能会有所帮助（"我们知道你一定很痛苦，才会使用这样的应对方式"）。然而，并没有大量文献对这种对抗性技术提供有力的支持。相反，使用非对抗性技术可能会起到不错的效果。例如，为患者提供一种可以保全其面子的干预方式（本书将对此进行详细的探讨）可能出人意料地有效。有时，保全面子的干预方式也会与专业人士所称的"双重束缚"技术结合起来使用。例如，临床医生可能会说："我们觉得你会对接下来的干预有所反应了（可以是任何一种干预方式），否则就说明你的症状明显是假的。"总之，制定有效的干预措施需要创造力、乐观的态度、悲悯之心及基于现实的期望，这几点缺一不可。

本书基于作者丰富的临床案例内容，囊括了大量作者本人的亲身经历及多位临床医生的观点和建议，是该领域当之无愧的经典之作。对患者及其家属来说，本书提供了一些深切的理解，令他们可以怀揣着希望继续走下去。对临床医护工作者来说，它填补了行业内一项重要的空白，这无疑是一份可喜的馈赠。因为大多数医生在做作性障碍方面接受的培训少之又少，这可能会让他们错过一些重要的预警信号，不知该如何对症下药。本书细致且翔实地梳理了临床干预与护理过程中的一些常见困难，如害怕引起法律纠纷及缺乏必要的沟通等，同时也相应地提出了许多切实可行的应对之策。

在过去的 20 多年里，本书一直在该领域保持着一如既往的前沿和权威地位。对患者、患者家属、临床医生及医疗卫生专业人士来说，没有其他任何一本书能够如此全面、系统地介绍这类疾病的全貌。在前沿优势方面，本书甚至将最新的一种做作性障碍类型——在各种网络社交媒体平台上进行的欺骗行为——也吸纳进来。DSM 也紧随其后，首次将医疗欺诈行为会部分或完全发生在线上平台这一事实纳入诊断条目。全面的医患管理策略使本书更加完善，也充分说明了作者终身致力于针对这一极具挑战性的人群的临床研究和实践工作。对在该领域有着强烈探索热情的读者来说，没有其他任何一本书能够提供如此深入和透彻的知识了。

斯图尔特·J. 艾森德拉思（Stuart J. Eisendrath）

医学博士

美国加利福尼亚大学旧金山分校精神病学系威尔神经科学研究所名誉教授

/ 目录 /

第 **1** 章

渴求关注的灵魂

///

在本章，我将从一个真实的案例入手展开探讨。同时，我也邀请你融入其中，身临其境地扮演一个重要的角色：试着想象一下，你的一位同事正在跟你分享她的秘密，她缓缓地透露自己好不容易才从一次可怕的车祸中缓过来，现在却要面对母亲被确诊癌症这一突如其来的噩耗。你已成了她无话不谈的闺蜜，特别想保护她。可突然间，你的这位闺蜜告诉你她也患上了癌症，而她的不幸远不止于此。她还遭遇过性侵，后来还经历了流产。此时，你才慢慢意识到，闺蜜的故事其实漏洞百出，她可能和你想象的并不一样。这一刻，你如梦方醒，顿感自己三观被毁。本章会为大家描绘一些发生在你我身边的真实生活场景，以呈现做作性障碍和孟乔森综合征所带来的可怕影响。我们不仅可以从中了解患者究竟是如何运用其"高超"的本领来生动、形象地伪装自己患有各种疾病的，也将理解为什么就连一部分专业医生都会轻易上当。我们将展示几个翔实、具体的案例故事，力求让患者在日常生活中精心伪造疾病、以假乱真的那些画面跃然纸上，从而让你对这一议题有更好的认识。另外，本章还将讨论导致做作性障碍的一些潜在因素及其与边缘型人格障碍（Borderline personality disorder, BPD）之间的关联。

想象一下：你有这样一位同事，你们俩有时会在公司的休息室里一块儿喝咖啡。日子一长，你便慢慢地熟络起来。你甚至把她当成了朋友。对方也会向你倾诉她在个人情感方面的一些小秘密。例如，深爱的祖母即将离世，她却不知该如何承受这一打击。渐渐地，她的人生故事开始升级，生活状况也变得愈发严峻。据说，她在童年时曾遭受虐待，所以现在很难真正相信他人，但她说唯独你是与众不同的。两年前，她不幸遭遇性侵，从那时起，她每天都生活在巨大的恐惧中，担心再次被人侵犯，因为那个坏人至今仍然逍遥法外。最终，当她完全取得你的信任时，她又扔出一个重磅炸弹：她刚刚得知自己被确诊癌症，还是预后很差的那种。

这时，你会怎么做？你会帮助她吗？你会给她提供情感支持，甚至施以援手吗？会不会有那么一瞬间，你对她最近或之前的那些说辞产生怀疑？

值得庆幸的是，人性大抵是宽厚仁慈的，而令人动容的苦难故事往往会激发我们内心最良善的一面。但是，患有做作性障碍的人（除此之外，还有前文中简要提到过的孟乔森综合征患者、诈病的人及代理型孟乔森施虐者）却在实施一种隐匿的偷盗行为。他们会故意"装病"（Play sick），谎称自己身染疾病或陷入困境；他们还会暗中利用他人，以获得自己生活中缺失的关注和爱护。他们中的大部分人确实备受痛苦的折磨，但这种痛苦并不是由身患癌症引起的肉体疼痛，也不是由痛失至爱引发的伤心欲绝。他们所经历的是一种情感上的巨大痛苦，这根源于他们深切地感受到自己不被爱及不值得被爱。

下面我要讲的伦达的故事生动地展现了一种特殊的精神疾病，这种疾病会将那些生活在她圈子里的人统统毁掉。尽管这个故事听起来有些离奇，但它确是真实发生过的，只不过为了保护当事人的隐私，我做了一些改动。这个故事也形象地说明了做作性障碍是如何发生、如何随着时间日益恶化，又是如何土崩瓦解的。尽管欺骗性极强，但这个案例依然属于做作性障碍，还算不上孟乔森综合征。孟乔森综合征是做作性障碍中最严重的亚型，患者的生活中只剩下伪造疾病这一件事，除此之外几乎别无他物。一般来说，孟乔森综合征患者会频繁地变换地点，不断地寻找新的"舞台"，以展示他们"高超"的骗术。

"自强不息"的伦达

所有认识伦达的人都相信，这个女人一定拥有非凡的品质。可他们不知道的是，伦达同时还是一位编故事的高手，极其善于编造谎言。伦达与命运顽强抗争的故事赢得了护理学院同学和老师的钦佩。据说三年前，28 岁的伦达死里逃生，并逐渐摆脱那场致命车祸对她造成的负面影响。医生曾断言伦达这辈子再也无法下地走路了，她却凭着自己超人般的意志硬是打破了医生的预言。现在，她身上肉眼可见的后遗症只剩下腿部的支架及终身外翻跛行。不过，这些都俨然成为伦达内心力量和勇气的象征。

按照伦达本人的描述，还没等她从那场事故中完全恢复过来，另一场灾难又接踵而至：她的母亲被诊断出侵袭性肿瘤。看着自己母亲的病情一天天恶化，痛苦与日俱增，伦达毅然选择坚强地照顾这位"唯一的、真正的朋友"，陪她度过生命的最后阶段。伦达在护理学院的入学申请表上写道，生活中的这些变故给她带来了翻天覆地的变化，并让她开始思考如何利用自己的经历来造福他人。虽然目前尚不清楚伦达是否真的有一位因癌症去世的母亲，但几乎可以肯定的是，关于母亲是她"唯一的、真正的朋友"这样的说辞只不过是她自己一厢情愿的幻想罢了。

不管伦达的母亲是不是真的去世了，伦达都声称丧母之痛让她无法继续在那个小镇生活下去。于是，她离开西弗吉尼亚州，在离家很远的一座南方城市落脚，并就读了一所大学的护理学课程。

伦达很聪明，也十分勤奋，可她毕竟离开学校太久了，她很担心自己会跟不上课程进度。她听说有一个针对护理专业新生的辅导项目，于是立即报名参加了。伦达很快就与其中一位辅导员路易丝成了朋友，敏锐的思维和乐于学习的精神让她获得了这位辅导员的赏识。几次会面过后，伦达便将这位辅导员视为知己，并开始分享自己过往那些私密而又不可思议的故事。伦达很快就告诉路易丝，她们二人之间的友谊很特别。她还说在她的生活中，很少有人能与她分享如此私密且痛苦的经历。

不久后，路易丝也把伦达当成了好友，她非常关心这位护理专业学生的学业情况。然而，她却无法满足伦达愈发强烈的被关注的渴求。伦达开始不请自来地拜访路易丝，并对要"像其他人一样"提前预约表示极为不满。

距第一次见面两个月后，伦达来到路易丝的办公室，她似乎心神不宁，内心好像有强烈的恐惧无法言表。对她来说，表达自己的恐惧似乎是一场极其痛苦的斗争。不过，在路易丝温柔的鼓励下，伦达终于说出自己在胳膊下发现了一个肿块，并且她对这可能意味着什么感到万分恐惧。路易丝坚持让她马上去医院检查一下。

伦达找到了一种特别管用的方法，让自己始终得到路易丝的高度关注。她都身陷如此严重的危机了，路易丝怎么还能指望她像其他人一样走预约来访流程呢？对伦达来说，她势必要成为路易丝最特别的那个学生，而不仅仅是预约簿上的一个名字。伦达没有预约医生做检查，这又进一步吸引了路易丝的关注。而且，无论路易丝怎么劝，她都不听，她说自己实在太害怕了。她哭得伤心欲绝，说想要母亲的陪伴。

看到自己的所作所为给路易丝带来的焦虑和压力，伦达信心大增，她很快又透露了另一个可怕的故事，让自己的危机进一步升级。当然，还有另一件可怕的事，可怕到她不知道该如何告诉路易丝。

路易丝是一位受过专业训练的职业人士，也十分富有爱心。她相信自己可以认真地倾听、慎重地思考并给出指导建议，从而帮助她的学生。正因如此，她才轻易地上了伦达的当（那些接二连三的故事最终都被证明是无中生有的）。在路易丝温柔且充满耐心的鼓励下，伦达最新的故事最终还是伴随着巨大的痛苦缓缓地浮出水面。就像伦达从未真正说过"癌症"这个词一样，她显然不能也不愿说出"强奸"这个词，但她要表达的意思再明显不过了。侵犯她的……是一个陌生人……他用枪指着她……威胁她……在讲述的过程中，伦达哭得声嘶力竭，不过路易丝敏锐地捕捉到：伦达并没有流眼泪。有一丝疑虑浮上路易丝的心头，但随着伦达一连串痛苦经历的展开，这种疑虑很快就被打消了。

鉴于伦达的情绪压力过大，路易丝建议她寻求专业的帮助以处理当下的双重危机。于是，路易丝又一次坚持让伦达立即预约医生检查身上的肿块，并约见心理咨询师，以处理因性侵带来的心理创伤。伦达同意去看医生，但坚决不想再向其他人透露自己遭遇性侵的事，因为这太让人感到羞耻了。对她来说，去看心理咨询师是不可能的。她告诉路易丝，如果真的想帮忙，就不要再给她施加任何压力，还要保证为她保守这个秘密。

在去医院检查肿块的前一天，伦达来到了路易丝的办公室。她说自己的身体十分虚弱，当月的月经一直没来，下腹也感觉疼得厉害。就这样，伦达成功地将路易丝的注意力从可疑的肿块转移到月经没来这件事上。于是，路易丝带着伦达去了一家急诊诊所，检查发现伦达有阴道感染和子宫增大。与此同时，伦达说她已经去做了孕检，稍后可以打电话询问结果。

尽管伦达在身心方面遭受了巨大的痛苦，她在学业上的表现却相当突出，这一点让路易丝感到十分惊讶。遇到这样的情况，伦达竟然还可以上完所有的课、跟上严格的课程进度、继续保持良好甚至优异的成绩。身处于这样的困境中，她究竟是如何做到的呢？路易丝大为困惑，她的内心升起一种强烈的不安（而非由衷的钦佩）。她觉得事情不太对劲，因为眼前这幅拼图缺少了太多部分。就在路易丝产生这种怀疑时，伦达说她已经去看了医生，要开始积极配合治疗乳腺癌了。

路易丝从未跟医生本人交谈过，也未曾目睹伦达的治疗过程，就像她对伦达假装去看过的妇产科医生一无所知一样。但她始终陪着这位好友接受治疗。她目睹了接受化疗的副作用：伦达呕吐得很厉害，并一直持续到深夜。不过，服用吐根糖浆也可以达到这样的效果，这种药在路边随便一家药店都买得到。伦达说自己的头痛也愈发严重了，那种感觉痛彻骨髓，就像有人拿着烧红的钢条往她头上扎一样。她痛苦地挣扎，乞求可以解脱。看到伦达经受这样的痛苦，路易丝迫切地想要帮助她。她给伦达的额头敷上凉毛巾，播放柔和的音乐来帮她缓解痛苦。

就这样，伦达坚持着继续上课，身体看上去也日渐虚弱。即使剩下的时光不足以让她真正从事自己的职业，她依然决意完成护理学院的学业。作为伦达的主要照顾者，路易丝目睹了所有伦达生病的迹象，这些迹象无不在说明伦达真的生病了——伦达胸口处标记放射治疗的黑色墨迹、浴室水池里小团脱落的头发、接受治疗后出现的尿失禁，以及持续的呕吐反应。路易丝对此毫不怀疑，这个女人真的生病了，但令她极为困惑的是，伦达的身材还是像之前一样丰满。可这些细微、令人不安的疑点立刻被她的同情心击得粉碎。因为路易丝确实亲眼看到这个女人现在病得有多重。

不过，还是有一些微小的疑点不断地浮上路易丝的心头。为什么伦达一直都不肯申请路易丝推荐给她的癌症奖学金？毕竟伦达的各项条件都符合，现在也面临经济困难。另外，为什么每当眼下的困难就快要解决时，立刻又会有新的状况出现？为什么伦达不让路易丝去跟任何一位医生当面交流呢？鉴于伦达现在的生活已经完全离不开路易丝，路易丝觉得自己有权了解这些情况。可伦达却对此感到异常愤怒，她说自己完全可以转达路易丝需要的任何治疗信息。对于自己受到的种种限制及独自承担的重担，路易丝越来越反感。

伦达刚结束最后一次化疗，就接到了一位家人从西弗吉尼亚州打来的电话。电话打进来时，路易丝正在探望她。她听到了隔壁房间里传来的声音——轻柔的哭泣声，还有电话被放回底座的声音。好像是伦达的妹妹刚刚去世了，又是一个突如其来的噩耗。在那一刻，路易丝还是安慰了她的这位朋友，但她自己已然心力交瘁了。一场接一场的悲剧不断袭来，似乎永远看不到尽头。

路易丝给一位负责临终关怀和丧亲方面的心理咨询师打去了电话，请求她的帮助。几周后，那位心理咨询师打电话告诉路易丝，她也不能确定伦达的妹妹是否已经去世，而且她坚决不相信伦达身患癌症这个说法。作为一名在临终关怀和癌症患者护理方面具有丰富经验的医护人员，她告诉路易丝，伦达的那些故事中有太多疑点。伦达的病情发展看起来并不像真正的癌症。关于她被侵犯和流产，甚至她妹妹去世这些事都存在很多前后矛盾之处和医学上的漏洞。伦达一次次地表现出的回避只会让自己看起来更加可疑。既然路易丝提出了转介，那位心理咨询师觉得自己有责任将自己的评估告知她：那位心理咨询师认为有必要将伦达转介到精神科接受进一步的治疗，这样就可以了解她为什么总是近乎强迫性地编造这些令人难以承受的悲惨故事。

于是，路易丝向伦达提出自己的这些疑问，结果伦达当场就暴怒了。

伦达用手指着路易丝，大声地指责她，却只字不提路易丝面质的那些问题。她说路易丝背叛了她，从此她再也不想和路易丝有任何瓜葛了。由于路易丝不愿再继续当一个不断接受谎言的垃圾桶，伦达断绝了跟她的一切联系。

后来，伦达显然从"癌症"中痊愈了，她以优异的成绩从学校毕业，并在一家社区医院找到了一份工作。几个月后，路易丝从同事那里听说，伦达结交到了新朋友。这一次，又有人成了这位护士的忠实听众：她，这位故事的主角，有着坚强的意志力，刚刚发现自己的胳膊下有一个肿块，并被检查出患有癌症、遭遇性侵、经历意外怀孕和流产，还意外失去了包括妹妹在内的两位亲人。这一次，她又俘获了一批新的崇拜者，并再次将她那悲惨的故事编织成了一张温暖的毛毯。

伦达并不是第一个通过伪装自己身患癌症（我们还会看到其他不同的疾病和困难）来寻求抚慰甚至关爱的人，当然她也不会是最后一个。有一部分做作性障碍患者会经常选择癌症作为骗人的幌子，他们会捏造病情，有时甚至会故意伤害自己或诱发一些躯体症状和体征，以此来博得他人的同情、仰慕和关心。癌症幸存者通常被人们赋予英雄般的人设，这对做作性障碍患者具有极大的吸引力。被确诊癌症肯定会引起周围一众亲友强烈的情绪反应，这一点也令做作性障碍患者欲罢不能。

W. F. 贝里（W. F. Bail）医生及其同事在精神病学专业期刊《心身医学》（*Psychosomatics*）上发表了一篇病例报告，当事人在很多方面都与伦达十分相似。然而，正如下文将要探讨的那样，病例中的女性表现出了更明显、更典型的孟乔森综合征特征：她的个人生活几乎全部围绕着疾病展开，除此之外，基本上没有其他任何事情。尽管伦达也在骗人，但她还能在学业上取得一些成就。此外，病例中描述的这位女性（不是伦达）还通过寻求经济援助来继续维持自己的骗局。这会让人觉得，她可能是为了获取经济利益而故意装病的。

"乐观向上"的莉比

这是一位 38 岁的女性，我叫她莉比。她穿梭于各个城镇之间，假装自己身患癌症和其他重疾，还有着离奇的经历。随着年龄的增长，莉比的骗局变得越来越夸张，也越来越有创意，不过她装病的行为其实从小学就开始了。莉比是家里三个孩子中的老大，十分崇拜她那身为军官的父亲。不过，父亲非常不待见莉比，却对她年幼的双胞胎兄弟疼爱有加。于是，莉比心怀嫉妒，脾气也越来越暴躁，经常对她的弟弟们进行躯体虐待。

自从进入教会学校读书，莉比就开始装病并待在家里，以此来获得她的专制型母亲的额外关注。她还想利用自己的病来唤起父亲对自己的一丝关爱，可父亲一如既往地冷漠而疏远。

日子一天天过去，莉比就这样一直装病。她也去看了心理医生，可医生对她的这些装病行为束手无策。不光如此，父亲去世后，她的装病行为愈发严重了。母亲明明知道莉比是在装病，却不知道如何帮助或阻止她这样做。

于是，莉比又为自己的这番精彩表演寻觅了一个全新的舞台（她原生家庭的翻版），她很喜欢接近神职人员（父亲的形象）、宗教团体和教区（这俨然就是她的第二个家庭）。后来，莉比进入一所修道院，成为一名见习修女。这时，虽然有一个能够滋养和支持她的"家庭"，但她依然很快又进入了自己的患者角色，并假装自己患上了白血病。她请求其他修女为她祈祷，因为她正在与可怕的病魔做斗争。但她从不逃避责任，即使因"贫血"而虚弱不堪，她仍然坚强不屈。莉比凭借以假乱真的演技顺利博得了其他修女的同情和关心。直到有一天，当莉比跟院长说自己的癌症已经有所好转时，她的诡计才被拆穿。原来，得知这个好消息后，这位年长的修女忍不住打电话给莉比的医生表示祝贺，结果从医生口中得知莉比根本未曾患白血病，也未患有其他任何危及生命的疾病。

莉比当然不承认自己是在装病，但她很快就离开了那座修道院，并声称那里的生活并不适合她。之后，莉比假借自己身患绝症这个幌子，辗转于一个又一个天主教教区，并向不同的神父寻求辅导和指引。如果有哪位神父敢质疑莉比的这套说辞或对她不够关心，她就会与他发生冲突。有一次，她向教区的一位神父透露自己身患艾滋病，这成功地引起了对方的关切和同情。于是，那位神父想方设法地帮助莉比，还安排她接受心理咨询，以支持她更好地应对疾病。莉比表示她会好好利用心理咨询的机会，但实际上她从未赴约，总是借口说自己因病而状态不好，无法赴约。

做作性障碍患者为了不断吸引观众的注意，经常会让自己的故事愈演愈烈，还会把疾病之外的个人创伤经历也讲给他人听。莉比在同一个地方待得越久，她的谎言就越离谱。她还散布谣言，说她和一位教区牧师有过激情四溢的风流韵事，这引起了之前一位善良神父的怀疑。他公开质问莉比，莉比便指责他对自己的困难处境漠不关心。莉比坚称自己真的遇到了这些困难，但神父再也不为所动了。就像一个输光钱财的赌徒一样，莉比开始在其他地方寻找新的"财路"。卷土重来后，她又向那些毫不知情的"玩家"打出新牌。她谎称自己遭遇了性侵，还刚刚失去了母亲，正在天主教教区寻求心理咨询的帮助和情感慰藉。

许多教友被她的故事打动，纷纷想要伸出援助之手，免费为她提供食宿。莉比在向一家癌症诊疗服务中心寻求经济援助时，被告知需要接受一些必要的审核流程。她告诉那里的社工，她几年前曾因子宫癌接受治疗，但现在癌细胞已经扩散到了肝脏，她只剩下六个月的生命。于是，他们问她是在哪里接受治疗的，以便申请查阅她的诊疗记录。莉比含糊其词，说她接受的大部分医疗服务都是在公立诊所进行的。莉比还解释说，之前那所癌症诊疗中心的医生是免费为她治疗的，为了免去一些不必要的行政流程，医生并没有将她登记在册。她对每一个问题的回答都避重就轻。

莉比对心理咨询师的谎言也越来越离谱，她竟然编造出至亲之人离世的惨痛经历。她声称自己的未婚夫在她 20 岁时就死在了越南，她还在危地马拉失去了一位神父朋友，她的兄弟在一次车祸中去世，而这又直接导致她母亲的自杀。莉比还夸大了自己的教育背景，谎称自己有护理学学士和硕士学位，过去曾在几家癌症诊疗中心工作，之后因为父亲患心脏病而不得不去照顾他。在莉比的幻想中，曾经抛弃她的父亲需要她的照顾，但事实上，莉比不但没有照顾她的父亲，更没做过任何一件她口中所说的光辉事迹。

莉比的外表很有迷惑性，加上她装病装得确实太逼真了，所以连一些受过专业训练的治疗师也完全被她迷惑。当他们去看望她，为她提供门诊咨询时，莉比总是卧床不起，身边堆满了教友们送她的各种礼物。莉比看起来长期忍受着病痛的折磨，却依然保持着积极、乐观的心态。这令她的那些心理咨询师大为触动，他们想把有关她对自身病情的理解及葬礼安排的谈话内容录下来作为素材，甚至还想邀请她到一个死亡和临终关怀主题的社工专业研究生课上发表演讲。莉比欣然接受了。莉比的演讲深深打动了在场的学生，她告诉他们，自己的临终愿望之一是乘坐一次热气球，于是他们为她募集了125 美元来实现她的这一愿望。莉比演讲结束后，全场观众无不为其动容。

莉比的需求得到了极大的满足，这远远超出了她原本的预期。不过，随着莉比受到的关注越来越多，她的说法也越来越前后矛盾。一位治疗师开始查证这些情况，结果发现莉比从未见过那些所谓治疗过她的医生。当莉比被质问时，她暗示是医生在撒谎，但个中缘由她不便透露。但是，在与治疗师对质后，莉比便再也没有回到那家癌症诊疗中心。

在和教区的朋友们一起生活了 4 个月后，莉比的骗局就被彻底揭穿了，她也就此搬了出去。在那段日子里，她试图引起牧师们的关注，经常在下班后给他们打电话，还会以自杀相威胁。莉比狡猾而聪明，不过最让护理人员怀疑的是，在这期间，她经常以探访朋友为借口偷偷出城旅行，但自始至终她未说出这些朋友的确切身份。为了查明真相，一群教友雇了一名私家侦探，最终这名私家侦探让一系列疾病骗局真相大白，并找到了莉比那位仍然健在的母亲。侦探还了解到，过去莉比主要都是在一些私人诊所或医院里做短期工，这无疑为她提供了行骗所需的各种专业信息，令她的表演更加可信。真相被揭穿后，莉比回到家中，与母亲一起生活。母亲在得知自己的女儿至今还在装病骗人后，也并不感到惊讶。

孟乔森综合征、诈病及操控行为

在孟乔森综合征中，对物质方面的需求及严重的心理缺陷都可能促使患者做出种种病态行为。莉比确实寻求并获得了一些现实层面的利益，如食宿和礼物等。但总体来说，莉比的行为更符合孟乔森综合征，并非诈病：她的主要动机仍然是情感需求，并非现实层面的利益。实际上，莉比是通过她与牧师及教友们的关系来表达她与自己的父亲之间那种复杂且矛盾的情感纠葛的。总的来说，她在物质上的获益只是她为了达到目的（让自己身患重病和身陷困境的故事更为可信）而使用的手段，并不是她的最终目的。

虽然伦达的欺骗行为已经渗透在她个人生活的方方面面，并且持续了很长时间，但我还是会给她下做作性障碍的诊断，而不是其中最严重的亚型——孟乔森综合征。因为她的生活中并非只有装病这件事，此外，尽管她声称自己生病了，但她一直都住在同一个镇子上，也不曾接受住院治疗。遗憾的是，像大多数做作性障碍和孟乔森综合征患者一样，她拒绝承认自己的欺骗行为。因此，她真正的问题——做作性障碍——无法得到相应的治疗。

莉比和伦达还患有其他精神障碍，其中最严重的便是边缘型人格障碍，这是大部分做作性障碍和孟乔森综合征患者都会出现的共病。边缘型人格障碍通常会在患者 18 岁之前出现，并影响其在社交、职场中的正常功能或导致主观痛苦感。根据美国精神障碍诊断权威指南《精神障碍诊断与统计手册》（第四版）（*Diagnostic and Statistical Manual of Mental Disorders，4th Edition*）[1]，边缘型人格障碍的诊断标准包括以下大部分或全部内容：

- 极力避免真实或想象中的被遗弃；
- 不稳定、紧张的人际关系模式，以患者心中极端理想化和极端贬低之间的交替变动为特征；
- 持续且严重的自我认知不稳定；
- 冲动行为；
- 反复发生自杀或自残行为（此处的自残与做作性障碍的自残不同，前者会承认自残行为是自己造成的，并且不会试图掩盖其原因）；
- 情绪不稳定；
- 持续感到内心空虚；
- 无法控制愤怒情绪；
- 短暂的与应激有关的偏执观念。

---

① 现《精神障碍诊断与统计手册》最新版为 2013 年修订的《精神障碍诊断与统计手册》（第五版）。——译者注

前文介绍的这两位患者在营造自己的患者人设时像飞蛾扑火一样，在医疗专业人士身边"飞来飞去"，不惜铤而走险以操纵他人。这正是边缘型人格障碍患者的典型做法。莉比身边围绕着很多位心理咨询师和治疗师；伦达则找到了一位良师益友，并让她成为自己的母亲、姐妹、闺蜜及守护天使。尽管她们已经费尽心机地表演了，但依然露出了不少马脚。她们如何骗过了这么多人，甚至骗过了训练有素的专业人士呢？

实际上，要骗过医疗专业人士并不像人们想象中的那么难。我们一次又一次地从做作性障碍的相关研究文献中看到，患者会反复接受多种检查、探查术及诊断程序，这些甚至可能出自同一位医生之手。

就像其他所有行业一样，医生也希望取悦他们的患者。如果有患者说："你们肯定漏了什么东西，我还是感到疼痛。"这时，医生很可能会尽一切努力来迎合患者，给他们安排更多检查。在一些情况下，医生或许会说："一切看起来都很正常，不过既然你这么肯定存在问题，那我们就先治疗看看吧。"医生没有任何理由怀疑自己的患者，他们的从业动机是真心希望缓解患者的痛苦。除了这种良善的动机外，由于医疗行业愈发严格的监管机制，医护人员也担心自己会遇到法律纠纷。这一切都让医生不遗余力地采取各种治疗方案。这样一来，患者最终很可能会接受一些不必要的药物治疗、诊疗流程，甚至不必要的手术。

一意孤行的桑德拉

桑德拉表示，她的家族饱受癌症病魔的摧残。因此，为了有效降低将来患乳腺癌的风险，她毅然接受了健康乳房及乳下组织的切除手术。随着人们对遗传性癌症认识的不断提高，很多有家族病史的高危人群纷纷寻求专家的意见，以确定自己是否需要医疗或手术干预。因此，在治疗者看来，桑德拉这样的情况也并不特别罕见。

当时，桑德拉的丈夫主动联系我并跟我分享了下面这个令人心碎的故事。对此，我确实也没有什么好的建议。桑德拉是一名40岁的医疗转录员，她来到一家遗传病诊疗服务中心寻求建议。她讲述了自己与卵巢癌抗争的经历。那是在10年前，她首次被确诊卵巢癌。她声称她的母亲几年前死于乳腺癌和卵巢癌，她的三个姐妹也都得了乳腺癌，其中一个还做了双侧乳房切除手术。桑德拉说，不光是这样，她的外祖母、两个姨、一个外甥女和一个表妹都因为癌症，只能无奈地接受双侧乳房切除手术，而她的一个姑姑患有卵巢癌。她还声称自己流产过五次。不过，最终人们发现，所有这些内容都是桑德拉杜撰出来的。

根据桑德拉提供的家族病史，这家诊疗服务中心的检查人员推断桑德拉患乳腺癌和卵巢癌的遗传概率非常高，她携带相应基因突变的概率接近90%。当然，桑德拉一直在询问的预防性乳房切除术也算一种不错的选择。不过医生也提醒她，为确保不会出现各种癌症的误诊，还需要一些必要的外部诊疗记录，但显然这永远也无法实现。还有人建议桑德拉试试DNA检测，但被她拒绝了，因为她说自己负担不起保险范围外的那部分费用。

接下来，桑德拉接受了一位癌症专家的诊断，专家在拿到遗传病诊疗服务中心的报告后，同意她接受双侧乳房切除手术。不过，专家补充道，之前桑德拉的几次乳腺活检只发现了纤维囊性疾病，而且专门的乳房X线检查结果也呈阴性。尽管如此，桑德拉还是再次强调，她更愿意接受乳房切除手术，而不是仅接受抗雌激素药物治疗和密切随访。在接下来的一个月里，桑德拉终于如愿以偿，接受了双侧根治性乳房切除手术。

后来，经查阅桑德拉的病历，人们才发现，长期以来，她一直在误导他人，谎称自己患有糖尿病等问题。日子久了，她的这些说法也逐渐被人们接受。另外，她还编造了一些关于个人危机的故事以获得周围朋友的支持。但是，没有人知道她接受过任何不必要的手术，甚至连她的家人也是在手术后才得知实情的。

家人、朋友和牧师为桑德拉进行了长达四小时的"心理干预"，而桑德拉自始至终都无法对自己的这些怪异行为给出任何一致或令人信服的解释。举例来说，她说她希望手术能让丈夫和她离婚，但具体情况她又完全解释不清楚。谈话结束时，她终于答应去接受精神科治疗，但第二天就立刻改变主意，一个人逃跑了，从此下落不明。

桑德拉提供的体检报告十分有说服力，而且通常来说，一个女人不太可能会自愿接受不必要的乳房切除手术。所以，医生对她的报告信以为真，也没有进行客观的证实和确认。直到事后，他们才发现自己被骗了。

桑德拉的案例进一步说明，医护人员不愿质疑患者提供的诊疗信息。患者是否在故意装病（或者就这个病例来说，患者是否真的有家族遗传病史），医护人员也不太关心。事实上，在桑德拉的案例中，医护人员的盲目信任、不按规范流程调阅病历，使他们面临极高的法律风险。桑德拉的丈夫就曾考虑要对涉事医生提起医疗事故诉讼。

类似的案例不胜枚举。例如，有位同事直接向我转述了一个案例：当事人是一位英国女性，尽管她拥有令人羡慕的卓越社交能力，她还是假装自己身患癌症（并且经历了丧亲之痛）。很明显，她需要让众人的目光始终聚焦在她身上。

万人迷杰姬

我跟杰姬是在同一间办公室工作时认识的。我刚加入那个部门时，就有同事告诉我，可怜的杰姬最近失去了她的同居男友，死因是一次摩托车事故导致的血栓。他们二人在一起已经有八年了。杰姬十分热衷于谈论前男友死亡这件事，她会跟人详细讲述当时自己如何发现他昏迷在家，然后又如何打电话叫救护车等种种细节。当然，我们都为她感到难过。她说自己不久前才搬到我们所在的这个城镇。她的父母住在苏格兰，父亲是一名医生，她在这里不认识几个人，因此感到特别孤独。杰姬还告诉我们，她拥有人类学博士学位，在一所大学兼职教授人类学专业课程。自然而然地，大家都围着杰姬转，经常邀请她参加各种社交活动。我们还曾邀请她来我们家共进晚餐并留宿。圣诞节期间，杰姬在家里举办了一场派对，邀请了所有同事参加，大家都玩得很开心。杰姬这位女主人充满魅力、风趣又机智，很会招待客人，我们都很喜欢和她待在一起。

我不知道杰姬在圣诞假期会做些什么，但我不想让刚刚失去亲人的她一个人待着。她向我保证，这段时间她会和父母住在一起，但很快就会回来。新年前夜，我打电话给她，问她圣诞节过得怎么样，以及她准备做些什么来庆祝新年。她低沉着嗓音，让我不要告诉别人：她说她在前一天因急性阑尾炎发作接受了紧急手术，并在当天早上出院了。杰姬刚做完全身麻醉就一个人待在公寓里，这让我很担心。于是，我的男友打车过去把她接来我家休养。她看起来确实像刚动过手术一样，走路不稳，弯腰驼背，腹部还贴着一大块敷料。当然，我把这件事告诉了我的上司，上司坚持让杰姬留在家里，直到感觉好些为止。大约一周后，杰姬回到了工作岗位，她整个人看起来好多了。接下来那周的周日，我和杰姬一起去另一位朋友家吃午饭。杰姬告诉我们,她三年前就患上了白血病,还讲述了自己接受化疗和脱发的痛苦经历。她告诉我们,这已经是第二次发作了,她小时候就曾得过白血病。

几周后,杰姬没去上班,打电话请了病假。我打电话过去问她是否还好,她听上去情绪非常糟糕,还在电话里哭了起来,于是我就去她家看望她。杰姬止不住地抽泣着告诉我,医院那边已经联系过她,还告诉她在治疗阑尾炎期间,医院给她做了血液检测,结果发现白血病又复发了。这无异于一记晴天霹雳。她说第二天她还要去接受腰椎穿刺手术,于是我表示可以陪她去医院。杰姬婉拒了我的好意,说她老家的朋友要来陪她去。就这样,杰姬利用化疗的间隙回来上班。她的一只手上缠着绷带,上面有一个小小的静脉注射孔。她说自己必须一直缠着这个绷带,直到治疗结束,而且每天都会有护士来家里给她换药。护士在的时候,杰姬会边给我们打电话边跟对方说话,虽然我们从电话里只能听见她一个人的声音。

杰姬的头发开始变得非常稀疏,也越来越凌乱。有一天,她在我家把头发剪短了,我的发型师说,她的头发似乎长得挺快,因为有些地方已经长出了不少发茬。杰姬解释说,并不是每个接受化疗的都人会掉光头发,这主要还是看治疗到底处于哪个阶段。大约就是在这个时候,杰姬向另一位朋友透露了自己只剩八个月可活的秘密。不出所料,这位朋友又将这件事告诉了我们。于是,大家再次团结起来,一起带杰姬出去玩,给她买各种礼物,给她做好吃的,让她能有些食欲。因为她已经瘦得有点脱相了。

有一天晚上,杰姬和我们当中一个名叫阿德里安的朋友聊了很久。阿德里安对杰姬很有好感,看着这样一个活力满满的人却只能过如此短暂的人生,阿德里安心碎极了。阿德里安经常发电子邮件给她以表达关心,我们去酒吧时他也经常过来和大家一块儿坐坐。情人节那天,杰姬带着一张卡片和一朵红玫瑰来上班，她说这是阿德里安送的，他们当晚要出去约会。第二天早上一上班，她就绘声绘色地描述了前一天约会的经过，他们吃了什么、聊了什么，接着，她父亲来接她，坚持要跟他们坐在一块儿，还对阿德里安刨根问底。大家都觉得这听起来真是一个惊心动魄的夜晚。

接下来的周五，我男友刚好在酒吧碰到了阿德里安，就顺带问了那天约会的事情。"什么约会？"阿德里安一脸疑惑。"嗯……"我男友尴尬地回答，"可能是我记错了。"他回家把这件事告诉了我，我也大为困惑，当时我还觉得，也许只是阿德里安对约会这件事感到害羞，不好意思当众讨论这个话题而已。

我最后一次见到杰姬是在我搬家的前一天。她过来看我，情绪特别低落，因为我们的上司告诉她，在结束治疗并且完全康复前，她不得返回工作岗位。那天的晚些时候，我接到了上司的电话，问我有没有杰姬近来的消息。我告诉她杰姬刚来看过我，于是她说道："你要冷静，做好心理准备。"然后她告诉我，她怀疑杰姬已经有一段时间了，为了让自己安心，她对杰姬做了一些调查。她从选民登记册开始查，发现原来杰姬过去两年一直是独自一人住在那里，也没有那位已故男友的任何信息在册。不过，她那栋楼里住着一位与她所说的已故男友同名同姓的男子，而且现今仍然住在那里。她还查看了杰姬男友去世那天医院的死亡登记，上面显示那天根本就没有任何死亡记录。当地的医疗系统里也没有杰姬的诊疗记录。而且，杰姬自称去兼职授课的那所大学里也没有一位名叫"杰姬"的讲师。

得知真相后，我觉得特别受伤，也相当困惑。我无法相信有人居然用谎言编织了自己的一生。我更无法相信，为了能让杰姬的生活好过一些，我曾花费了那么多的时间、情感和金钱。回过头来想想，有些事情确实不符合逻辑，但我当时就是没有怀疑她。

从那以后，我再也没有联系过杰姬，也没有收到过她的消息。我猜她已经知道自己的骗局被揭穿了。我以为在那之后，我再也不会听到有关她的任何消息了，毕竟她撒了那么多谎，我觉得她肯定得搬走，到别处重头来过。

这周，我们办公室来了一位新的承包商。她无意间拿起一个订书机，并看到底部写着杰姬的名字。"我认识她，"她说，"她在我刚离职的那个地方工作。你知道她男友今年刚刚去世了吗？"

当然，我们把我们所知道的一切都告诉了她。显然，杰姬又在重复之前的骗局。她所有的新同事都表示愿意去参加她男友的葬礼，也乐意给她提供支持。但不知什么原因，竟然没有一个人清楚葬礼究竟在什么时间举办。听说杰姬最近又在自己家里举办了一个派对，她说这样会让自己的心情好一些。因为刚搬到这里，她谁都不认识。还有一个男生约她出去了。杰姬回来后也告诉了同事们约会的一些细节。哦，顺便说一句，这次她的男友死于白血病。这还真是出人意料啊。

可悲的是，杰姬原本可以用正常的方式来结交朋友和维系友谊，没必要用这些可笑的故事来吸引眼球。但我觉得，对她来说，普通友谊的光芒远远不够耀眼。

杰姬的故事是她身边的一位朋友兼仰慕者讲给我听的，而这位朋友如今已经彻底成了一个悲观的现实主义者。这也让我们能够从第一人称视角体会遇到做作性障碍患者的人所经历的那种过山车般的思维和情绪体验。一个人谎称自己患有严重的躯体疾病，还伪造突如其来的丧亲和令人兴奋的浪漫邂逅，这就更加让人难辨真假了。这也说明做作性障碍在全世界范围都是一个非常普遍的现象。事实上，无论是发达国家，还是像沙特阿拉伯、尼日利亚、科威特和阿曼等发展中国家都有过相关报道。无论它发生在哪里，惊讶、困惑、愤怒、同情、愤世嫉俗及来之不易的领悟——所有这些都是做作性障碍患者带给人们的真切感受。杰姬十分善于让他人记住她。无论有意无意，她都会让每个陷入她精心编织的大网中的人久久难以忘怀。

相关影响因素

在本章所介绍的几个案例中，患者的故事和具体情况虽有所差异，但核心的病理问题却十分相似。这里是否存在临床医生可以介入的深层问题？至关重要的一点是，我们要充分认识到各种内部因素及外在环境因素的影响，千万不要将做作性障碍当作孤立存在的问题。

我们也不清楚为什么人们在相同的情况下做出的反应会有如此天壤之别。许多人同样成长于类似儿童虐待的逆境中，却从未使用过装病这种诡计。为什么伦达、莉比和桑德拉却选择了这条极为特殊的道路？究竟有哪些因素会导致医疗欺诈行为？这是一种生理疾病吗？它是情境性的，还是与早期生活经历有关，又或者是这些影响因素的结合？相关研究表明，对不同的做作性障碍案例来说，以上所有方面都是可能的致病因素。我在本书中也将一一举例说明。

医学文献中有超过3000篇关于做作性障碍的相关报告，但这些报告几乎都是不太完整的。其一，这是因为做作性障碍患者本身所具有的特点；其二，这也是他们的欺骗行为被发现时惯用的逃避反应所致。大多数研究论文都以自成一格的方式来描述单个案例，很难在不同的患者之间进行比较分析。那些熟知我工作内容的人经常慷慨地与我分享他们的亲身经历，对于他们的无私奉献，我深表感激。

第 **2** 章

疾病抑或骗局

///

本章开篇会介绍盖尔的悲惨人生，她因做作性障碍而直接导致死亡。接下来，我们会进一步深入探讨患者身上那些无法解释的临床症状背后或许还隐藏着的其他可能性，包括诈病和躯体形式障碍（Somatoform disorder），如躯体化障碍（Somatization disorder）、疼痛障碍（Pain disorder）、疑病症（Hypochondriasis）及转换障碍（Conversion disorder）等。我们还会向大家介绍装病这一病理行为的历史发展背景。最后，我们会详细描述科研和医学界是如何将这些患病群体进行分类的，这部分人的数量远超大多数医疗专业人士的想象。

弄假成真的盖尔

最初，当这位 31 岁的医院安保人员因出现疑似流感症状入院时，急诊科里没人怀疑她有什么异常。盖尔主诉自己发烧，全身发冷，还伴有头痛，她言辞凿凿地描述自己的症状，并要求接受住院治疗。盖尔情绪激动，能言善辩，她说自己曾因同样的症状在肯塔基州的另一家医院里住院 8 天。她还说，那家医院对她的服务态度很差，那里的医生也没能诊断出她的问题。当工作人员追问她个人病史方面的具体细节时，她却沉默不语，似乎不愿再说下去。

等待接受常规检查时，盖尔借口去了洗手间。发现患者很长时间都没回来，一名护士打算去查看一下情况，却惊恐地发现患者已经死了。盖尔的尸体周围散落着各种药品，包括抗生素、泻药、酒精和碘片，还有一包啤酒酵母、一支装有白色物质的注射器及一个装有淡黄色粉末的纸袋。

鉴于患者因不明原因突然死亡，洗手间地板上的那些物品被送往州犯罪实验室进行化学检测，结果显示，注射器和袋子里装的就是普通的玉米淀粉。盖尔的尸检结果显示，她一直在给自己的静脉注射酵母和玉米淀粉，其中一些形成了凝块，进入她的肺部并导致她窒息而死。除了动脉被酵母和玉米淀粉堵塞外，盖尔身上没有其他任何患病的迹象。

盖尔死后披露的信息显示，近三年内，她曾在得克萨斯州和肯塔基州因背痛、尿血等症状接受了 11 次住院治疗。她曾多次接受探查术，还一度被转诊到精神科医生那里，但她并没有按照预约前去就诊。盖尔死前不久所抱怨的那次住院经历比她所说的更加夸张：那里的医生在她的床头柜中发现了针头、注射器和一些酵母，并拿着这些证据与她对质。骗局被人识破后，她背着医生悄悄逃离了医院，直接去了她后来死亡时所在的这家医院。

盖尔的个人成长经历和她的病史一样令人叹息：她的童年是在孤儿院度过的，成年后她离过婚，最终成为一位单亲妈妈。法医在验尸后诊断盖尔患有孟乔森综合征。盖尔的案例报告发表在 10 多年前的《美国急诊医学杂志》（*American Journal of Emergency Medicine*）上，作者给文章定的副标题相当精准——"因孟乔森综合征而导致的猝死"。

盖尔死都想住院，并在一个专门为她准备的、与她的现实生活形成鲜明对比的安稳环境中接受治疗。她找到了一种特别有效的方法，即用一些无害的物质来制造看似十分严重的躯体症状。她不仅多次欺骗医护人员，还经常对自己的孩子和同事们撒谎、歪曲事实。至于她是否真的打算自杀，这一点很值得怀疑。事实上，盖尔最后一次想要入院接受治疗的努力可能出于一种直觉，她感觉自己遇到了严重的麻烦。不幸的是，其中的真相我们再也无从得知了。盖尔身体上的那些疾病是伪造的，是她为了情感上的获益而故意捏造的。不过，她一不小心弄假成真了，最终落得个以如此悲惨的方式离开人世的下场。

制造症状

研究人员将那些具有临床医学无法解释的症状（Unexplained medical complaints，UMCs）的患者分为两大类。其中一类患者会在自己身上蓄意制造一些躯体症状，他们要么是为了达到次级（物质）获益，如诈病患者，要么是为了获得一些更为隐秘的好处（如情感支持），如做作性障碍患者。另一类患者的躯体症状纯粹是精神或心理压力的无意识表达，如躯体形式障碍患者。躯体形式障碍包括躯体化障碍（患者以大量医学无法解释的躯体方面的病史为主要特征）、疼痛障碍（患者通过主诉持续性的疼痛来表达情绪上的痛苦）、疑病症（尽管患者存在一定的躯体疾病，如疼痛和不适，但仍表现出与疾病有关的病态先占观念），以及转换障碍（涉及患者躯体功能的丧失或改变，如突然瘫痪、失明或失语）。与躯体形式障碍不同，诈病和做作性障碍患者会刻意或蓄意伪造疾病。

因此，UMCs 覆盖范围很广，从为了获得外在、明显的利益（如麻醉剂、医疗事故赔偿金、社保伤残补助金或保险赔偿金）而故意撒谎和装病的诈病患者，到前文提到的转换障碍患者（下文将进一步讨论），都位列其中。尽管诈病可能表明患者存在某种潜在的人格缺陷，但与转换障碍不同，诈病可能更多被视为一种违法犯罪行为而不是心理障碍。在 UMCs 谱系中，做作性障碍介于诈病和转换障碍之间，它与诈病同样属于意识层面的装病行为。不过，做作性障碍的行为目标是无形的，在心理层面更加复杂，往往是某种形式的情感满足。做作性障碍所具有的双重特点让它处于谱系的中间位置。

📋 蓄意伪造疾病

要想对这类患者提供有效的干预，我们就要对疾病的症状及其产生的方式有充分的了解。患者可以通过多种手段来伪造疾病的体征和症状：（1）夸大其词，例如，患者会声称自己患有严重的偏头痛，根本无法正常工作，但实际上只是偶尔出现轻微的紧张性头痛；（2）虚假报告，例如，患者会抱怨有严重的背痛，但实际上并没有任何疼痛感；（3）伪造体征，例如，患者会篡改化验报告、人为操纵体温计或破坏尿检样本，使其出现数据异常；（4）模拟体征和（或）症状，例如，患者会在自己的口腔内藏一个装有红色液体的橡胶袋，以此来模仿脑肿瘤或吐血症状；（5）隐瞒疾病，例如，患者会在就医前故意隐瞒病情，使病情恶化（这可能是最难检测到的）；（6）加重症状，例如，有的患者会在摔倒造成的伤口处抹上泥土；（7）自我诱发体征或疾病，例如，患者主诉发烧和疼痛，实际上是通过自行注射细菌造成了感染。如前所述，蓄意制造躯体疾病有时甚至会危及患者的生命，这无疑给谎言增添了几分弄假成真的荒诞色彩。

当然，患者可以使用上述任何一种或几种手段来达到目的。为了营造自身患病的假象，患者会无所不用其极，这似乎有悖我们对人性的理解。正如我将在后续内容中介绍的那样，患者自我伤害的手段如此离奇，却又如此有效。很多手段简直令人无法想象，更不是一般医学知识所能及的。许多患者会通过偷偷地给自己注射药物来伪造疾病。例如，一名男子出现疑似低血糖的症状，医生最终发现他在给自己注射胰岛素，而他并没有糖尿病。有些患者会故意割伤自己让自己流血，以此来伪造贫血。还有些患者会往自己体内注射抗凝剂来诱发一些出血性疾病，或者服用泻药以导致慢性腹泻。面对这类患者，医生不仅需要卓越的临床诊断技术，还必须像侦探一样心明眼亮才行。

如果怀疑患者的某个症状可能是伪装或诱发的，临床医生就要格外警惕个体评估中呈现的各种不一致之处。因为患者主诉的症状可能与其实际行为明显不符。举例来说，患者可能会主诉自己说不出话来，却在整个访谈过程中滔滔不绝。或者，患者自称不断出现令人不安的幻觉，但在访谈过程中丝毫没有表现出任何分神的迹象。对诈病患者或做作性障碍患者来说，他们的行为可能会随观众的不同而发生显著变化。例如，患者会在医生的诊室里表现得迷迷糊糊、神志不清，但离开后不久，病房工作人员却发现患者下起象棋来头脑清晰、神采奕奕。临床医生越了解真正疾病的具体特征，就越能辨识出伪造疾病的行为。

诈病和做作性障碍的最基本区别在于，谎言败露后，诈病行为往往会引起医生强烈的愤怒及上当受骗的感觉。相比之下，虽然做作性障碍同样会让人恼怒，但在发现真相时，人们也会感到困惑不解，因为患者骗人的动机并不那么明显。本章开篇提到的发生在盖尔身上的惨剧便是做作性障碍的典型例子。除了想让医院给她安排一张干净、整洁的床位及随之而来的关心和照顾外，盖尔别无他求。

下面这个案例可以清晰地展现诈病的独特性，让我们了解隐藏在诈病行为背后的外在目标。伪造症状的行为一旦败露，诈病患者往往很难让人产生同情。

机关算尽的罗伯托

我曾受邀担任某家大型集团公司的顾问，他们的仓储式店铺遍布全美各地。根据罗伯托的说法，他在其中一家店铺购物时，不慎在湿滑的地面上滑倒了。听到他的呼喊声，其他顾客迅速转过身来，看见他一屁股狠狠地摔在地上。罗伯托一边呻吟一边揉着自己的屁股，他被紧急送往当地医院的急诊科，以检查髋骨是不是骨折了。从摔倒的那刻起，罗伯托就再也没说过一句话，只是用手比画着要来纸和笔。在急诊室里，他在纸上写道，由于头部受伤，他无法说话。医护人员被搞得莫名其妙，只能与罗伯托的妻子交谈（医护人员打电话通知她前来）。妻子从罗伯托的急诊室隔间里走出来，表示他确实没法说话了。现场没有一位医生能理解，为什么屁股上的瘀伤会导致他无法说话。

罗伯托提起诉讼，声称自己因为头部撞伤而丧失了言语能力。然而，在调查过程中，其他顾客一致表示罗伯托从未撞到过头部。更令人怀疑的是急诊科护士的证词，她们在事发当天还曾听到罗伯托用低沉的声音与妻子交谈。她们都相信，显然罗伯托的缄默症就是他们夫妻两商量好的一场表演。

了解了这些情况后，罗伯托的律师退出了这个案子。神奇的是，一个新的律师团队立即接手，并且坚持前一个律所提出的 100 万美元的经济赔偿。新的律师团队表示，罗伯托的语言功能已经恢复，这可喜可贺，但仍坚称他的头部受到了撞击。此外，罗伯托还开始持续性失忆，而且是彻底失忆。

我注意到，罗伯托随后在法庭上的表现简直就是一场假装失忆症的滑稽表演秀，他对每个问题的回答都是"我不记得"和"我不知道"，甚至在被问及自己的名字时也是如此。罗伯托声称，即使看到自己的名字，他也认不出来了。后来我发现，他当时表现出的失忆情况甚至堪比阿尔茨海默病晚期患者。此外，真正的失忆症患者会尽量回避或掩盖自己的认知缺陷，而罗伯托却故意哗众取宠地展现这些缺陷。

在后续的取证过程中，辩方律师再次提出一些问题，得到的依然是无关痛痒的回答。不过，有位辩护律师发现了重要疑点，他注意到罗伯托在美国待的时间很短，于是就大声质疑罗伯托是否非法入境。突然间，罗伯托变得滔滔不绝起来，他可以清楚地记得自己在哪一天拿到的绿卡、见过哪些外交官员，以及拿到绿卡的那栋大楼名称是什么。罗伯托急于证明自己的入境完全合法，这恰恰暴露了他的记忆力的真实情况。

于是，新的律师团队也退出了这个案子。令人难以置信的是，罗伯托又要委托其他律师事务所来接手，也许他是希望自己能得到一笔象征性的经济赔偿吧。毕竟，最近刚刚有位女士因为不小心被麦当劳的咖啡烫伤而获得了一大笔赔偿。可惜，罗伯托这一顿折腾最终一无所获。

　　下面我们进一步说明究竟什么是诈病行为。举例来说，有些囚犯会为了让自己从监狱转到条件更好的医院而假装生病，这便是典型的诈病。一位患者可能会假装患上癌症，为的是得到一些麻醉药品以缓解疼痛，或者患者声称自己得了慢性疾病，以此来申请社保救济金，这也属于诈病行为。诈病者说谎纯粹是为了获得物质上的利益。相比之下，如果患者寻求的是情感上的满足，或者想要实现对医护人员或其他人的操控，又或者仅仅是想博得护理人员或社区的关注，那么这样的情况很可能会被诊断为做作性障碍。

　　在试图区分诈病和做作性障碍时，我们务必慎之又慎。人的行为往往会受到各种意识和无意识动机的驱使，一个人可能会通过假装生病来达到多个目的。例如，一名男子可能会假装自己患有慢性疼痛，既想获得镇痛药物，又想引起妻子的关注。另外，他也可能是无意识地模仿自己父母的某种疾病，从而"分担"他们的痛苦。在这种情况下，往往有多种心理因素同时在起作用。

与转换障碍的异同

　　与做作性障碍和诈病相比，转换障碍显然有本质上的差异。转换障碍患者确信自己是真的生病了。举例来说，一个女人正要伸手去打自己年迈的母亲，突然间她的手无力地垂下来，她的胳膊居然在瞬间瘫痪了。是这个女人为了引起同情而假装瘫痪，仿佛在说"看看你都对我做了些什么"？还是这个女人真的出现了生理上的问题，就像遭受了某种天谴？以上两种答案都不太准确。这其实属于典型的转换障碍。这个女人将情感层面的瘫痪（她对自己的暴力冲动突如其来地感到恐惧）转化为躯体层面的瘫痪，以此来达成一种否认：她的心智正在利用身体控制内在的负面冲动。这个女人的症状是对无意识情绪体验的一种隐喻，同时她也确信自己真的存在生理方面的问题。

与转换障碍类似，做作性障碍也含有操控的成分。但在转换障碍中，患者会通过控制自己的症状来操纵他人的反应。就像很多有偷窃癖的人通常不是为了偷来的东西，而是为了体验犯罪的快感一样，做作性障碍患者往往是为了装病而装病，不过，他们同时也是为了获得患病所带来的好处（可能是来自他人的支持、关注、同情及宽容）。无论在儿童、青少年还是成年人群体中，都有可能出现不同程度的做作性障碍。正如我们在第 1 章中看到的，它通常也会与其他心理障碍共病，如边缘型人格障碍。

简史：孟乔森综合征的起源

做作性障碍这一疾病曾一度遭到广泛的误解，就连医疗专业人士也不例外。因此，我们要以现代的视角来理解这种疾病，而不是继续沿袭陈旧的看法，将所有做作性障碍患者都错误地归为孟乔森综合征这一极端类别。"孟乔森综合征"一词最早是由理查德·阿舍博士在 1951 年为英国医学杂志《柳叶刀》（*The Lancet*）撰写的一篇文章中提出来的。他将这种疾病描述为"一种大多数医生都见过，却鲜有人论述的综合征。就像大名鼎鼎的冯·孟乔森男爵（Baron von Munchausen）一样，这类患者总是喜欢到处坑蒙拐骗；而他们的故事，就像冯·孟乔森男爵的故事一样，极具戏剧性却毫无可信度。因此，为表敬意，这一疾病便以他的名字来命名了"。

孟乔森综合征实际上是一个误称。卡尔·弗里德里希·冯·孟乔森男爵（Baron Karl Friedrich von Münchhausen, 1720—1797）在历史上是一位备受尊敬的人物，也是一位著名而富有传奇色彩的战斗英雄。从德国骑兵部队退役后，他一直在德国各地旅行，向听众讲述他那些军事冒险故事。尽管为了戏剧效果，他的确对一些故事进行了修饰，但故事基本上都是真实的。相关的历史记载中没有任何证据表明他曾经伪装生病或欺骗他人，以便让他人照顾他。然而，鲁道夫·埃里希·拉斯佩，一个逃避德国当局追捕的小偷，盗用了男爵的名字，并于 1785 年用该名字的英文版本出了一本名为《孟乔森男爵俄罗斯奇遇记》的小册子，里面充满了荒诞离奇、明显虚构的故事。这本小册子一经出版便立刻在英国引起轰动，此后还不断推出新版，使阿舍博士误将这位伟大的男爵与那些以四处游荡并到处散布耸人听闻的谎言为特征的患者联系在一起。

阿舍博士指出，孟乔森综合征的主要特征是，患者会故意使用荒诞却似是而非的故事来描述自己的病史，利用自我诱发的夸大症状来为自己争取接受住院治疗的机会或游走于不同的医院之间。他建议医生，如果发现以下情况，要格外警惕孟乔森综合征的可能性：（1）患者身上有大量外科手术留下的疤痕，通常位于腹部；（2）患者态度傲慢、强硬，言辞闪烁；（3）患者的个人经历和医疗史充满了艰辛和痛苦，富有冒险色彩，并且似乎已经超出现实；（4）患者有过住院治疗索赔、医疗事故索赔和保险索赔等相关经历。

自那时起，医生们开始认识到：对孟乔森综合征患者来说，伪造疾病已经是他们人生的头等大事；他们一般还会同时共病其他心理障碍；他们的工作经历相当糟糕，几乎总是漂泊不定；此外，他们还会不断地做出自我破坏的行为，在有生之年不断地主动寻求并接受大量毫无必要的手术和危险的诊疗操作。这类患者常年失业且居无定所，游走在法律边缘，尽管他们的核心目标是寻求关注，但他们也会利用自己的症状来获取食宿及其他形式的非法收益。许多孟乔森综合征患者还伴有药物依赖和非法使用毒品的行为。出现药物滥用的情况是因为，很多好心的医生会给这些患者开止痛药，希望借此来缓解他们所谓的症状，或者有些患者已经成功诱发出需要药物干预的真实症状。此外，还有一个动机会促使他们寻求药物，那就是成功骗过医生所获得的快感。不过，与药物成瘾的诈病者不同，孟乔森综合征患者所追求的并不是药物本身。

在过去的半个多世纪里，除个别情况外，做作性障碍和孟乔森综合征这两个诊断术语已经被人们交替使用，不过我仍有必要对这两者进行区分。因为并非所有做作性障碍患者都患有孟乔森综合征，孟乔森综合征是这一障碍谱系中最极端和最危险的一种形式。在该疾病的金字塔中，处于底部的是轻微或无害的疾病获益，做作性障碍处于中间位置，而顽固且严重的做作性障碍（亦即孟乔森综合征）则位于金字塔的顶端。

做作性障碍的起源

尽管是阿舍博士将做作性障碍这一疾病正式引入医学领域，从而开启了后续各界对它的深入探讨的，但做作性障碍并不是现代医学的新发现。早在公元 2 世纪，跟希波克拉底（Hippocrates）齐名的古罗马名医盖伦（Galen）就报告说，他观察到有些人可以通过诱发或伪装来制造类似生病的体征，包括呕吐和直肠出血。1834 年，英国医生赫克托·加文（Hector Gavin）尝试对这些问题进行分类。100 年后，美国精神病学家卡尔·门宁格（Karl Menninger）率先系统地论述了反复手术成瘾或就医成瘾的现象。

他指出，这种疾病以患者对自身和医生的强烈攻击为主要特征，并且医生象征着"被感知到的施虐型父母"。

1968 年，H. R. 斯皮罗（H. R. Spiro）博士发展了门宁格医生的理论假设，并做出进一步推论：该疾病的产生可能源于个体与父母之间的关系。他认为，早年父母养育的缺失、自我意识发展不健全、道德良知缺陷，以及无法解决早期的创伤经历，都为做作性障碍的产生奠定了基础。同时，斯皮罗博士认为，医院是这种病症发生的理想场所，因为医院具备了提供护理、照顾的条件。他还将孟乔森综合征患者的流浪癖与他们既渴望又拒绝亲密关系的特点联系起来。另外，斯皮罗博士也提出假设，这些患者向医疗专业人士寻求帮助是其受虐仪式的一部分，目的是将早年对父母的敌意转移到医护情景中，将造成痛苦的责任转交到医生手上。

在随后的 35 年里，随着报告的做作性障碍病例的增加，医生们有了更多机会深入了解并诊察该患者群体。研究人员又新增了其他易感因素，其中包括童年重大的躯体疾病或虐待史、个体因为感觉受到虐待而对医生产生愤怒，以及父母在个体身上伪造病史或做出其他医疗欺诈行为等。另外，快节奏、电子化及人际关系日趋冷漠的当代社会环境也在助长做作性障碍的产生。因为在当今世界，要想真正获得他人的理解、支持和关注实在不是件易事。

今时今日的装病现象

研究人员指出，"职业患者"（Professional patient）是医学界用来描述做作性障碍患者的众多非正式术语之一，这些患者往往具有高于平均水平的智力表现。在不遭受疾病折磨的时候，大多数患者（孟乔森综合征患者除外）的个人生活还算正常。此外，与孟乔森综合征患者相比，做作性障碍患者往往也拥有更多的社会支持，只不过他们会觉得仍然需要寻求更多的外部滋养。如果患者的骗局被揭穿，那么所有的目标就都功亏一篑了，因此他们也会极力否认自己设计了骗局，不过一般不会怒不可遏。一旦来自他人的情感支持有所减少，做作性障碍患者就会立刻制造一些新的危机，以进一步吸引人们的关注，从而获得更多的情感支持。举例来说，这些患者可能会谎称自己挚爱的亲人去世了，或者以其他的不幸经历和所谓的躯体疾病为由，博取新一轮的关注。

做作性障碍的发病率很难确定。毕竟，只有那些失败的欺骗行为才会被识别出来，进而让我们得以了解。此外，我们很难对这一问题展开追踪研究，因为这些患者可能会假装生病一段时间，达到目的后便会消停下来，之后，当生活中再度出现难以应对的压力时又会重操旧业。孟乔森综合征患者往往流动性非常强，而且所有装病的患者都害怕被人发现。因此，我们其实很难对他们展开正式、系统的研究。不过，纵使困难重重，该领域依然有小范围研究已初见成效。例如，已达成的共识之一是研究人员发现许多做作性障碍患者本身就是医疗卫生行业的从业人员，如护士、理疗师及护士助理等。有人认为，对某些人来说，或许医护工作的特点会让这些人的情感比较容易耗竭，所以他们迫切地需要得到情绪安抚，并将生病当作获得心理抚慰的方式。当然，也可能是这部分人对与医疗相关的事物特别着迷，因此会优先选择进入医护行业工作。

纽约市蒙蒂菲奥利医疗中心（Montefiore Medical Center）会诊精神科主任 F. 帕特里克·麦克基尼（F. Patrick McKegney）博士表示，在他所在中心的精神科接受会诊的患者群体中，有 1% 的人会被诊断为做作性障碍。这一统计数字肯定低估了这种疾病的发病率，因为如果只是单纯出现生理症状，这样的患者很少会被转诊到精神科。医护人员一般很难识别或怀疑做作性障碍患者。即使有所觉察或心生怀疑，他们也会因为害怕遭到激烈的反驳而不愿直接面质这些患者。此外，大多数做作性障碍患者并不会采纳精神科转诊的建议，因此有许多患者从未得到正式的诊断。

阿曼达·J. 萨瑟兰（Amanda J. Sutherland）博士和加里·M. 罗丁（Gary M. Rodin）博士在多伦多进行的一项研究报告称，在相继转诊给精神科会诊服务机构的 1288 位患者中，有 10 人（占 0.8%）被诊断为做作性障碍。值得注意的是，其中只有两位做作性障碍患者愿意接受持续的心理治疗，而在这组患者中，有 1 人的死亡被归因于装病行为。研究人员注意到，虽然大多数关于做作性障碍的报告都是针对躯体症状的，但在另一项研究中，有 0.5% 的精神病院住院患者只表现出做作性的精神症状。

萨瑟兰博士和罗丁博士表示：“由于医生一般不会在那些主诉躯体不适的患者身上鉴别精神疾病，因此这类转诊病例可能只占做作性障碍总体患者中的一小部分。”因此，我们基本上可以断定，做作性障碍的患病率肯定远高于统计数据所显示的数字。

加拿大多伦多的一项研究显示，做作性障碍患者的年龄一般在 19 ～ 64 岁，中位数年龄为 26 岁。装病患者的平均发病年龄为 21 岁（也许伴随成年而来的巨大压力会导致有些人为了获得他人的理解而选择装病）。在被转诊时，这些患者已经接受了大量的医学诊断和检查，包括血管造影术（血管 X 线检查）、活检（取出部分身体组织进行检查）、剖腹术（腹部切开术）、腰椎穿刺（从腰部取出脑脊液）等，许多人还接受了药物治疗。好几位患者甚至还接受了手术治疗，其中一位患者因自我诱发的骨髓感染而被切除手指，另一位患者因做作性的抑郁障碍接受了电抽搐治疗（电击治疗）。虽然抑郁也可能是导致做作性障碍的一个潜在因素，但该患者成功伪装了悲伤、流泪、食欲不振及其他一些抑郁指标。

在九位被医生告知有装病嫌疑的患者中，只有一位接受过电抽搐治疗的妇女承认自己装病。研究中另一位患有糖尿病的妇女也曾多次装病，但她否认症状是她自行诱发的，并拒绝接受持续的心理治疗。四个月后，这位患者又因病住院，医生认为这是她故意停了胰岛素注射所导致的症状。最终患者在入院三天后不幸离世。

萨瑟兰博士和罗丁博士还强调，部分研究人员在高危人群中寻找做作性障碍患者，并发现了更高的发病率。他们提到了一项对因不明原因持续发烧而被转诊至美国国家过敏与传染病研究中心（National Institute for Allergy and Infectious Disease）的 343 位患者进行的研究。其中有 32 位患者被诊断患有做作性障碍，占患者总数的 9.3%。另一个更新的研究数据来自美国威斯康星州的一家医学专科转诊中心，尽管研究对象的样本量相对较小，但其中有 18.2% 的患者是因故意摄入老鼠药而被诊断患有做作性障碍的。

📋 不断攀升的患者数量及相关费用

有些人将做作性障碍患者数量激增的原因归结为第三方医疗支付体系的快速普及，如各种保险公司和医疗援助项目。虽然这项因素是否影响了做作性障碍的发病率目前尚不确定，但可以肯定的是，因做作性障碍而冒充患者并伪造疾病，给很多发达国家的医疗支出带来了相当大的负担。相关报道称，一位做作性障碍患者的医疗费用累积高达 600 多万美元。过去 30 多年来，现代医疗费用飙升，保险费率也水涨船高，因此数百万美国人被医疗保险拒之门外。医疗服务并不是免费的，无论是联邦、州或地方政府，还是保险公司、患者本人或最终承担医疗账单的医院，总有人要为这些高度专业化的服务买单。而做作性障碍患者频繁住院、接受各种手术、反复进行复杂的诊断检查并占用不计其数的医护时间，无疑是对宝贵医疗资源的极大浪费。

丹尼斯·多诺万（Dennis Donovan）医生曾"有幸"目睹一位做作性障碍患者如何通过装病浪费巨额费用。1987 年，多诺万医生在《医院与社区精神病学》（*Hospital and Community Psychiatry*）杂志上撰文，讲述了一位女性患者是如何在 12 年的时间里入住精神病院超过 52 次的故事。仅患者本人自己记得的住院治疗就长达 497 天，共计花费了 20 500 美元。而且，她还曾多次接受重症医疗护理。不过，多诺万医生无法追踪到其他住院治疗情况，也无法获得患者的门诊或处方记录来详细核算她的门诊治疗和药物花销。根据多诺万医生的说法，该患者曾同时从 10 多位医生那里获得处方，因此这笔费用或许相当可观。另外，该患者有长达 12 年的时间无法工作，因此从雇主那里获得了伤残补助金及 15 000 美元的赔偿金。

这位患者在 12 年间可确定的治疗费用总计高达 104 756 美元；按 2004 年美国的费率保守换算后，这一数字远远超过 200 万美元。多诺万医生认为："通过适当的精神干预手段，我们可以在一定程度上避免因做作性障碍而造成的巨大人力浪费和经济损失。"

📑 性别因素及其交互影响

专业文献显示，孟乔森综合征一般发生在 20～30 岁的男性群体中，而女性在 20～50 岁则更容易被诊断为做作性障碍。主流理论认为，孟乔森综合征的男性患病率较高与不同的性别在社会化方式上的差异有关：孟乔森综合征患者表现出的居无定所、蓄意漠视他人及游走在法律边缘等特征在男性身上似乎更常见，因为社会对男性身上这类特质的容忍度要高于女性。根据主流研究理论，无家可归的男性比无家可归的女性更有可能在各个城市之间游荡，从而更有可能表现出孟乔森综合征所固有的流浪癖。

然而，作为一名在这一特殊研究领域拥有 10 多年丰富经验的专业人士，我个人并不完全赞同这些公开发表的研究文献。在我所接触过的孟乔森综合征患者中，女性明显占多数。这或许说明女性更愿意寻求精神与心理卫生方面的帮助。另一种可能是，有些女性会采取较为激烈的行为以获得他人的关注，而这种关注基本上在所有社会中对男性来说都更易企及。无论如何，我个人始终相信这两种疾病对女性群体的影响更甚。

另外，医护人员的评估鉴别工作不能仅局限在做作性障碍患者本人身上。有时，只有在接触并了解这些患者的受害者之后，我们才能真正识别这种疾病。例如，在典型的代理型孟乔森案例中，照顾者（通常是母亲）会人为地在孩子身上制造一些症状。最开始，这位照顾者可能看似非常关心孩子，还会获得来自孩子的医护人员和周围社区成员的赞扬及支持。直到孩子的虚假疾病或被诱发的疾病被人发现，照顾者的真实面目才会公之于众。当然，前提是真相最终能够水落石出。与此类似，还有一种比较罕见的成人代理型孟乔森，即一位成年人会在另一位成年人身上制造疾病症状，以此来获得受人赞赏的无私照顾者的光辉人设。同样，受害者的症状及其模式也能为我们提供线索，揭示出这些表面症状背后的真实病理。

做作性障碍患者的受害者并不像代理型孟乔森那样仅限于直接受害者。实际上，间接受害者会更普遍，并且在做作性障碍案例中无一例外。这些受害者包括患者的家庭成员、朋友、医护人员及其他被卷入骗局并投入时间和精力来支持患者的人。许多关心患者的人会把他们的痛苦经历描述为情感上的强奸。他们上当受骗，然后希望幻灭，最终这些受害者可能也需要接受治疗和帮助。作为这场骗局不可或缺的参与者，这部分受害者的惨痛经历值得我在本书中单独列出一章来详细探讨。

然而，对他人的伤害未必就罪不可赦。那些做作性障碍患者之所以会给他人带来伤害，更多的是他们自身固有的心理疾患所致，患者最初并不想伤害他人。患者人为制造虚假疾病的行为有时会长达数年之久。这些患者在自己亲手打造的"人间炼狱"中备受折磨，体验不到生活中任何一丝充实与乐趣，因为他们生命中的一切都不得不围绕疾病展开。他们之所以会沦落到如此悲惨的地步，缘于他们发自内心地相信，要想在日常生活中获得关爱、支持和关注，他们就不得不采取如此荒谬、绝望的极端手段。詹姆斯·汉密尔顿（James Hamilton）和贾纳塔（Janata）认为，有些患者会去接触医护人员，并给他们留下比较棘手、难搞的印象，以此来提升自我价值或自尊心。还有一些做作性障碍患者内心充满愤怒，让医护人员感受到挫败则是他们表达愤怒的一种方式。这些愤怒可能源自他们过往和当下生活中的一些人际关系问题。当医生最终发现自己被骗得很惨时，患者可能会感到特别兴奋。另外，还有一部分患者感到自己的生活完全失控，而胜医生一筹会让他们获得掌控一切的虚幻体验。无论具体动机是什么，选择装病而不是表达自己的真实需求或情感，都是极其不健康的行为，也十分具有破坏性和危害性，而且这一行为现象远比我们所了解到的更加普遍。

第 3 章

幻想性谎言癖：谎言大于生命

///

兰德尔这个人平时非常害羞，性格也比较孤僻，于是他成了弗雷德完美的狩猎目标。弗雷德主动与这个内向的年轻人交往，并利用自己过去那些"精彩的故事"来吸引对方。我们可以想象，当弗雷德透露自己刚刚被诊断出侵袭性癌症，日子已经所剩无几时，兰德尔该多么伤心欲绝。不过，身患绝症的谎言不过是这场精心设计的骗局的开始，最终兰德尔被卷入了一个充斥着网络恋情、跨国友谊及政治阴谋的迷幻世界中。这场令人身心耗竭的阴谋，完全就是弗雷德的扭曲内心所导演的一出大戏。大约四分之一的做作性障碍患者及几乎所有的孟乔森综合征患者，都会有所谓的幻想性谎言癖（Pseudologia fantastica）症状，即凭空捏造自己的个人经历，通常伴随一些极为夸张、戏剧化而又复杂的情节。本章会介绍 3 个颇为有趣的案例研究，为读者呈现幻想性谎言癖与做作性障碍的关联，以及为何做出准确的诊断是如此困难。另外，我们还会目睹一幅让人揪心的景象，体会那些被患者蒙蔽的亲朋好友所遭受的混乱、困惑及痛苦。

很少有人能够与做作性障碍患者近距离接触而不被卷入他们精心设计的骗局中。他们口若悬河、绘声绘色地讲述自己的故事，与巧舌如簧的骗子不相上下，令周围所有人都信以为真。做作性障碍患者还特别擅长煽风点火，他们会想方设法让骗局越滚越大，并不断寻找新的观众，直到（实际上是除非）被人识破。

讽刺的是，医疗卫生行业致力于为人们带来关怀和治愈，却又不得不忌惮患者的权利和医疗事故纠纷，这实际上也助长了对疾病的弄虚作假。医生身负不言而喻的责任，即不断地追求确切的诊断和治疗，即使有些症状和体征不那么符合逻辑。在临床实践中，模糊不清或让人困惑的症状描述并不少见，也有些患者羞于启齿或不善言辞，抑或从未掌握描述情感或躯体感觉的特定词语。不过，大部分人肯定都希望自己身体健康。如果可以，他们希望每年只需看一次医生、做一次例行体检，然后拿到医生开的健康证明就万事大吉了。除非患者有确凿无疑的做作性障碍病史，否则没有哪位医生会预料到患者竟然会出于例行体检或有效主诉以外的原因而寻求治疗。

医生都期待患者可以如实陈述自己的不适，并且表达尽可能清晰，这样他们才能得到正确的治疗和干预。一般来说，患者对自身症状的描述越完整、越准确，医生就越容易做出正确的诊断。因此，一位自我意识清晰、善于表达的患者往往也会被视为自身健康的积极参与者。

虽说可靠的信息是得到最佳治疗的必要条件，但有时现实也会印证"过犹不及"这句老话。孟乔森综合征的一个主要特征就是信息量太大，其中患者对症状的陈述过于夸张、戏剧化，患者的生活经历令人难以置信，甚至有些荒诞离奇。患者关于过去或当前生活事件的病理性谎言（即"幻想性谎言癖"）可能是无休无止的，或者会围绕疾病的说辞不停地旋转，就像月亮绕着地球转一样——时而一览无余，时而匿迹潜形。

下面这则关于弗雷德的故事是以他忠实的朋友兰德尔的视角来讲述的，它向我们展示了幻想性谎言癖这一病理行为是如何一步步蔓延开来的。除了让人隐隐有些不安外，故事起初听上去还算可信。但很快，弗雷德的故事便不断升级，变得愈发荒诞、滑稽且有悖常理，兰德尔对此却仍然深信不疑。兰德尔早已为弗雷德的谎言倾尽所有，以致哪怕证据摆在面前，他也无法接受真相。弗雷德成功地扭曲了兰德尔的现实感，为他打造了一个由浪漫情爱和政治阴谋编织而成的虚幻世界，这恰恰弥补了兰德尔孤独而平凡的生活中所缺乏的亲密感和冒险精神。对兰德尔和其他经历类似情况的受害者来说，幻想性谎言癖带来的最大危害便是心灵上的创伤。

大起大落的兰德尔

大约在两年半前，我参加了本地一个汽车俱乐部的聚会，在那里认识了一个名叫弗雷德的人。他和我一样酷爱汽车，我们俩可以说是一见如故。弗雷德总是跟我提起他的三位海豹突击队战友——斯科特、克里斯和莱尔，给我讲他们的趣事。他们几人一直是亲密无间的伙伴，直到三年前莱尔和克里斯在一场车祸中不幸去世。弗雷德有超级多关于他们的了不起的故事。

就这样过了一年半，情况开始变得有些不对劲了。弗雷德和他的女友朱莉分手了，同时还失业了。我真心为他感到难过。他那时经常打电话给我。过了一段时间，他就每天都想跟我一起出去玩。最后我告诉他，我们两个人不应该花那么多时间黏在一起。

几周后，我收到弗雷德发来的一封电子邮件，他说自己被诊断出骨癌，只剩下四年的时间了。这简直就是晴天霹雳！我为他感到难过，想尽我所能地陪在他身边。他说他的父亲 15 年前就是因骨癌去世的，所以他现在非常害怕。我问他我能不能去医院探望他，他说因为父亲去世时的经历，他特别讨厌医院，所以也不太喜欢有人来医院探望他。

弗雷德不让我去看他，这让我十分恼火，于是我给他写了一封邮件，基本上就是在训斥他。几分钟后，我收到了他的朋友斯科特（那位海豹突击队幸存者）的回复邮件，大概意思是要我先冷静下来，现在不是对弗雷德大吼大叫的时候。斯科特住在西班牙马德里，在那里的大使馆工作。斯科特在那里陪着弗雷德，当时他正在病房用他的笔记本电脑回复邮件。

我听说过很多斯科特的事迹。于是我们开始聊天，并很快熟络了起来。不知不觉中，我们差不多每天晚上都要聊一会儿。

后来，我还通过电子邮件认识了斯科特的妻子杰茜卡。我知道他们都很感激我为弗雷德所做的一切。斯科特希望弗雷德能到西班牙和他一起生活，这样弗雷德就不会像他其他海豹突击队战友一样离他而去了。斯科特觉得，除非我也去西班牙，否则弗雷德是不会去的。所以，斯科特让我去西班牙，并说服弗雷德一同过去。

接下来，斯科特便着手安排我和弗雷德于 8 月去马德里的事情，还在网上给我介绍了一个女孩——杰茜卡最好的朋友玛丽亚·埃琳娜。这女孩简直棒极了！我发现自己爱上了她。我们一起为我去马德里做了很多计划，我知道，埃琳娜就是我命中注定的爱人。

很快就到了 2001 年的 8 月，是时候出发去西班牙了。我还特地买了礼物给大家带去。就在我收拾好行李准备出发时，我却收到了杰茜卡发来的一封电子邮件。邮件上说，斯科特的父亲自杀了，他伤心欲绝，这段时间不想有人打扰。

当我打电话给弗雷德转告这个噩耗时，我崩溃地大哭。在接下来的几个月里，我每天都跟玛丽亚·埃琳娜通过电子邮件交流。我们俩一聊就是几个小时。无法跟她见面，这让我非常失望，但我想最终我一定会见到她的。她第一次告诉我她爱我，我告诉她我也爱她。我们开始讨论结婚、生子，以及其他一切美好的未来。

从 8 月开始，我便注意到一些不对劲，我可以列举出许多预警信号。我发现，当我和弗雷德一起在外旅行或度假时，我从来没有收到过斯科特、杰茜卡或玛丽亚他们任何一个人发来的电子邮件。我还注意到，这四个人都会把"tomorrow"（明天）这个词拼错成"tomarrow"，弗雷德惯用的某些词语玛丽亚也会说；还有，他们几个人的行文风格也十分相似。但所有这些都被我忽略了，因为他们是如此不同的人。没有人能够有那么丰富的想象力，我当时还这样安慰自己。

美国发生"9·11"事件后，斯科特非常担心自己家人的安危，于是就把他们和玛丽亚·埃琳娜都安排在一位富豪朋友艾哈迈德的游艇上。我感到十分沮丧，因为我很想和玛丽亚通电话互诉衷肠。只有当游艇停靠在港口时，我们才能通过电子邮件交流。但接下来，同样诡异的事情又发生了。我和弗雷德一起看了两周的房子，直到我们不再去看房子的那天，我才收到玛丽亚的电子邮件。也就是在那天晚上，她一口气查看了我发过去的所有问候，我们当晚就聊了起来……这完全是个高能预警信号，说明"她"其实就是弗雷德！但那时的我对此视而不见。

也是在那个时候，弗雷德终于在当地的一家汽车销售公司找到了一份工作，每天都要工作很长时间。与此同时，我没办法经常和斯科特或玛丽亚聊天了。据说，他们因为被恐怖分子追捕而不得不经常搬家。"9·11"事件后，马德里确实发生了很多恐怖袭击事件，所以我又一次选择了相信他们。好消息是，他们几个人在游艇上都很安全，预计能及时赶过来跟我一起过圣诞节。

　　玛丽亚和我已经相处六个多月了，我很爱她，她也很爱我。她准备嫁给我，我们无话不谈，甚至已经开始给我们将来的孩子起名字了。我迫不及待地想要见到玛丽亚，和她一起开始我们的新生活。经过这么多个月，我已经等不及要拥抱她了。我主要是想见到她，这样就能减轻我对这些可疑事情的顾虑了。

　　几天过去了，时间到了 12 月 22 日，也就是他们应该到我这边的日子，可他们还没有到。弗雷德开始有些担心了，但他说他已经和他们几人交流过了，他们正在墨西哥海岸附近。23 日，我接到弗雷德的电话，他说他很担心，打算去墨西哥找他们，还要向海岸警卫队求援。我顿时紧张得喘不过气来。我好像早就预感到一定得出点儿状况。我告诉他，最好不是游艇要沉了，因为这也太没有新意了。弗雷德显得很紧张，然后就挂断了电话。几小时后，我的新手机接到一通电话。来电显示被屏蔽了，但我还是接起了电话。"你好，兰德尔，我是斯科特。我想联系弗雷德，他现在和你在一起吗？我们的游艇出了点儿状况。"我知道那就是弗雷德假扮的。我意识到，我这一年的生活、我在另外一个国家崭新的未来、我那个新的朋友圈，以及我的那位美娇娘，所有这一切都是骗人的！

　　我知道自己该做些什么。我知道，我现在得和弗雷德的家人好好谈谈了。我找到了他母亲的住处，走上前敲了敲门，他母亲开了门。我问她是不是认识弗雷德的朋友斯科特和杰茜卡，她说不认识。我终于鼓起勇气问她："弗雷德真的得了癌症吗？"她说没有。我又问她弗雷德是不是曾经在海豹突击队服役过。令人作呕的是，他母亲说根本没这回事。原来这一切都是谎言，我觉得自己被彻底欺骗了。我马上给弗雷德打去了电话，他当然矢口否认。我告诉他永远不要再联系我，最好永远不要在街上碰到我，因为我可能会对他做出些什么不好的事情。说出这些话的时候，我整个人异常冷静。

其实，只要我稍加留心就能看到这一切早已漏洞百出了，但我当时鬼迷心窍，根本没有好好用头脑思考。我那个交往了两年半的好友背叛了我，现在我感觉好像一下子失去了四个最好的朋友。但实际上，他们是同一个人，这让我非常抓狂。我觉得弗雷德、斯科特、杰茜卡，还有我的灵魂伴侣玛丽亚·埃琳娜，都在一瞬间离我而去了。尽管证据确凿，我还是久久难以释怀。我一遍又一遍地浏览所有的电子邮件，想要搞清楚弗雷德这家伙究竟是怎么做到的。我感到十分恼火，自己竟然遇上了这种奇葩事……我也为自己如此天真而深深自责。

这件事给兰德尔的情绪带来了严重损害，他原以为已经属于他的友谊、家庭和未来都被这件事夺走了。长期的抑郁和焦虑最终让兰德尔不得不寻求心理咨询的帮助。在心理咨询师的支持下，兰德尔学会了更加谨慎地与人交往。日子一天天过去，兰德尔也开始主动做一些事情，逐渐开拓自己的社交生活。现在，兰德尔不再只是躲在计算机屏幕前，而是会通过教会和单身互助团体来建立社交关系，克服自己与生俱来的害羞。

尽管兰德尔的孤僻性格和容易受骗的特质使他成为幻想性谎言癖的理想猎物，但现实生活中很少有人会遇到像弗雷德一样残酷无情的猎杀者，也很难有人能像弗雷德这样，每次都能迅速地化险为夷，巧妙地把谎言圆回来。这些经历足以改变兰德尔的整个人生。现在，他终于能够坦然、坚定地接受这一复杂的情感纠葛了，这实在令人敬佩。

📑 幻想性谎言癖的"前世今生"

幻想性谎言癖是做作性障碍尤其是孟乔森综合征中最引人入胜的部分。幻想性谎言癖也被称为"说谎癖"或"妄言症"，具有非常明显的病理特征。一些研究人员认为它本身就是一种独立的疾病，值得进行专门、深入的研究。这些经久不衰的故事的典型特征是，它们一般都建立在一定的事实基础上，其目的是满足患者的自我夸大。患有幻想性谎言癖的人很少以谋取经济或物质利益为直接目的，而主要是为了类似孟乔森综合征背后的那种隐形获益。这些特点使幻想性谎言癖成为病理性说谎中一个相对独特的疾病分类子条目。大部分病理性说谎都会以谋取物质利益为主要目的，并且（或者）患者所捏造的故事没有任何事实依据。

为了让谎言达到以假乱真的程度，故事的捏造者首先要彻底相信自己的谎言。如果遭到质疑，他们也会承认（至少部分承认）自己说了谎。而有些妄想症患者无论面对何种相左的证据，都会死咬住自己的说辞不肯松口。早在 20 世纪理查德·阿舍提出"孟乔森综合征"这个术语前，幻想性谎言癖就被认为是一种独特的疾病了。表现出相关症状的人被称为幻想性谎言癖患者（Pseudologue）。1909 年，E. 杜普雷（E. Dupre）博士撰写的一篇医学论文中就列举了幻想性谎言癖的三个主要诊断标准：（1）故事必须真实可信，并且要与现实保持一定的关联；（2）奇幻的冒险故事不能让听众觉得荒谬可笑；（3）虽然冒险故事的主题可能各不相同，但其中男女主人公或受害者这类独特的角色几乎总是留给故事讲述者本人。如果我们跳出当代疾病视角下这一疾病与孟乔森综合征的关联，从更广泛的历史概念来看，它还有其他几个不那么典型的特征：这一疾病通常始于青春期，男女发病比例相当；患者经常频繁更换职业或工作，虚荣心强，能言善辩，而且挫折耐受能力往往比较差。在所有幻想性谎言癖患者中，无论男女，有四分之一的患者除了说谎外，还会伴有装病的症状；其中有五分之一的患者不仅会装病，还会带着"病症"四处流浪（如孟乔森综合征）。也有一部分孟乔森综合征患者以谎言癖为主要病理症状，同时伴有装病的次级行为表现。

🗒 "得逞的"骗子

接下来，我想介绍一下米兰达的案例。这个案例让人不禁好奇她究竟是怎样让那么多人相信她编造的奇幻故事的。像米兰达和弗雷德这类人，也就是幻想性谎言癖患者，往往说起故事来滔滔不绝、口若悬河，而观众一般只能被动地听着。幻想性谎言癖患者的言行举止是如此令人信服，其他人似乎只能无条件地接受。

并不是所有类型的做作性障碍都带有幻想性谎言癖的症状。大部分做作性障碍患者只会说那些对伪造疾病必不可少的谎言，如果他人的同情开始消退，他们就会杜撰一些更有说服力的故事。然而，米兰达过于离奇的故事已经让她的疾病远远超越了一般疾病的范围，她编造了一个又一个悲惨的故事。一些研究者认为，米兰达的谎言其实是一种防御机制，用以应对那些无法接受的内心冲动。当你在阅读米兰达的故事时，不妨仔细揣度其中与性相关的元素——强奸、怀孕、流产、子宫切除和子宫移植。故事中性的主题十分鲜明，这或许表明她对自己萌发中的性欲感到特别焦虑，她或许觉得这些性冲动十分可怕，必须被禁止。米兰达的所有故事都是以灾难为中心的，她将自己置于无辜受害者的角色。但表现出幻想性谎言癖的患者同样有可能将自己重新叙事成一名运动健将、卓越的学者、无畏的冒险家或在逆境中坚忍不拔的强者。

撒谎成性的米兰达

米兰达从小就是一个十分难缠的孩子。当她还是个小女孩的时候，她就表现出了许多令人厌烦的行为。例如，每当米兰达的母亲离开她去办点小事的时候，她都会变得极度焦虑不安。米兰达的母亲回忆说，大约在米兰达 5 岁时，为了不让母亲把她交给保姆看管，她就曾让自己从楼梯上掉下来。后来，米兰达无法适应学校生活，因为她不能忍受与母亲分离。她的父母也很难确定，在她的发展过程中究竟哪些行为是属于正常范畴的。直到米兰达进入中学后，他们才意识到女儿的问题有多严重。当米兰达的父母得知她一直在学校散布关于自己的一些可怕谎言时，米兰达刚步入青春期。

米兰达告诉学校的老师，她被诊断出患有脑瘤，预计活不过六个月。她给最喜欢的几位老师写了告别信，请他们为自己祈祷，并让他们对这件事保密。米兰达还写了一份关于自己的葬礼要如何举行的书面说明，并录制了一盘准备在追悼会上播放的音乐磁带。在米兰达定期去的教堂里，她被列入会众祈祷名单。谎言一发不可收拾，米兰达的父母终于发现了，米兰达最亲密的朋友也开始担心起来。谎言被揭穿后，米兰达开始接受每周一次的心理治疗。

一年后，米兰达结束了心理治疗，医生也确信她的情况已经好转。她的父母很谨慎，但也充满希望。进入高中后，米兰达的行为又开始变得匪夷所思了。虽然身为独生女，米兰达却声称自己和双胞胎妹妹被人绑架、强奸，自己还因此怀孕了。逃离绑架者的魔爪后，米兰达和她的妹妹又遭遇了一场灾难性的车祸，她的妹妹因此丧生，她自己也流产了。米兰达声称，那一年她因事故发生后需要进行子宫切除手术而提前离开学校。可米兰达的母亲说，米兰达之所以提前离开学校，是因为一家人要去欧洲旅行。在学校里，米兰达谎称她到欧洲是去参加双胞胎妹妹的追悼会。她还说自己悉心照顾过一位身患癌症的挚友，直到他去世。米兰达痛失所爱的悲伤似乎是发自肺腑的。她看起来似乎真的在经历了多次创伤后又失去了自己的亲妹妹及一位最好的朋友。

日子就这样一天天过去，米兰达的谎言也越来越荒唐。她告诉一位老师自己接受了子宫移植手术，而且还再次怀孕了。于是，这位老师产生了怀疑，并揭穿了米兰达的骗局。米兰达重新开始接受心理治疗，以帮助她觉察自己的内在动机，同时缓解她愈发严重的抑郁障碍。米兰达的母亲发现，虽然米兰达从未有过任何自残行为，但在很短的时间内，她的体重就掉了 9 斤，不光如此，她还会用手故意抠自己脸上的痘痘，并且留下了深深的伤疤。

在八周的时间里，药物治疗奇迹般地改善了米兰达的情绪状态，使她不再沉溺于死亡、减肥和自残的问题——所有这些都是潜在抑郁障碍的表现，如今也都显露无遗了。然而，幻想性谎言癖早在她的抑郁障碍之前就有了，不幸的是也一直持续到抑郁障碍缓解之后。作为一名青少年，米兰达仍然生活在一个相对封闭的世界里。她的治疗师建议她的母亲要定期向老师、牧师、教友和周围其他人核实她所讲的故事，而且对任何谎言都要及时制止。而出于义气，米兰达的那些伙伴都拒绝配合（这种对权威的抗拒倒是十分符合这个年龄段孩子的特点）。但米兰达清楚，无论自己走到哪里，都免不了要为自己那些经不起推敲的谎言负责，因此她也越来越少说谎了。然而，米兰达的父母意识到，一旦米兰达离开家去上大学或工作

[因为她曾经说过"等我哪天有办法逃离这个克格勃（指她的父母）"]，他们就很难再对这些悲惨故事继续进行管控，也很难确保她能继续接受抗抑郁药物的治疗了。

虽然案例中的米兰达身体很健康，但有部分幻想性谎言癖患者确实曾患有某些躯体方面的疾病，只不过他们会夸大其词，以使医生及医学新手更容易接受他们所经历的那些苦难或光辉事迹。然而，有时这些表面上的小毛病只不过是身体上的轻微不适罢了，不会给身体健康带来任何不良影响。例如，大约有 30% ～ 40% 的人会在射线超声检测中呈现出脊柱明显异常，但并不会出现背痛或其他相关症状。有些人会意识到这些偶然发现，并将包括完全残疾在内的虚假症状归咎到这些问题上。下面这则案例最早是由查尔斯·福特（Charles Ford）医生报道的，其中涉及的一些更罕见的医学体征，可以形象地说明这一点。

被抓现行的路易斯

路易斯有先天性眼球震颤问题，即眼球会不自主、有节律地来回摆动。这种情况既不影响视力，也不是潜在的神经系统问题的症状。作为装病的一部分，路易斯会去急诊科说自己刚刚遭遇了一场事故，撞到了头，失去了知觉。随之而来的必然是神经系统检查，然后医生会发现他的眼球震颤问题，并把它当成由事故引发的症状。这样一来，医生就会立即让他住院接受治疗，因为这些症状疑似脑干挫伤（或瘀伤）。路易斯知道，自己实际上并无大碍的症状有时可能会被人误解为危急情况，于是他就把眼球震颤作为进入医院的敲门砖。路易斯还进一步夸大其词，谎称自己住在迈阿密，并夸大了自己在迈阿密的职业和社交生活情况。

路易斯的病情看起来非常值得研究，因此他的医生在一次神经病学会议上向同行们介绍了他。让路易斯感到惊讶的是，一位与会医生认出了他，因为几周前他才在当地另一家医院被确诊为良性，当时还顺利出院了。

这个意外发现让路易斯被转诊到精神科接受精神状态评估。也许是厌倦了这种游戏，也许是害怕再次在公众面前出丑，路易斯向精神科医生承认，他不仅装病，还捏造了自己的个人身份背景。他承认自己就是当地居民，从来就没去过佛罗里达州。

具备以假乱真的说谎能力是每一位得逞的做作性障碍患者的主要特征，也是众多医务人员会被这类患者蒙蔽的原因之一。即便体检结果呈阴性，体征与疾病主诉不符，并缺乏确凿的证据支持患者对既往病史和创伤的描述，医生仍然会被这些患者迷惑，继而进行无谓的检查和不必要的手术（其中包括摘除健康器官），并开出一些非必要的药物处方。然而，正如前文所提到的那样，相对而言，很少会有做作性障碍患者觉得自己有必要像幻想性谎言癖患者一样精心编织一场惊天骗局。

第 **4** 章

躯体自残：来自内在的敌人

///

本章从弗洛拉的案例切入，带大家认识一种最为夸张和危险的做作性障碍患者的行为：自我诱发性放血或自行放血（Self-induced bleeding）。通过这一案例，我们会了解到，医务人员在照顾那些通过强迫性放血行为反复将自己置于死亡边缘之人时所面临的困境。这些人的极端行为十分令人费解，他们以这种方式将自己送入医院，然后要么拒绝接受治疗，要么在接受输血时耗费昂贵的血液资源。许多自行放血者本身就在医疗系统内工作，他们可以方便地获取针头、针管、注射器等相关器具来偷偷给自己放血（医护人员在搜查一位患者的房间时，甚至发现了一本关于输血的学术杂志）。此外，本章还会探讨这种做作性障碍的诸多表现形式及包括怀孕在内的各种诱发因素。在本章，我还特别强调了医生作为医疗"侦探"的作用，深入探讨了在调查患者行为和了解患者病史的过程中，他们要如何警惕出现做作性障碍的可能性。

很多时候，那些愿意接受治疗的做作性障碍患者，其治疗效果往往都不错。但那些拒绝接受治疗的做作性障碍患者又会如何呢？那些将自己的身体逼到极限，在自己身上制造种种危险乃至致命的疾病，却拒绝医生帮助的患者会如何收场？那些完全无视治疗努力，一心在自我毁灭的道路上越行越远的患者会有怎样的结局？

仓皇出逃的弗洛拉

在职业生涯的早期，我曾遇到过一位叫弗洛拉的患者。她是一名 26 岁的实验室技术员，脸色苍白，身形枯瘦，看起来有点瘆人。当弗洛拉走进她就职的那家知名医院的门诊部时，她显得有些畏首畏尾、犹犹豫豫。她用几乎听不见的声音说她自己感到头晕，身体很虚弱。鉴于弗洛拉的体征和症状，我要求对她的血液样本进行紧急检测。与此同时，我也从她那里了解了相关病史。她一口咬定自己完全不清楚是什么原因导致她的身体出现问题。她还说自己工作一直很有效率，前来就诊只是因为她现在有一点空闲时间，想找人倾诉一下自己的感觉有多糟糕。

尽管从弗洛拉本人那里并未得到什么有用的信息，但她的血液检测报告着实吓了我一大跳。她的血细胞计数非常低，让我一度怀疑这根本就不是活人该有的检测报告。于是，我又安排弗洛拉做了一些额外的检查项目，如检查是否有肠道内出血。但所有检查结果均为阴性。

得知自己的病情如此严峻，弗洛拉却无动于衷，这实在太反常了。她没有问我任何问题，也没有表现出一丝惊慌，甚至没有丝毫的担忧。她的血细胞计数实在是太低了，已经危及生命，而她对此毫不在意。听到她说自己对病情一无所知，我不禁怀疑她在撒谎。

弗洛拉的贫血非常严重，于是我想立即给她输血，但她只愿意注射补铁剂。在等待注射时，弗洛拉整个人开始坐立不安，她烦躁地对我说："也许有些误会，我现在只想回去。"当时在场的所有医生都追问弗洛拉详细情况，最后她终于承认，当感到焦虑不安时，她就会给自己放血，直到她抽出足够的血并感到"满意"为止。由于她可以随时从自己工作的实验室拿到注射器，因此她可以轻而易举地给自己放血（也被称作自我诱发性静脉切开术）。

在承认了自行放血的行为并接受了补铁剂注射后，弗洛拉突然冲出诊室，而我就在她后面拼命追赶。可我没能追上她，追到楼梯间拐角处就再也看不到她的身影了。我猛地停下来，问自己："就算我追上她又能怎样呢？虽然她现在的身体情况十分危险，但她从未明确表明自杀意图，也没有证据表明她放血是为了自杀。"从医学上讲，特别是注射了补铁剂后，她并不会立即死亡。事实上，在我追她的过程中，她跑得比我都快！对于这种情况，如果不存在严重的自杀情绪和行为，又不太可能立即出现生命危险，那么任何想要扣留她的行为都涉嫌人身攻击和侵犯。

于是我转身回到诊室，心想至少她还注射了补铁剂，而且我们也让她意识到了自己的行为有多么危险。不过，我并没有感到丝毫安慰。有时，就像一位尚能治疗的肺癌患者会不顾我们苦口婆心的劝说仍然继续吸烟一样，我们也只能无可奈何地允许患者对他们自己的身体做出错误的决定。

▣ 做作性障碍中的放血行为与血液疾病

在做作性障碍患者中，那些通过自行放血或其他方式来伪造血液相关疾病的人，几乎都是医护行业从业人员，而且以女性居多，通常都是护士。

我们可以根据这些患者制造症状的不同方式，将他们加以区分。举例来说，有些患者像弗洛拉一样，会使用直截了当的方式让自己贫血。她们会给自己抽血，然后将其扔掉、吞食，或者注入自己的尿液或膀胱中，以此来伪造临床症状。曾经有位患者通过自行放血的方式，在 30 年的时间里累计接受了 1000 单位的输血。还有些患者会使用间接的方式制造症状，包括给自己注射抗凝剂（防止凝血的物质）或吞食以抗凝剂为主要成分的灭鼠药。这类药物如果足量服用，会出现瘀伤或出血的症状，看起来就像患了白血病或其他一些严重的血液疾病一样。还有一些做作性障碍患者服用过量的阿司匹林也会达到类似的效果。

正常人很难理解如此诡异的自残行为，因为这违背了人类最强大的自我保护本能。究竟是什么让一个人这般对待自己，如同自己体内藏有敌人一样？对于做作性障碍患者的内在心理过程，我们仍有很多不甚了解的地方。或许，那些边缘型人格障碍共病患者会经常体验到"不真实感"，这会驱使他们竭力寻求对自己人格的确认。当觉得自己与环境中的某个部分（如另一个人或一个地方）融为一体时，边缘型人格障碍患者就会把放血当作立竿见影的现实检验工具。他们用自己的鲜血来获得不容置疑的铁证："我是真实的，我是一个独立的个体。"这类情况下的异常行为其实是人们用来安抚更为痛苦的思维模式的一种应对方式。在本章的末尾部分，我还会探讨另一些可以解释自行放血行为的理论。

研究人员已经报道了许多起由自行放血导致的假性贫血案例。最早的英文文献资料是 1963 年发表在《内科学年鉴》（*Annals of Internal Medicine*）上的一篇文章。作者介绍了他们治疗两位相关患者的经历。接下来，我将给大家简单介绍其中一个案例。

未卜先知的丽贝卡

丽贝卡是一名 30 岁的实验室技术员，她因月经大量出血前来就医。经过检查，医生只发现她的卵巢有肿大的迹象，但这并不是导致她大出血的原因。一个月后，丽贝卡又因身体虚弱和昏厥而住院，虽然她没有阴道出血或其他出血的迹象，但她的血细胞计数却特别低。通过探查术，医生发现她体内的卵巢囊肿破裂了，这确实可以解释一部分出血问题。就这样，丽贝卡接受了输血和补铁剂治疗，然后就回家休养了。医生给丽贝卡的诊断是由子宫失血引起的缺铁性贫血。

在接下来的几个月里，丽贝卡一直说自己感到恶心并伴有呕吐，并且因为肌肉疼痛、咽喉不适、咳嗽、胃痛、流鼻血和血细胞计数极低等一系列症状和体征再次住院。医生又检查了引发失血的各种可能原因，但所有检查结果均为阴性。她的贫血严重到需要立即采取抢救措施的程度。尽管丽贝卡有输血过敏史，但医生还是给她进行了补铁剂治疗和几个单位的全血输注。然而，在采取了所有措施后，丽贝卡的血细胞计数再次下降，于是她被送往医院重新接受评估。在住院期间，她的血细胞计数居然没经过任何治疗就开始上升。当医生告诉丽贝卡这一情况时，她并未感到高兴。相反，她预测自己的血细胞计数会再次大幅下降。还没到 24 小时，她的预言就成真了。接下来又是一系列新的检查，但毫无结果，医生也感到束手无策。他们不得不考虑剩下的唯一可能：丽贝卡在偷偷给自己放血。

医护人员搜查了丽贝卡的病房，发现了针头、针筒盒、注射器、输血管和一本《输血》（*Transfusion*）杂志。在咨询了一位精神科医生的建议后，医生找丽贝卡进行交流。丽贝卡承认了自行放血的行为，也同意接受心理治疗。尽管接受了门诊治疗，可丽贝卡的贫血症状仍然不见好转，因此她被送入医疗机构接受强制医疗。如今，在美国，强制患者入院接受治疗这一做法很可能涉嫌严重侵犯患者的权利，但在《内科学年鉴》发表这篇报道的那个年代，这样的情况并不罕见。

精神状态评估显示：患者有明显的抑郁情绪，而且对医护人员怀有极大的敌意。最终，丽贝卡透露自己的情绪源自一次创伤性的个人经历。丽贝卡的未婚夫在一次车祸中身受重伤，住院接受治疗三个月后便匆匆离世。在那段时间里，未婚夫拒绝与丽贝卡见面，医生也尊重了当事人的选择，所以丽贝卡无法了解他的病情，最终也没能在未婚夫离世前见他最后一面。这样说来，丽贝卡的装病行为很可能是对医生的报复，她想让医生对自己的疾病束手无策，以此来凸显医生的无能。但丽贝卡这样做也会让自己遭遇危险，命悬一线。

鉴于这位女性的职业背景及其所具备的医学知识，还有先前的各项检查结果，医生考虑到患者自行放血是其中一种可能性。然而，即使所有的证据都指向做作性障碍，但那时候的医生接受的相关培训少之又少，这让他们很难具备足够的职业敏感度。如果他们当时能够有所识别和诊断，或许就可以省下数月的观察及昂贵的诊疗费用了。

做作性障碍的全球发展趋势

有些精神类疾病会跟特定的文化及具体的历史发展阶段相关联，但做作性障碍并非如此。过去这几十年来，世界各地不断出现做作性障碍的相关报道。假性或人为制造的贫血症就是其中一个例子。1949 年，一位 44 岁的挪威妇女因尿液中含有血液和过量蛋白质（这是肾脏疾病的征兆）而接受住院治疗。从 1953 年 12 月到 1955 年 1 月的这 14 个月里，尽管患者毫无失血的外部体征，各项检查也没有发现溶血（红细胞在体内破裂）迹象，她却因多次复发的贫血症累计接受 40 次输血治疗。最终，医生诊断她患有假性蛋白尿（人体尿液中蛋白质含量超标）。原来，她是通过尿道导管将蛋白（一种纯蛋白质）注入自己的膀胱才导致了这样的症状。另外，患者还通过偷偷给自己放血来引起贫血。不过，患者坚决否认这些症状都是人为的，并最终住院接受了心理评估。

人为制造出血症状并不是西方国家所特有的现象。例如，在中东国家也门，一个患有孟乔森综合征的 18 岁女孩被送到医院时，身上有多处出血。她的舌头上出现溃疡，而且医生在她的脸部、眼睛周围和上胸部的皮肤组织中也发现了空气残留。她伪造疾病的骗局之所以败露，是因为医护人员最终逮到这个女孩偷偷给自己的皮下注射空气，并蓄意割伤自己。

2003 年，日本发生一则案例，一位患有贫血症的 25 岁妇女承认她多年来一直在给自己放血。医生给她服用了补铁剂，并将她转诊给一位精神科医生。可不久后，患者突然死亡：她将注射器针头插入自己的手臂给自己放血，结果因失血过多而昏厥。在昏迷期间，她血流不止，最终死于休克。

为什么有人想要主动接受输血治疗？为什么有人故意摧残自己的身体，让装病的骗局成为事实？这些问题没有简单的答案，因为导致做作性障碍的潜在动机和诱发因素实在是五花八门，正如千奇百怪的患者一样。不过，与其他形式的做作性障碍类似，自行放血和自我诱发血液疾病的行为的主要目的似乎是扮演患者的角色，并获得由此带来的关注和抚慰。

咎由自取的戴利娅

一名 29 岁的已婚护士来到一家大型诊疗服务中心就诊，经过评估，医生认为她自行服用了一种能破坏骨髓的化疗药物，从而引发了现在的血液病。戴利娅不承认自己知道这种药物的功效（这是身为一名护士的基本常识），她说药是一个朋友给她的，说是能促进造血。

为了挽救患者的生命，医生必须为她输注红细胞及与人类白细胞抗原相匹配的血小板，而这些都是昂贵且稀缺的医疗资源。一位血液病专家还被专门安排来负责戴利娅的病例，在病情稳定之前，专家给她做了一系列检查以找出具体病因。

戴利娅主诉的病史中含有多项血液问题：19 岁时，她因为贫血而推迟阑尾切除手术，以便接受输血治疗；两年后，她再次患上严重的贫血症，并为此反复接受输血治疗；24 岁时，她的脾脏被切除。戴利娅还说，截至 27 岁那年，由于长期贫血和经期严重出血问题，她已经先后接受了 500 多次输血治疗。

戴利娅还给自己编造了一个极为夸张的成长背景。她说自己在豪华的农场长大，那里的生活穷奢极欲，她还享有各种特权。戴利娅说自己在读高中时是优等生，曾就读于著名的大学和护理学院，最终在田纳西州孟菲斯市的一家医疗机构获得了护士长的职位。

戴利娅的病史引发了医生们的好奇心，于是他们特意咨询了治疗孟乔森综合征的专家查尔斯·福特（Charles Ford）医生，以评估患者的疾病是不是自己蓄意制造的。在接受精神科会诊的过程中，戴利娅详细讲述了自己的经历，她说自己曾是加州大学伯克利分校的研究生和研究员。她不知道的是，福特医生就是当地人，不过他还是装作自己对伯克利和加州大学一无所知，依旧询问戴利娅有关那里的一些情况。结果，戴利娅的回答完全对不上号，这让所有医生一致认为她很可能在谎报病情。化验结果显示，戴利娅的血液中含有大量化疗药物，这也证实了医生的怀疑。戴利娅根本没有也从未患过癌症，她没有任何理由服用这种烈性、危险的药物。

达利娅自行诱发了再生障碍性贫血症（Aplastic anemia），这是一种极为罕见且致命的血液疾病。这种疾病会因骨髓造血功能衰竭而导致血液中的红细胞、白细胞和血小板数量同时下降。

作为一名护士，戴利娅应该很熟悉这种药物的功效。她的病情十分严重，不只是贫血，还有导致她这些怪异行为的精神疾病，其中最严重的当数边缘型人格障碍。戴利娅是一位典型的边缘型人格障碍患者，她不仅在医护人员之间制造了严重的矛盾，引发了员工们的愤怒情绪，还挑唆他人替她表达愤怒。医院的工作人员为此分成了两个阵营，并开始相互争斗。

戴利娅需要一些急救措施，护士、主治医生和病房工作人员对此产生了巨大的分歧，因为这些治疗费用高昂。有些护理人员认为，如此有限的资源不应该被浪费在一位做作性障碍患者身上；另一些人则更有同情心，他们觉得这位妇女在心理和生理上都病得很严重，无法控制自己的行为，所以应该给她提供适当的治疗。

其实，戴利娅并没有精神失常，她完全清楚自己所作所为的后果，但她仍然做出了危及自身生命的行为。后来，戴利娅遭到所有相关医生的质问，她却告诉医生，说他们都疯了，她确实对这种药物一无所知。但当医生指出戴利娅血液中的药物浓度与她所说的并不符时，她再次重复她对其他医生说过的话：是有人告诉她这药对她的身体有好处。

无奈之下，医生将戴利娅的所作所为告诉了她的丈夫，提醒他如果戴利娅继续这样做，她将必死无疑，但他好像没什么太大的反应。他说：

"哦，天哪，原来她是这样的，那我们得做点什么。"然后，他走进戴利娅的病房，和她聊了一会儿。不久后，他走出来说："哎呀，关于她的病，你们都搞错了。"戴利娅让她的丈夫彻底相信，医生根本不知道他们在说什么。

在这场闹剧中，戴利娅要求血液科医生给她再安排一些检查，但被医生拒绝了。后来，医护人员发现戴利娅囤积了一种成瘾的止痛药，因此，她被迫离开了医院。

人们最终联系到了戴利娅的母亲。戴利娅的母亲说，女儿的故事中唯一真实的部分就是她的确是一名护士。戴利娅的母亲否认了其他大部分细节，还讲述了女儿悲惨的童年生活：父母离异，家境贫寒。戴利娅从小就体弱多病，在小学时就因为爱撒谎搞得自己声名狼藉。她的月经来得比大多数同龄人都早，月经量也非常多，这让母亲有时还得给她带干净的换洗衣服去学校。从这我们可以看到，戴利娅很早就对流血和血液产生了浓厚的兴趣。

出院后，戴利娅又带着同样的疾病去了另一家医院，然后她给接诊过她的血液科医生打去电话，嘲弄地说自己又一次得逞了，这一次她在那家新的医院成功地接受了该医生之前拒绝给她做的那些额外检查。由于戴利娅的严重病情及持续的自残行为，她很可能活不了多久了。

戴利娅早年的月经创伤经历、童年时期遭受的情感忽视和剥夺，以及后来接受的护理专业训练、对血液及相关物品近乎偏执的痴迷，还有边缘型人格障碍，都可以清楚地解释她的异常行为。或许，生物学因素也有一定的影响，戴利娅很小的时候就因为爱说谎而搞得声名狼藉。在某种程度上，她爱说谎的倾向可能是与生俱来的，或者说是遗传的。要想打破这一强迫行为的束缚，唯一的希望就是接受心理治疗。不过，就像大多数孟乔森综合征患者一样，她已经彻底将自己封闭在内心的情绪与念头中，拒绝外界的任何帮助。

自行放血的华丽演出

做作性障碍患者往往希望自己身上能有一些戏剧性的症状，这样便能立即引起医生的关注。如果患者来到急诊室时血细胞计数非常低，医生就会十分关注这一点。只需在自己的动脉上划开一个小口，患者的血细胞计数就能在几分钟内急剧减少。

这些做作性障碍患者往往会在迫切地追求最终目标的过程中忽略自身所面临的风险。他们逐渐形成了一种狭隘的"隧道视野"，这让他们无法注意到蓄意制造症状所带来的真正危险。正如你所看到的，在许多这样的病例中，患者一次次地接受输血治疗。对血液的过敏反应可能会导致死亡。更重要的是，做作性障碍患者蓄意制造危及生命的紧急情况，对血液等稀缺医疗资源造成了极大耗费，当然也会危及他人的生命健康。患者接受输血只是为了让自己再次放血。除非患者死亡，或者患者的骗局被揭穿或遭到质问（面临这种情况时，患者往往会一走了之），又或者当初驱使患者设计这种骗局的需求得到满足，否则这种恶性循环会一直持续下去。

打着怀孕的幌子

研究人员发现，许多被诊断为孟乔森综合征的孕妇都曾有过自行放血的行为。内布拉斯加州奥马哈的罗伯特·C. 古德林（Robert C. Goodlin）博士报告了几个这样的病例，其中包括一个 19 岁的女孩，她在第三次怀孕时产道大出血。她的父亲是一位医生，她在前两次怀孕时都出现了同样的出血问题，这导致她长时间住院接受治疗。这个女孩对很多医学知识都颇为了解，但她坚称自己对出血的原因一无所知。接受检查时，护士在她的衣服和床单上发现了血迹。最终是另一位患者，而不是医护人员，发现了她病情的真相。这位患者发现她在用力揉搓阴部，导致皮肤受损，一碰就出血。

古德林博士还报告了另一个病例。一位曾做过护士助理的 23 岁孕妇到医院就诊，她的内裤上疑似沾满了血迹，腿上也有血流下。和上文提到的那个年轻女孩一样，她在前两次怀孕期间也出现过无痛性产道出血的情况。她被送往医院，医生用超声检查并确认她已怀孕六个月，一切正常。两天后，她主动离开了医院，但一天后她重返医院，身上似乎又带着血迹。护士们觉得这种液体颜色太浓，不像真正的血液，于是对其进行了化验，结果发现这是一种外源性红色液体（即非人体内产生的液体）。当骗局被揭穿时，她勃然大怒，随即直接离开了医院。这位女性患者有情绪问题的相关病史，她的孩子被送到寄养家庭，因为她曾对他们进行躯体虐待。导致这种虐待行为的相关压力因素，如痛苦的婚姻或单亲家庭的艰辛，往往也会助长孟乔森综合征。然而，只有通过进一步研究，我们才能真正理解是什么让一个人用如此极端的方式来应对生活中的压力。

夏洛特的自述

夏洛特是一位来自英国的女性，虽然从未虐待过孩子，但她先是经历了一段痛苦且动荡的婚姻，然后又成了单亲妈妈。我们先是在网上成了朋友，后来又在线下见了面。以下内容是夏洛特对其个人经历的自述。

20 世纪 70 年代初，那时的我又怀孕了。这并不是意外事件，不过我其实并不关心孩子的生父究竟是谁。由于生活十分不稳定，我失去了第一个孩子的监护权。但怀孕赋予了我一种独特的滋养方式，我特别渴望那种生活。突然间，我能够得到他人的关注了，哪怕只是因为我肚子里的孩子。此外，成为母亲还可以让我摆脱流浪的生活，因为四处流浪不适合养育婴儿。

怀孕为我的装病行为提供了前所未有的机会。在一次因为痉挛和流血而入院接受治疗后，我便开始逐渐适应这种状态。我从临时住所乘坐公共汽车到医院，并住进了产房。在监护仪上躺了一夜并注射了停止宫缩的针剂后，我被转到了病房。在这里，无论是初为人母的妈妈还是难产的妇女，都无一例外地得到了医护人员无微不至的照顾。我十分清楚自己很想在这里度过余下的孕期生活。受那次住院经历的启发，我通过几次人为宫缩和自残式出血成功地避免了转院。到了怀孕后期，我的症状几乎都是自行制造出来的。其实医护人员完全清楚这一点，他们也知道我心知肚明。尽管他们不断地劝说我出院，但最终还是因为我又出现水肿和血压升高而继续让我留院观察。后来，分娩自然而然地就来了，我的儿子也顺利地出生了。

🗐 为什么是怀孕

古德林博士发现，其他孕妇也会有假装阵痛的行为。因为阵痛难辨真假，特别是当孕妇具有一定的医学知识时。孟乔森综合征在孕妇群体中发病率很高，这可能是由怀孕引起的心理和情绪波动造成的。有些女性在怀孕期间还会出现心理上的退行。她们难以适应自身身体的变化，孕期体重增加和行动不便更让她们感到脆弱无助。此外，孕期还容易挑战女性的自我身份认同。对那些情感比较脆弱的孕妇来说，如果孕期不但要操持家务，还得照顾家庭、其他孩子、丈夫及未出生的婴儿，她们在被迫无奈之下可能就会寻找一个出口，以此来让自己得到关心和照顾。因此，对她们来说，装病便成了一种控制、逃避及否认的手段。

意识、下意识和无意识层面的诱因

怀孕当然不是唯一会让人身心俱疲并带来失控感的生活经历。日常生活中看似平常的困难也会给一些人造成非同寻常的压力。如果生活中的重担看上去难以承受，那么装病或自行诱发疾病或许就会成为一种应对方式。

那些使用针头等工具来自行放血的行为属于有意识的装病行为。这些患者必须经历如何获取工具的思考过程，还要有意识且隐秘地实施那些痛苦又令人不安的自我伤害行为。尽管这些行为是在完全清醒的状态下进行的，但其背后的原因可能完全是无意识的。有一种理论认为，患者是通过强迫性重复来进行角色扮演，以再次呈现他们在早年生活中曾遭受的性侵犯行为的，不过该理论尚未得到证实。

在另一个自行放血的病例中，医生认为患者的装病行为是由周年纪念反应引起的。他们猜测，患者的疾病是由其生命中的一个关键日期触发的，这个日期唤起了她意识或潜意识（几乎不在她的意识范围内）层面的记忆，并加剧了她的悲伤情绪。他们发现，这位患者的住院和看急诊的时间不仅与重大节日重合，而且还与其孩子的生日等特定日子完全吻合。还有人猜测，通过伪装疾病，这位女性一直在应对自己两岁时父亲去世所带来的悲

伤，而这些强烈的情绪从未被处理过。当她的婚姻开始破裂，她唯一关系
密切的丈夫威胁要与她离婚时，她的装病行为便开始加剧，并最终导致她
住院。她无法应对这种强烈的家庭焦虑情绪，于是就以生病来博取丈夫的
同情，从而避免离婚。后来，她对医生的关怀反应良好，似乎用头痛代替
了出血的症状。医生们都很愿意支持她，这可能是她最终决定结束这种异
常行为的重要原因。不过，医生们也意识到，一旦患者再次面临生活中的
巨大压力，可能就会再次出现更为严重的装病行为。

很多时候，自行放血行为表面上无异于慢性自杀。但无论以何种形式
出现，做作性障碍患者的疾病都是一种求救信号。因此，我们应始终将它
理解为患者在对外发出呼救的求助行为。

第 **5** 章

发烧的伎俩

在患者伪造的所有躯体疾病中，发烧①是他们的最爱。发烧很容易伪造，而且一般跟一些严重的疾病有关，因此患者发烧会立即引起医护人员的重视。在本章，我们会了解患者为了制造发烧症状所使用的一些方法（如操纵体温计和故意感染），深入探讨为什么有些患者会不顾一切地奔波于各个城市，四处寻求住院治疗。此外，我还会详细介绍做作性障碍患者深层的情感需求，以及导致他们患病的那些令人揪心且十分悲惨的个人经历。

---

① 在本章，根据不同语境，"发热"和"发烧"将交替出现。——编者注

如果患者持续或间歇性地发烧超过三周，但化验结果却呈阴性，这种情况在临床上一般被称为"不明原因发热"（Fever of unknown origin, FUO）。FUO 可能与多种潜在的疾病有关，其中一些甚至会危及患者的生命，另一些虽然不那么严重，但仍然令人不安。在最终能确诊病因的问题中，最常见的 FUO 往往是由感染引起的，如结核病、莱姆病或弓形虫病；也可能是由肿瘤性疾病，尤其是由霍奇金淋巴瘤和急性白血病引起的；还可能是由常常同时涉及发热与关节炎的胶原血管疾病引起的，如红斑狼疮。此外，还有一些比较少见的情况，从被称为"家族性地中海热"的遗传性疾病到患者对药物的意外不良反应，任何一种潜在的疾病都可能是引起发热的罪魁祸首。重要的是，尽管进行了详尽的研究，仍有 5% ～ 15% 的 FUO 病例无法确诊。在这些"无法解释"的病例中，有相当一部分 FUO 很可能是由患者装病造成的。发热是全世界最常见的做作性症状之一，因为它和疼痛一样，是最容易伪装的症状。

正如第 2 章所述，美国国立过敏与传染病研究所研究了 347 位长期因不明原因发热的患者，其中有超过 9% 的患者被诊断为做作性障碍。短期发烧听起来没什么大不了的，对大多数患者来说也确实如此。这种情况一般是轻微病毒感染的征兆，只需稍加治疗就能见效。但是，医生在最初接受执业培训时，被要求必须认真记录患者的病史，进行彻底的体检，而且在处理发热患者时要进行密切的观察，尤其是那些长时间发热且病因不明的患者。这样一来，发热症状便成为做作性障碍患者的一把"利器"，因为只要操作得当，发热就能保证患者获得想要的关注。另外，做作性障碍患者往往还会将发热与其他一些精挑细选的症状结合在一起使用，如关节或肌肉疼痛。这一套别有用心的"组合拳"打下来，患者肯定会引来大量的关注，也会让医生疯狂地寻找病因。

因 FUO 就诊的做作性障碍患者一般以年轻女性为主，并且通常都从事与医疗卫生有关的职业。她们一般被分为两类：一类患者会蓄意操纵体温计读数，她们在过去确实有过发热病史；另一类患者年龄稍大，她们通常有严重的精神问题，而且会经常故意在自己身上诱发真实的疾病以吸引医护人员的关注。除非我们使用快速读数的电子体温计，或者测定人体刚排出的尿液温度并与口腔测量值进行比较，否则患者只需在测量体温之前将体温计在床单上用力摩擦几下、放在热水中或喝一点热的液体，很容易就能让自己"发烧"。还有人会把体温计靠近灼热的灯泡，或者用事先调好温度的体温计调换刚拿到的体温计并交给医护人员，来个"偷梁换柱"。

在医院这样的环境中，由于医护人员会对患者进行密切监护，因此靠操纵测温设备来伪造发热症状可能会比较困难。专业的医护人员最终也会发现，那些有虚假发热症状的患者其实看起来很健康，而且她们在发热期间也没有出现预期的心率加快等问题。这些患者的体温模式一般会有些异常，在服用退烧药后也不见好转，而且患者的化验报告往往也比较正常。为了能够规避这些观察结果，狡猾的患者会绞尽脑汁地伪造体温计读数，甚至就连直肠测温计也能搞定。例如，有些患者可以剧烈收缩肛门括约肌以产生摩擦，或者在测量体温前用热水袋热敷自己的肚子。少数患者会服用如阿托品这样的药物来升高自己的体温。但也有一些患者想一劳永逸，她们会往自己体内注射牛奶、污垢或粪便等异物，或者通过其他方式让自己接触细菌，从而引发真正的发热症状。

自我感染的西蒙娜

西蒙娜是一名护士助理，三年来，她一直出现病因不明的发烧和关节感染症状。在一家新的医院住院时，医生仔细了解了西蒙娜的病史。经医生证实，西蒙娜至少接受过 15 次手术，问题却始终没有得到解决。同样令人担忧的是，她有 180 多份血液和关节组织样本被送去进行培养。每次的目的都是看看几天后培养皿中会生长出什么细菌或其他微生物（如真菌），因为任何异常的微生物都可能引起患者的发热症状，并"侵袭"她的关节，导致明显的红肿，同时破坏彻底治愈的希望。可培养出来的细菌种类实在太多了，医生们也一筹莫展，最终只能选择置之不理。

　　医护人员仔细地在西蒙娜体温升高的时候采集了新的培养样本。他们发现，培养物中不仅生长出多种微生物，而且这些微生物一般只存在于人体胃肠道中。这种多微生物培养的结果（从关节组织和血液中生长出不寻常的细菌）让人不禁联想到：患者可能一直在使用粪便类物质以造成自我感染。医护人员继续密切观察西蒙娜的情况，最终发现患者的静脉输液管并非像她所说的那样脱落或出现问题，而是被她故意弄坏的。患者这样做的目的似乎是故意让自己感染，从而破坏抗生素的作用。医护人员还进一步推测，西蒙娜是用厕所里的污水让自己感染的。由于西蒙娜的情况过于恶劣，持续时间又十分长，还留下了这么多住院和医疗 / 手术记录，因此医生们一致认为她可能患有孟乔森综合征。医生甚至还将她用于自我感染的细菌称为"孟乔森细菌"。

　　面对他人的质疑，西蒙娜拒不承认自己有这种无耻行为。不过，她的发热和感染症状很快就消失了，而且在接下来三年的随访中再也没有复发过。确实有部分患者会极力否认自己的欺骗行径，但为了避免进一步被盘问和尴尬，他们也会停止装病行为，这一点我会在第 16 章展开讨论。尽管西蒙娜拒绝（更有可能是缺乏相应的心理能力来）透露事情的真相，但这件事最终的结果还算令人满意。

还有一个病例与西蒙娜的情况有些相似。这是一位 28 岁的女性医疗技术人员，她到自己所工作的社区医院就诊，主诉发烧、恶心、呕吐、痉挛，伴有腹泻，她当时的体温是 39.9 摄氏度。仿佛她的这些问题还不够严重似的，后来的化验报告显示患者的血液凝固功能严重不足，需要转到医院的重症监护病房。经过一系列复杂的医疗检查，医生最终得出的结论是，这位患者实际上是通过自我注射一种极其危险的志贺氏菌才导致如此高的体温和严重的肠胃问题，而这种细菌在她工作的医院就能拿到。与本书第 2 章所描述的那些绝望的患者一样，她同时还服用灭鼠剂来阻碍体内血液的正常凝结。当我们温和地亲近她时，她拒不承认自己有自残行为，但同意接受心理治疗的帮助。她承认自己一直希望可以读医学院，可以拥有一个孩子，但这两个目标似乎都无法实现。医生们推测这些生活中的失望可能在一定程度上导致了她的装病行为。然而，她是否接受了心理治疗、治疗的结果如何，尚不得而知。

📇 你能将体温升到多高呢

1889 年，法国医生查尔斯·里谢（Charles Richet）将超过 41 摄氏度的体温定义为高热。虽然患者有时确实会经历真正的高热，但自 1891 年以来，医生们已经记录了大量令人啼笑皆非的假高热病例。举例来说，1891 年，H. 琼斯（H. Jones）医生就报告了一位 14 岁患者的体温计读数竟然先后飙升到 42.2、46.1、57.2、65.6 和 68.9 摄氏度（后 4 个在生理上是不可能发生的情况，即使是第 1 个读数，人体也只能承受极为短暂的时间）。如今，研究人员提醒我们，只要患者存在高热（即便患者的体温没有达到 68.9 摄氏度），医生就要考虑做出做作性障碍的诊断。

高烧不退的艾莉森

医学博士莫文·S. 爱德华兹（Morven S. Edwards）和卡琳娜·M. 巴特勒（Karina M. Butler）报告了 15 岁女孩艾莉森的病例，她因发烧、咳嗽和恶心等症状到得克萨斯儿童医院就诊。艾莉森被诊断为链球菌性咽喉炎，医生给她口服了青霉素后便让她回家休养了。尽管服用了抗生素，艾莉森发烧和咳嗽的症状仍然持续不止，于是她被转到传染病房住院，以接受进一步的检查。艾莉森接受了大量的诊断性检查，包括胸部 X 线检查、上消化道检查、腹部超声检查、骨髓穿刺（抽取骨髓进行检查）及支气管镜检查（将仪器插入喉咙以检查气管和支气管系统），可所有检查结果均显示未发现异常。医生对艾莉森的血液进行了肝炎和爱泼斯坦 - 巴尔病毒等传染性病原体筛查，但没有任何证据表明她近期受到过感染。艾莉森再次被送回家休息，但她的高烧仍然持续不退。

7 个月后，这位少女仍然声称自己发烧，并新增了脚踝疼痛的情况。医生对艾莉森进行了青少年类风湿性关节炎检查，结果呈阴性。于是，医生给她开了止痛药来控制发烧。艾莉森在服药后出现了副作用，于是医生又给她开了一些不同的处方药。时间又过去了 8 个月，艾莉森的高烧仍在持续。

艾莉森声称自己每天的体温在 38.3 ～ 40.6 摄氏度，但当她再次被送进医院时，她的体温有时却很正常。这一情况让医生们开始怀疑她。此外，一旦有医护人员密切观察艾莉森，她的发热就会迅速消失，而且她并没有出现伴随高热的出汗、皮肤灼热和心率加快等症状。艾莉森的医生随即停止了对她的所有用药，并告诉她现在她只能在护士的陪同下测量肛温。当晚，艾莉森的体温是 37.6 摄氏度，护士还发现她的肛门处有炎症。不到两小时后，艾莉森又要求再次测量体温，这一次她的体温上升到了38.3摄氏度，而且她的直肠炎症愈发严重了，一触摸就会引起剧痛。一位住院医生在艾莉森的病历上记录道，他认为该患者使用了某种工具来人为升高体温计读数。

第二天，护士再次尝试用4种不同的体温计（3种电子体温计和1种水银体温计）为艾莉森口测体温，但得到的读数十分混乱，她的体温从37.3摄氏度到40.8摄氏度不等。护士又改为肛温测量，这次同时记录了她的心率，还告诉她如果这次仍然显示体温过高，就得测量她的尿液温度。当艾莉森的主治医生要求对她进行精神科会诊时，她的发烧症状突然间消失了，而且她还想把这个问题蒙混过去。

在接受精神科医生的访谈和面质时，这位少女承认自己是在假装发烧。艾莉森偷偷使用了加热垫和微型加热器，这也是导致她直肠发炎和疼痛的原因。艾莉森还承认，她的装病行为最初只是为了逃课。因为她之前的学习成绩一直很差，所以她需要一个借口来满足父亲的期望。后来，艾莉森的装病行为一发不可收拾，她感觉自己已经停不下来了。

艾莉森的童年过得一点也不安宁，这可能是导致她装病的一个重要因素。6岁时，她的父母离异，之后她和母亲在一起生活了七年，直到母亲的健康状况开始恶化。于是，她和弟弟不得不搬去父亲那里，并与父亲的女友及她13岁的儿子一起生活。艾莉森一直独来独往，很难交到朋友。她的家族中有多位抑郁障碍患者。事实上，艾莉森的一个表亲在她住院接受治疗期间也因抑郁障碍住进了医院。

研究人员发现，许多青少年其实对面质和治疗的反应良好，而他们所表现出的那些虚假的发热症状——爱德华兹和巴特勒医生称之为"欺骗性高热"——可能就是他们求助的信号。2000 年，朱迪丝·利博（Judith Libow）博士对 42 例儿童和青少年独自伪造各种疾病的案例进行了回顾性研究，发现其中有 13 位患者选择了发热，这也让发热成为最常见的一种伪装病症（其他病症还包括糖尿病并发症、皮疹及感染等）。年纪较小的孩子在面对医护人员的质问时一般都会承认自己的欺骗行为，大多数青少年也是如此。一般来说，做作性障碍往往都是患者表达自己强烈情感需求的一种方式。与儿童和青少年相比，成年人可能更加抗拒改变，因为未成年人的参照系会随着成长不断发生变化。这种抗拒也部分解释了为什么许多成年做作性障碍患者会沉迷其中无法自拔，为什么他们会将自己的生活重心全部放在疾病上，并且会根据需要戏剧性地调整主诉或行为。当然，他们一般也会加入明显的发热症状。

例如，一位 35 岁的孟乔森综合征患者假装自己出现了从发烧到血尿等一系列症状，还因腹膜炎（腹腔膜发炎）接受了多次探查术。随着症状的不断变化，她还接受了包括糖尿病和淋巴系统瘤筛查在内的多项疾病检查。原来这位患者是一位医生的管家，她可以利用医生的专业书籍和文献一直维持患病的假象，并在各种疾病之间灵活切换。

戏精厄尼

再给大家介绍另一位看起来聪慧过人的做作性障碍患者，他是名叫厄尼的 24 岁男子。起初，他假装自己患有肠梗阻，但各项检查结果均为阴性。后来，他因疑似做作性障碍被转介到精神科，由前面提到的福特医生接诊。厄尼因抑郁及一长串问题被收入医院的精神科病房。他被单位解雇了，而且因为身患重病，他也很难再找到什么工作。因为持续增加的医疗费用，厄尼花光了自己的积蓄，濒临破产。最糟糕的是，他还因为伪造止痛药处方而被判处缓刑，他声称这些处方是治疗克罗恩病（一种严重的消化道疾病）的。主治医生建议厄尼出院后接受门诊团体治疗，厄尼欣然接受了，但只参加了两次就退出了治疗团体。不久后，厄尼发现了发烧作为一种临床疾病征兆的强大威力，于是他编造了一套全新的说辞——声称自己患有地中海热，并因体温飙升被救护车送往医院。

厄尼的新故事有一个严重的问题：虽然他会在急诊室出现发热症状，但一入院他的发热症状就会消失。不久后，地中海热的检测结果呈阴性，厄尼的骗局也就此宣告失败了。

就这样，厄尼又在医院里进进出出了好几次，医生们费了九牛二虎之力才最终让他相信，他真正需要去的是精神科。在精神科病房接受治疗的两个月期间，医护人员收集了厄尼在其他医院的各种诊疗记录，还找到了厄尼的家人。与厄尼母亲的一次谈话揭开了厄尼顽疾背后的辛酸过往。

厄尼是一对美国中西部夫妇的独生子。由于先天性下颚骨颅底骨性融合症，他从小就饱受人们的羞辱和嘲笑。他的身体状况使他难以进食，同时还伴有明显的语言障碍，这导致他经常受到其他孩子的奚落。厄尼的父亲是一名文员，他为人和善但十分溺爱厄尼。虽然父亲经常因为自己的肠胃疾病而无法上班，但大部分时间都是他在照顾厄尼。厄尼的母亲在一家会计师事务所工作，需要经常出差到外地工作，而且一走就是很长时间。因此，厄尼经历了两种家庭创伤：父亲的长期重病和母亲的反复缺席。

8岁时，厄尼的一些行为变得愈发怪异：他会特意穿上奇装异服以吸引他人的关注、会说谎，还会故意躲开其他孩子。因为这些行为，厄尼被送进了一家专门服务患有情感障碍的孩子的儿童之家。六个月后，厄尼的父亲不幸去世，他的母亲独自搬去了另一个州生活，而他就留在了儿童之家，最后还进了少管所。厄尼 15 岁时住进了一个寄养家庭，但随着年龄的增长，他始终无法真正融入这个家庭。厄尼高中算是勉强毕业，大学只读了三个学期就草草退学了。

无论男女，几乎所有人都会发现自己跟父母一方或双方的"爱恨纠葛"，这其实并不罕见。尤其是在社会习俗和生活方式方面，每代人都会发现自己与上一代人难免存在一些冲突。在厄尼的案例中，他与母亲的那种情感纠葛被无限放大了。多年来，厄尼与母亲的联系仅限于寥寥无几的礼物，后来他搬到田纳西州与母亲同住。

厄尼的母亲也没有工作，所以只能满足两个人的基本生活需要。但她对厄尼极为挑剔，她因无法或不愿填补厄尼生活中的情感空白，想要将厄尼送进州立福利院，但最终未能如愿。尽管厄尼与母亲的关系并不融洽，但每次母亲出差时，厄尼都会感到非常焦虑。他描述道："那是让人无法忍受的孤独感、巨大的空虚感和被遗弃感，以及对世界的强烈恐惧。"他的那些装病行为就是在与母亲绝望的分离中产生的。有几次，厄尼甚至会乘坐飞机到其他州，声称自己腹痛（毫无疑问，他生动地回忆并模仿了父亲的腹痛）并在当地接受手术治疗。

即使在住进精神病院后，厄尼的角色扮演仍在继续。他的衣着打扮和行为举止完全符合他在当天要扮演的那个角色。例如，某一天，厄尼会穿上三件套西装，看起来像个白领高管；而另一天，他会穿上网球服、白鞋并搭配短裤，装扮得像一个刚从棕榈泉球场走下来的社会名流；还有一天，厄尼又会穿上大学运动衫、百褶裤和牛津鞋，你会深信不疑地将他当作州内一所大学的在校生。厄尼的表现令人信服，他甚至承认，自己假扮的这些不同身份，几乎连他自己都信以为真了。

或许你可以预料到，母亲对厄尼的治疗情况完全不感兴趣。在厄尼住院期间，母亲只来看过他一次，还交代福特医生："我要你把这个孩子带走，把他锁起来，然后把钥匙丢掉。"她真正的意思其实是"丢掉这个孩子"。医护人员意识到厄尼十分需要母爱，于是积极地回应他身上讨人喜欢的品质。他们真的是在竭尽全力地帮他，让他积极参与心理治疗，但他就是无法忍受这种亲密的关系。

厄尼的病例被持续追踪研究了好几年，因为他每隔一段时间就会回到同一家医院，但他待在那儿的时间不够长，无法从治疗中获益。厄尼走的是孟乔森综合征患者的老路，他在全国各地飞来飞去，辗转于不同的医院，接受大量不必要的手术治疗。一段时间后，医护人员便再也没有收到厄尼的任何消息，他们猜测他或许已经死于多次手术的并发症。厄尼是一个十分不幸又历尽磨难的人，连他的那些护理人员都很难对他产生愤怒，每个人都为他感到难过。

厄尼的心理测验结果显示他具有超常的智力和创造力，但他却只能以最无效的方式来展示它们，这着实令人唏嘘。虽然厄尼得到了医护人员的真诚关心，但他自身的人格缺陷使他无法建立任何亲密关系，甚至无法与主治医生建立相互信任的关系。不幸的是，厄尼是一位孟乔森综合征患者，他已经完全沦陷于自己的疾病之中。而他自己也承认，那些问题最终可能会完全成为现实。

第 **6** 章

骗局失控：弄假成真的恶果

做作性障碍在种类繁多的心理疾病中堪称独树一帜，因为患者往往先是假装生病，然后才真的患上精神或生理上的疾病。朱迪丝的情况就是一个典型的例子。朱迪丝童年时期曾身患致命的癌症，7岁时险些丧命。这样一来，医院便成了她实际上的家，她只有在医院环境中才能体会到家的感觉。年少时，朱迪丝发现，进食障碍是帮自己住进医院的一个绝佳借口。为此，朱迪丝还专门研究了神经性厌食症的各种症状，直到自己能熟练地进行伪装而不被发现。不过，时间一长，朱迪丝的进食障碍逐渐失控，她开始被这一疾病所吞噬。在本章，我们会一起探讨人为操纵疾病与被疾病吞噬这两种情况之间的细微差异，了解患者的意识和无意识动机在某些时候是如何发生冲突的。

从孩提时代起，我们就一直被灌输这样的理念：我们要为自己的行为负责，我们可以自由选择自己的人生方向。无论在家庭、学校还是各种流行歌曲和散文诗歌中，我们都一遍又一遍地被以下信息强化：我们可以去自己想去的地方，做自己想做的事，成为自己想成为的人。但是，现实中血淋淋的教训往往会让我们领悟到，享有完全的自我掌控不过是不切实际的幻想。实际上，生活在很大程度上是受诸如人际关系、社会环境及身体和情绪健康等难以控制甚至根本无法控制的因素影响的。随着年龄的增长，我们大部分人都会掌握一些必要的生活技能，以帮助我们接受和应对我们在生活中感知到的和真实存在的那些影响，同时尽可能地维持对自身、家庭及他人的掌控。

然而，有些人却在成长过程中遭受了残酷而现实的无情鞭笞，他们非但难以更好地适应现实环境，反而会在遇到新的困难时变得不知所措。于是，他们便采取孤注一掷的方式来掌控自己的生活，尽可能地回避内心的冲突。而装病恰恰就是这样一种无奈之举。在本章的结尾部分，你将更好地理解做作性障碍带来的那种堂吉诃德式的掌控感——它所提供的掌控感仅仅是一种幻觉而已。

虚假的进食障碍

作为一种实现掌控的策略，做作性障碍在生活中会呈现出千奇百怪的形式。有些做作性障碍患者会利用进食障碍来支配自己的身体、操纵他人，并试图掌控自己的生活。神经性厌食症（Anorexia nervosa，后文简称厌食症）属于一种进食障碍，多发于青春期女性群体。这部分患者会误以为自己身材肥胖，持有不现实、扭曲的自我身体意象，所以会采用节食、催吐、服用泻药或过度运动等方法来减肥。这些行为会导致患者的体重急剧下降，在极端情况下还会导致死亡。有时，神经性贪食症（Bulimia nervosa，后文简称贪食症）会作为神经性厌食症的一个阶段出现，在这个阶段，患者会有反复发作的暴饮暴食及随后的诱吐或催泻等抵消行为。真正的厌食症患者会强迫自己挨饿，其目的显然是为了拥有完美的身材。如果患者有意选择不进食（厌食症）或故意通过暴饮暴食、诱吐或催泻（暴食症）这些手段来吸引关注并对他人施加控制，那么这时的厌食症和暴食症就是虚假的（而非真实的）。接下来的案例主角朱迪丝便想以两种危险的进食障碍（厌食症和贪食症）来实现对自己的生活、身体及周围人的控制。朱迪丝在很小的时候就认识到疾病所具有的神奇力量。而那一次真真切切的濒死经历为她多年后的装病行为埋下了伏笔。14岁时，朱迪丝开始有意识地假装自己患有进食障碍。

假戏真做的朱迪丝

7岁时，我被诊断出患有脊柱恶性肿瘤。那时的我还太小了，根本无法真正了解癌症对我及我的身体究竟意味着什么。其实医生嘴里说的那些医学术语我根本就听不懂，也不知道他们要给我做什么。但我清楚，只要我的父母和亲戚知道我生病了，我就会获得很多关注。

在确诊癌症前，我的右髋部一直传来剧痛。这让我苦不堪言，有时我甚至疼得没法走路，但就是没人相信我的身体有什么严重的问题。他人都觉得我在小题大做，或者只是为了引起关注而装病，因为父母将大部分时间和精力都放在事业上，还要照顾我的两个姐姐。我一直抱怨自己身体疼，所以母亲带我去看了医生，但不管检查了多少次，医生都没发现我有什么明显的问题。最后，一直等到我差不多要全身瘫痪的时候，医生才给我做了全面检查，然后匆忙地进行了手术，因为他们在我体内发现了一个肿瘤。我接受了持续八小时的脊柱手术。

当时的情况相当严重，我差点就丢了性命。接受了两年的放射治疗和两年的化疗后，我的癌症得到了有效的控制。跟生病一样，接受治疗的过程也十分痛苦。医生告诉我，治疗会让我掉头发，他们还想跟我开玩笑，说有一天我会长出全新的头发来，甚至可能是跟以前不同颜色的头发。我当时真的太小了，根本无法理解脱发的危害有多大。后来，我的头发开始脱落，我整个人都惊呆了。看到自己的头发一缕缕掉下来，我完全被吓坏了。我开始大哭。我还记得自己拥有漂亮外表时的美好时光。当时的我只是个年幼无知的可怜小女孩，会有这些感受简直太正常不过了。经历了这一切后，我甚至再也不想照镜子。我觉得自己奇丑无比，害怕自己一辈子都会是这个样子。

刚开始治疗癌症的时候，我休学了一年多，在医院里待了很长一段时间。这让我感到连自己原本的家似乎都变得陌生了，医院反而成了一个熟悉而温暖的地方，因为我在那里得到了很多人的照顾。护士、医生成了我的朋友。在住院期间，我收到很多人送来的礼物，周围的人日夜宠爱着我，医院仿佛变成了天堂。我内心期盼着每天都能去医院。久而久之，生病就成了我唯一知道该怎么做的事情，而且我的表演也非常逼真。起初，我没有夸大任何病情。因为那时我是真的生病了，根本不需要夸大。但后来，我逐渐开始夸大跟生病有关的一切事情。例如，有时我会假装自己特别累，只是为了能躺在床上让母亲照顾我，让我感到安全和舒适一些。

我的癌症康复一年半后，医生又在我的肺部发现了一个肿瘤。我被这一噩耗彻底击垮了，因为我不得不再次经历痛苦的治疗过程。不过，我还是坚持了下来，最终癌症也得到了控制。不幸的是，我却并没有做好康复的准备。尽管在这两次癌症之间，我的病情确实有所缓解，但我从未摆脱"患病女孩"的标签，周围的人也总是在保护我。到了13岁那年，我开始害怕上学，害怕不再能接受化疗。我也害怕把头发留长，害怕回到现实世界，因为我还没有真正在那里生活过，也没有学会在那个世界里生存所需的任何社交技巧。而在医院里，我完全不需要这些技能。人们会主动找到我、照顾我、探望我，对我也一直非常友善。而在医院外的世界里，我完全迷失了方向，我感到非常恐惧。

当我返回学校时，其他孩子纷纷取笑我。由于做过脊柱手术，我得戴着一副腿部支架，因此走起路来一瘸一拐的。这让我十分自卑，也让他人注意到了我不寻常的外表。因为生病，我的脸色异常苍白，看起来好像得了"监狱苍白"[①]，而我眼睛下面的浓重黑眼圈也让这种苍白变得更加明显。有的同学会扯掉我的假发，嘲笑我头上戴着一只死老鼠。只有一两个同学愿意和我玩。除此之外，我被彻底孤立了，所有课外活动同学们都不带上我。那些老师不是没有意识到，就是根本处理不了我的遭遇。这让我更加坚信，跟外面的世界比起来，医院更温暖、更支持我，也更让我感到安全。

就连父母也不知道该怎么帮助我，他们不理解为什么我不喜欢离开医院，为什么我不着急回到学校交朋友，去过他们认为正常的生活。他们会经常教育我，告诉我应该感恩自己还活着，并一再提醒我是他们救了我的命。我有两个姐姐，她们的身体都挺健康，而且长得也很漂亮。她们都不明白，为什么我和父母及学校里的其他学生相处起来会那么困难。她们为

---

① "监狱苍白"指的是由于犯人在监狱中缺乏阳光和运动，导致皮肤出现的一种苍白、病态的肤色。这种现象通常是由长时间的室内生活和不健康的生活条件引起的。——译者注

此经常找我麻烦，甚至还嘲笑我，她们从来都不是我真正需要的那种伙伴。因此，在那个家里，完全没有人可以真正支持我。

真正开始夸大病情是在我第二次手术之后，那时肺癌的情况已经有所缓解，我正在读高中，也正值青春期。那个时候，生病这件事对我来说已是家常便饭。有好几次，我都游说医生让我回到医院，还满心期待着可以住院，哪怕只是做一些不需要住院的化验或检查也行。

到 14 岁时，我的生活开始发生许多变化。我非常想成为一个受大家欢迎的人，却又无从下手。我很想吸引异性的关注，但又不知所措，其他女孩用来结识男孩的那些方法对我完全不适用。

就是从那时起，我开始想要掌控自己的生活，想要掌控自己的身体及外表，于是我正式踏上了我的厌食症和暴食症之路。实话实说，我是故意让自己患上进食障碍的，我也完全清楚自己在做什么。我甚至还会跑到图书馆查阅所有我能找到的与进食障碍有关的资料，学习如何可以更有效、更独特地假装进食障碍。于是，每一种记录在案的进食障碍我都了如指掌。我在竭尽所能地寻求独立和掌控感。在我的那个家里，没有人鼓励我要独立自主，是他们培养了我的病态角色，他们总是对我过度保护，甚至不允许我自己乘坐公共交通工具。最终，我有意识地用一种不良的方式创造了自己的独立性。

开始装病后，我感觉自己第一次掌控了自己的生活。假装自己得了一种自己可以掌控的病，故意对自己的身体做一些有害的事情，让我体验到异常的满足，因为过去在我身上发生过的那些糟糕的体验完全不受我的控制。我甚至认为，在某种程度上，我已经习惯了体验痛苦，以致我觉得自己就应该承受痛苦，我怀念痛苦，甚至觉得没有它就活不下去。我开始自残，烧伤自己、割伤自己，或者让自己流血。我真心想让自己感受到疼痛。

　　我的这些行为立刻引来了周围人持续的关注。即便有些举动引起了父母的负面反应，但至少我成功地获得了他们的关注。父母越反对，我就越要在自己和他们身上实现掌控，并让他们继续扮演支持我的角色。我不吃东西的时候会获得大量的关注，这样做也让我间接获得了照顾，因为周围的每个人都会为我担心。我知道该牵哪条线，按哪个按钮，我会利用这些手段来满足自己的需要。我也十分清楚装病会得到什么样的反馈。

　　我之所以会选择假装自己患有进食障碍，有以下几个原因。最主要的原因是，在接受化疗期间，我总是感到恶心，一吃东西就吐。另外，母亲特别在乎我的饮食，因为在我第二次生病时，我一个月内就暴瘦了27斤。她害怕如果我再次生病就会死掉，因为我不能再继续这样瘦下去了。化疗结束后，我的体重恢复正常，于是我又故意开始减肥，因为我知道她一定会因此而不安。我会故意跑进厕所强迫自己呕吐，因为我知道母亲听得见声音。

　　由于青春期性意识的涌现，我对自己的外表非常在意，这也成为我装病的另一个借口。20世纪80年代，进食障碍是一种时髦的东西，大众媒体的宣传对我影响很大。当时有几部关于厌食症和贪食症的电视纪录片，还有一些相关的图书，所以我很容易就能了解一些内容。然而，一段时间后，伪装的进食障碍逐渐成真，我的躯体症状开始不受我控制了。我会经历长时间的抑郁，饿上一整天，然后放学回家吃一顿清淡的晚餐，7点就上床睡觉。每天都是这样。可到了周日，我会饿得暴饮暴食一整天。在这24小时内，我会一直无法停止进食，然后第二天我就会节食或催吐。

　　有一次，我一口气吞服了45片特效泰诺，因为我吃了太多东西，弄得自己想吐。我把瓶子里所有的药片都吃了，我知道我要么会生病，要么第二天早上就再也醒不过来了。我当时真的非常沮丧，已经不在乎究竟会发生什么。后来，我发现利用进食问题也不能让我很好地掌控自己的身体了，于是除了继续制造进食障碍外，我还开始接触毒品。

母亲以为强迫我吃东西会有所帮助，但这根本行不通。威逼利诱对我丝毫不起作用。我去见了几位进食障碍方面的专家，可他们都帮不了我。对于那些想要插手我生活的人，我都比较反感。无奈之下，我只能和朋友们倾诉，而他们主要是和我一块儿做坏事的人。

17 岁那年，我认为如果我同意住进康复医院，就能证明是父母忽视了我。或者，如果我做一些诸如此类的疯狂事情，就可以顺理成章地从他们那里逃脱了。但事情被我搞砸了，就在我签字住进这样一家医院时，父母发现了我吸毒的事，并把我转到了一家管理特别严格的医疗机构。我在那里待了整整三个月，仿佛身陷人间地狱。那里的环境实在太糟糕了，我不断地挨饿、暴饮暴食，还有呕吐。

回顾我的成长历程，我发现两处最能滋养我、最有利于我健康的环境都是在原生家庭以外的地方。从康复中心出来后，我回到了家，但一切都不太顺利。父母同意让我住进一所提供治疗服务的女子之家，在那里，我收获了很多尊重。虽然不像在康复中心那样自由，但我真的很喜欢那里的人。尽管我也不知道为什么，但我在那里的生活真的很健康。我签了一份承诺不再吸毒的治疗协议，我也确实没有再接触毒品。我还签了一份承诺不会自行催吐的协议，后来我只吐过一次。

我和一个朋友还有她的母亲一起住了一段时间，在她们的帮助下，我学会了很多过去没能掌握的生活技能。她们教会我过去一直由母亲替我完成的事情，我变得更加独立了。我学会了自己乘坐公共交通工具，还找到了一份兼职工作，这样我就可以自己支付一些日常花销了。渐渐地，我对生活有了更多切实的掌控。家人以外的人对我的控制越多，我就越能感到滋养、舒适和安全，而不是危险。

我其实也不太确定，究竟我的人生是在什么时候发生转折的。我记得父母把我送入大学的那天晚上，我做的第一件事就是跑到最近的厕所，把手指伸进喉咙催吐。大一期间，我一直在学校的餐厅兼职打工。这就像让自己接触禁果一样。我是在用这样的方式来挑战自己：近距离面对食物，检验自己是否会失控。

直到大二那年的暑假，我才开始正常吃东西，也能合理地控制饮食了。我一直忙于其他事务，也就没时间装病了。如果你要带着进食障碍生活，无论它是真是假，你的每一分钟都得围绕着它来进行。不知何故，我觉得疾病在控制我，而不是我在掌控它，于是我调整了饮食习惯，并适当地将一些食物——当然也会有垃圾食品——重新带入生活中。

追求进食障碍的强迫性冲动同样促使我追求学业，这让我的学习成绩十分优秀。我现在仍然有一些明显的强迫行为。

我的朋辈关系特别糟糕，因为我很难与人多的大团体交往。可奇怪的是，我的性格其实挺外向的，和几个小团体相处得也算不错。我喜欢交几个知心朋友，不太喜欢广泛交友。高中时，我想跟一些人成为朋友，可后来我反而跟那些截然相反的人建立了更牢固的友谊。我不再想加入那些受欢迎的团体，也不再想成为运动员，因为比起像我这样有问题的边缘人，那些人更加不真实。

我现在对自己倒是挺满意的。不戴支架的时候，我的跛足仍然很明显，这让我感到特别自卑。可现在的我并不觉得身体残疾是一件坏事，基本上我还是过得挺开心的。

朱迪丝假装自己有厌食症和贪食症，起因远比想让自己变漂亮的愿望更为复杂，正如她本人透彻地领悟到的那样。其实大多数厌食症和（或）暴食症患者并不是计划好要得这些病的。一开始，朱迪丝并没有真正的进食问题，而是故意选择伪装自己患有这种疾病。后来，朱迪丝的装病行为逐渐变得根深蒂固，导致她最终失去了对自己行为的控制，患上了真正的进食障碍。

从朱迪丝的故事中我们可以看到，如果儿童正常的情感和社交需求被忽视，那么由此而来的一些慢性疾病就会造成深远的影响。朱迪丝的幼年生活与医院和疾病紧密交织在一起，这令她几乎没有什么机会习得正常的社交技能。当周围的人觉得她康复了，并且可以重返校园时，就直接将她扔进了"正常"儿童的世界，并满心期望她能适应。这种做法只会加剧患者对自己和周围人的负面感受。他们本应该为朱迪丝建立适当的支持系统，为她提供心理咨询，以让她逐步适应医院外的现实世界，而不是直接将她扔进新环境中，让她独自面对这些困难。

朱迪丝内心的无力感和脆弱感是她装病的主要动力来源，这也是进食障碍非常适合她的原因。疾病似乎让她重新获得了对自己身体和生活的掌控权，这是她一直以来渴望的。同时，疾病也让她获得了来自他人的同情，这是她早已习惯的感觉。

朱迪丝身上有许多做作性障碍患者的特征，而且还存在其他心理问题，其中就包括边缘型人格障碍。她的边缘型人格从身份认同危机、不稳定的人际关系、喜怒无常的情绪、操纵他人及自残行为等方面体现出来（更多信息请参见第 1 章的内容）。朱迪丝之所以会陷入抑郁，是因为她想融入他人口中的正常世界，但低自尊和其他问题（如无法有效应对焦虑和压力）使她无法做到这一点。

与许多做作性障碍患者的情况一样，当其他兴趣爱好能够填补朱迪丝的生活并满足她的需求时，她就能摆脱装病行为了。此外，她对学习成绩的要求比较高，如果将注意力都放在病态角色上，她就不可能跟上学习进度。然而，她还是喜欢和那些与自己一样"边缘"的人在一起。因为这样一来，她就不会感到那么自卑了。朱迪丝跟那些在大集体中怡然自得的人不太能处得来，她仍然害怕开放自我，担心再次遭受自己幼年返校时所经历的那种负面评价。所以，朱迪丝也一直密切关注着周围的环境，竭尽所能地保护着自己。

虽然朱迪丝成功地摆脱了装病行为，但她从未接受过任何心理治疗，而治疗本可以教会她应对生活危机所需的种种技能，也能避免日后装病行为卷土重来。朱迪丝的人格障碍也从未得到适当的治疗。如果她的情感能量再次被透支，这些现实情况可能就会让她面临做作性障碍复发的风险。

卢瑟的骗局

卢瑟从 14 岁就开始装病骗人了。他想争夺母亲的关注和爱，而竞争对手就是他那位流行音乐作曲家父亲。卢瑟天资聪颖，又了解一些医学知识，于是他就想出了一个绝妙的计划：把自己变得体弱多病，这样就能一直得到他人的照顾了。卢瑟选择的疾病是哮喘，因为他学会了如何完美地假装哮喘发作。由于伪装的哮喘和其他一些虚假的疾病，卢瑟接受了几年的家庭教育。在一周的时间里，他就通过假装哮喘发作被救护车送往急诊科四次。在飞往丹佛接受美国国家呼吸中心权威治疗的飞机上，他又一次假装严重的哮喘发作，以致飞机被迫紧急降落，等候在机场的救护车响成一片。我给卢瑟的行为起了个名字——"谎言劫持"，他本人也同意使用这个词。

多年以后，当卢瑟最终了解做作性障碍及孟乔森综合征时，他说：

我很震惊，原来我的那些行为居然还有一个专有名词。我还以为自己就是个恶魔。我曾一直觉得自己被魔鬼附身了。我都不知道这其实是一种真正的疾病。如果你不幸患上了这种疾病，别担心，你是可以被治愈的。你完全可以好起来。我原来也不知道，世界上还有其他人也患有这种疾病。发现还有其他人和我有同样的处境，真的让我大为震撼。而这也是迈向治疗的第一步。

痛定思痛后，卢瑟描述了自己在患病期间所经历的那种孤独感：

患上孟乔森综合征时，我一个朋友也没有，因为疾病就是你的朋友。疾病不仅是你的朋友，也是你的爱人、你的敌人、你的母亲，它就是你的一切。只有在我摆脱疾病后，我才结交了真正的朋友。现在，我致力于现身说法，向他人讲述我经历的这些事情。

卢瑟敏锐地将这种疾病比作一种无孔不入的关系：这种关系可以带来安慰（母亲和朋友）、摧毁（敌人），甚至能够支配身体和情感（爱人）。他一针见血地道出了隐藏于做作性障碍背后的巨大讽刺。作为一种获得控制的策略，做作性障碍悄无声息地剥夺了卢瑟所有的掌控权，因为他的生活已经彻底沦陷于这种无法停下来的行为。

📖 做作性障碍与掌控感

考虑到像朱迪丝这样的案例，我们不得不思考一个问题：做作性障碍患者究竟能否控制自己的疾病表现？患者可以意识到自己的行为吗？它是否超出了个人掌控的能力范围？还是说所有行为其实都是早有预谋的？

最佳答案也许是，装病行为涵盖了以上所有的可能性。有一位特殊的患者能够形象地说明这一多样性问题。我们对她进行了长达数年的跟踪研究，她似乎确实有一些解离症状发作，其中还伴有诈病行为。与多重人格障碍（Multiple personality disorder，MPD，正式诊断名称为分离性身份障碍或解离性身份障碍）患者类似，这位患者会在精神恍惚的状态下伪装疾病（如假装癫痫发作），而且她似乎真的没有意识到自己在装病。而在她对自己的所作所为具有完整意识觉知的时候，她也会伪装自己患有肾脏疾病等问题。她伪装得实在太逼真了，即便她的肾脏实际上完全没问题，她仍然可以拿到发放给肾病晚期患者的社保伤残津贴（她在获得经济利益方面的成功程度不禁让人质疑她诈病的可能性）。在其他时候，她会以一种近乎强迫的方式反复地告诉他人，她的父母最近在一场车祸中丧生，以此来博取他人的同情和支持。

与此同时，出于这些原因，做作性障碍在DSM中具有独特的地位。由于病例报告数量庞大，而且这种问题行为一般都带有自我挫败和自我伤害的特点，因此它在1980年被正式纳入DSM。然而，做作性障碍患者通常对自身的症状表现至少有最低限度的控制，这也使它成为为数不多的特殊精神障碍之一。DSM-IV中类似的还有像偷窃狂和纵火狂（无法克制偷窃或纵火的冲动行为）等一些不太光彩的疾病诊断。而在精神分裂症、抑郁障碍、双相障碍及惊恐障碍等这些"主流"精神障碍中，患者的症状表现是无意识的，而且毫无疑问，其患病也是非自愿的。

做作性障碍在所有精神障碍中都是"奇葩式"的存在，因为这些人通过假装生病而成为真正的患者。这种诡异的悖论及患者对症状不同程度的操控使部分研究人员感到不安。有些人认为，这些欺世惑众的装病之徒根本不配在 DSM-IV 中享有任何疾病诊断名称，研究人员更愿意将装病简单地定义为品行不端，并在接下来的 DSM 版本中将这一诊断分类剔除。他们坚信，这样的患者不是"骗子"就是"混蛋"。

对此，我持强烈反对意见。我个人坚决支持将做作性障碍作为一种独立的精神障碍诊断分类。因为只有将这一疾病纳入 DSM，它才能继续得到应有的承认、诊断与治疗，并接受学术界的持续监督。我们不要忘记，精神科医生绝不会简单、粗暴地将自杀患者自己造成枪伤视为不良行为，无论其制订了什么样的计划、选择了何种方式。

相反，医生要致力于探索导致这些绝望和自我伤害行为的潜在心理病理学因素，并竭尽所能地提供适当的支持。我在那些做作性障碍患者的操纵行为中发现了一种关联，即他们其实是在用自己唯一熟悉的语言来发出呼救的信号。只有出现了枪击行为，或者像代理型孟乔森（第 10 章和第 11 章会详细介绍）那样，疾病被强加在另一个人身上时，医生才应该将这些行为定义成违法犯罪，并使用"行凶者"而不是"患者"这个词。

第 **7** 章

误诊与喊"狼来了"的姑娘

在本章，我们将看到问题的另一面。接下来，我会详细讲述三位患者的故事，他们均被误诊为做作性障碍或孟乔森综合征，而实际上他们罹患的是真正的躯体疾病。在临床上难以明确分类的患者尤其容易被误诊。琼·纳尔逊曾有过一段与月经有关的腹痛史，但内科医生却对她的主诉无动于衷，因此导致她的问题（严重的子宫内膜异位症）多年来一直未被诊断出来。因为一次口腔手术事故，琼要求查看自己的医疗记录，这让她的生活变得更加混乱不堪。琼震惊地发现，自己的医生居然在一封信中诊断她患有孟乔森综合征。琼的故事展示了这种误诊所带来的不良影响，由于美国不同地区的法律法规之间有所差异，因此患者一旦被误诊，其病历中的相关记录可能就永远无法被抹除。另外，我们还会了解将孟乔森综合征患者列入黑名单的医疗实践，以及这会对患者获得急需的医疗护理带来怎样的负面影响。在温迪·斯科特的病例中，她曾登上《纽约时报》（*New York Times*），一度成为文章和讣告的主题人物。因为她之前一系列的装病行为及不必要的手术经历，医生对她的医疗请求置之不理，最终她患上了癌症并因此丧命。

一旦做作性障碍患者在医疗系统中变得声名狼藉,他们得到医疗护理的机会就会大大减少。虽然医护人员的这种反应情有可原,但这样的做法却不太恰当,因为几乎所有人在一生中的某个时刻都会有真正的医疗需求。因此,就像那个为了操纵他人而大喊"狼来了"的孩子一样,当做作性障碍患者有正当的医疗服务需求时,可能会发现自己被列入了黑名单,再也没有人愿意提供帮助了。

如果一个人真的生病了,却被怀疑患有做作性障碍,会发生什么事呢?在本章,我将分享三个与此相关的悲惨案例,看看我们可以从中得到哪些血淋淋的教训。

倒霉的威廉

我曾在一家医院工作。在那里,部分医护人员会被分配到专门负责疑难杂症的患者病房。这些医护人员每周都会讨论自己的患者及作为医护人员可能会遇到的一些特殊问题。我也参加过医院的一个讨论小组,在一次讨论中,护士们纷纷对一位患者表达了强烈的不满,怀疑对方是在装病。

据护士们说,这个名叫威廉的男子被送进医院时,说他自己全身疼痛、发烧、头痛且身体很虚弱。当护士们走进病房对他进行治疗时,他全身都无法动弹,就连一些最简单的动作都做不了。为了给威廉更换床单,护士们不得不费力地将他的身体从床的一侧移到另一侧,而且他也基本上无法自己进食。不过,护士们说,威廉抽烟的时候似乎完全没有困难,他可以轻松地拿到烟、点火、吸烟,动作简直一气呵成。目前,威廉正在接受全面检查,以确定具体的病因。但是,有几名护士对威廉感到非常不满,因为她们觉得这纯粹就是在浪费昂贵的医疗资源,而这些资源本可以用在那些真正需要帮助的人身上。护士们对这件事深有感触，因为她们手上还有一些病得很重的患者需要人照顾。

讨论的地点就设在威廉病房的正对面，所以护士们还得压低声音，用几乎听不见的音量来表达她们的强烈不满，以免被威廉听到。医生在了解了这件事后，最终与护士们达成一致：所有医护人员不仅要尽一切努力让威廉感到舒适并遵循医嘱接受治疗，还要在患者确诊期间保持应有的职业素养。

在威廉住院的第 5 天，他突然去世了，这让那些愤愤不平的医护人员大为震惊。有些人甚至哭了起来，整个病房的人都对曾经怀疑过威廉而深感内疚。一些护士还觉得之前自己对威廉太粗暴了，当时也有护士没有管威廉，而是先去照顾那些症状更明确的患者。这次惨痛的经历让所有医护人员都极为痛心。不过，好在负责威廉的医生并没有明确指责过威廉是在装病，这也让他们感到些许宽慰。尽管我提醒他们，他们其实已经非常尽职尽责了，但所有人永远都不会忘记这件事。这势必会影响他们今后的工作，这些医护人员日后很可能再也不会随意指责患者装病了，即便真的碰到这样的情况。

尸检结果显示，这位患者死于脑膜炎，这是一种发生在人体头部、脊柱及脑软膜等处的炎症，通常会导致头痛、发烧和肌肉僵硬等多种症状。当时，一些医护人员并没有认真对待患者的病情，所以这也不禁让人质疑其中是否存在医疗事故。不过，威廉的医疗记录显示，尽管医生未能在患者出现生命危险前及时确诊，但他们的诊断过程没什么问题。如果当时有医护人员明确指责威廉是在装病，或者明确放弃治疗，特别是让威廉和他的家人发现他的医疗记录中有疑似做作性障碍的相关描述，可能就会引发一些更为严重的法律纠纷。

琼的传奇故事

英国伦敦的琼·纳尔逊女士亲身经历了被冤枉造假，并为此承担了痛苦后果的悲惨事件。琼是一名注册护士，年轻时，作为新婚妻子和母亲的她曾跟随服役于皇家空军的丈夫四处奔波。丈夫退役后，他们在伦敦郊区安定下来，过上了安稳的家庭生活。琼逐渐适应了贤妻良母的角色，并成为一名护士，为全科医生工作。琼性情随和、待人有礼。在青少年时期，她曾被严重的月经不调所困扰，这也预示着她晚年可能会出现严重的健康问题。以下是琼的自述，介绍了她是如何被误诊为孟乔森综合征患者的。

我一直都是个非常健康的孩子，直到 13 岁时经历月经初潮。一开始，我的月经就不太正常，不仅月经量少，而且腹部非常痛。家庭医生告诉我，我的情况很正常，劝我不用过分担心，安心生活就好了。

23 岁时，我通过剖宫产生下了我们的第一个宝宝，那次分娩简直就是一场噩梦。在孕期将近八个月时，我因大出血被紧急送往医院，但医生等了一周才给我做了剖宫产手术，而那时我子宫里的羊水已经没有了。于是，我接受了干式剖宫产，产后出现了相当严重的子宫感染。伤口在愈合的过程中出了很多问题，也让我病了很长时间。几年后，我再次怀孕，依然是剖宫产，因为我的子宫在第一次剖宫产时留下的伤疤处撕裂了。当时，就连接生的医生都说，我的腹中已经"支离破碎"了。

我第二次分娩时留下的伤口需要持续的护理，因为它一直没有愈合。我的月经问题也一年比一年严重，身体状况每况愈下。

生二胎那年我 27 岁，那时我就一直在向我们的全科医生咨询我身体的情况。由于英国国家医疗保健计划有相关规定，我没办法自由更换医生，也不能在没有医生转诊的情况下直接去看专科医生。尽管我深受剧痛的折磨，就连从家走到车库这段路都受不了，但医生还是不肯给我转诊。他只是简单地告诉我，疼痛是由伤疤拉伸引起的，并冷冷地补充道，所有女性都有月经方面的问题，让我忍忍就好了。

最后，到我39岁那年，这位医生终于批准我去医院做子宫内刮片检查。检查的医生说他们没有发现任何异常。但那时我的身体状况真的很差，疼得整晚都睡不好觉。我当时在另一位医生那里做护士，他看出了我病情的严重程度。他说："你不能再这样下去了，我会打电话给你的医生，看他是不是可以考虑把你送到其他地方再检查看看。"

明知当时我也在场，我的全科医生还是直截了当地对他说："我觉得她没什么问题，反正只要她不做子宫切除手术，她就不会感觉舒服。如果你想让她转诊，你直接做就好了。"于是，我的雇主便将我转诊给另一个地区的一位妇科医生，我在一周内就得到了诊治。那时我已经40岁了。

那位妇科医生说，他知道我的身体出了什么问题，说我这样的情况必须接受子宫切除手术。我答应了。手术进行了四个多小时，可由于身体瘢痕组织太多，医生只能为我切除部分子宫。

回到家后，我感觉身体好多了。但没过几周，我又出现了月经过多和经血凝结的情况。于是，我又去看了那位妇科医生，他告诉我他发现我的子宫内膜有异位。然后，他向我做了详细的解释，并告诉我病情有多严重。（子宫内膜异位症，是一种子宫内膜组织生长在子宫腔以外其他部位的妇科疾病，它会导致疼痛，尤其是在月经期间。）当我被送回原来那位全科医生那里时，他仍然觉得我的身体没有问题，我也还是无法更换医生。

在这期间，我还得去医院拔除一颗阻生智齿。结果在口腔手术过程中，牙医把我的下巴给弄脱臼了，术后我流了好多血。随后，我拔牙的那一侧口腔出现了感染性血肿，最终导致两个颞下颌关节（下颌的铰链关节）受损。在去原来那位全科医生那里看了好几次病后，我终于被转诊给一位专科医生，他给我的下颌安装了支架，这样我就只能用吸管喝水了。最后，我接受了五个半小时的显微外科手术来修复我的颞下颌关节。虽然术后我的行动仍有不便，但我总算可以正常进食和说话了。

所有这些检查结果的报告都被寄给了我的那位全科医生，并纳入了我的永久医疗记录。由于子宫内膜异位或粘连，我身体的其他器官也开始出现问题。我要求那位全科医生将我转诊给一位胃肠科医生，不久后，有位朋友也建议我可以就下颌损伤申请医疗索赔。

就这样，我终于亲眼看到了自己的医疗记录。我的律师向医院索要了与我的下颌治疗有关的记录副本。记录中也包含了那位全科医生给胃肠科医生的转诊信。律师问我是否看过那封信，我说还没有。那封信中写道，我因不遵循医嘱擅自做了子宫切除手术，这直接导致了后续的一系列问题。当然，我的其他器官也因此而出现了问题。在信的末尾，他还写道："在我看来，这位女士患有孟乔森综合征。"

坦白讲，看着自己病历中的内容，我整个人如五雷轰顶。我简直不敢相信他会这样评价我。我的那位全科医生竟然平白无故地在病历中诊断我患有孟乔森综合征。可遗憾的是，我没办法把它删除。

当得知这封信的内容时，我已经对子宫内膜异位症这种疾病有了更深入的了解。由于急需专业的医疗帮助，我联系了子宫内膜异位症治疗协会，他们给了我很多支持。但是，被自己信任多年的医生指控装病这样的难关，没有人能真正帮你渡过。

我个人非常同情患者群体，这可能是因为我自己也是从痛苦中成长过来的。我相信，任何有问题或觉得有问题的人来找医生或护士求助，都应该得到帮助。即使是那些真正的孟乔森综合征患者也需要其他人的帮助。就我个人的职业经历来看，有时我也会觉得一些患者的症状确实不太对劲。但如果你可以绕开表面的主诉，与患者深入交流，你就会发现，他们往往都会有一些其他的深层问题。他们来找你，嘴上说自己身上的哪个位置疼，但这根本就不是真正的问题所在。或许，他们只是在寻求外部的支持，也许是想得到一些指导和解答。这往往跟内在的孤独感有很大关系。如果他们知道你乐于倾听，自然就会来找你帮忙。我也一直认为，善于倾听本身就是医护工作不可或缺的一部分。

有些患者得过做作性障碍甚至孟乔森综合征，但现在已经康复，这些人同样也会遭到错误的指控或误解。接下来，我会介绍另一位患者的经历，她后来也成了我的挚友。早在我跟她当面谈起这些事的 20 年前，她就已经从孟乔森综合征中康复了。但她发现自己始终无法摆脱过去这段经历的阴影。

温迪的悲惨往事

温迪·斯科特可能是史上个人经历最丰富的一位孟乔森综合征患者了。她出生于苏格兰的一个工人阶级城镇，从 8 岁起就屡次遭到继父的性侵。每一次，温迪都会从那个家里逃出来，不过这最终让她被送往一个专门收容问题女孩的社会机构。长大成人后，温迪彻底离开了那个糟糕的社区，在患上真正的阑尾炎之前，她做过几份低薪、初级的工作。在那段时间里，她的工作是客房服务员，客人和其他工作人员基本上都不太搭理她。后来，温蒂因阑尾切除手术而住院，这让她发现，原来医院是一处绝佳之地，可以让自己远离生活中的那些烦忧。从第一次接触医疗环境开始，温迪就过上了"医院流浪者"的生活，她从一个城镇流浪到另一个城镇，再从一个国家流浪到另一个国家，不断寻找新的医院。饿了，温迪就在流民施舍处要点东西吃，累了就直接睡在大街上，或者在路边一些废弃的空房子里过一晚。她的足迹遍布欧洲和斯堪的纳维亚半岛的大部分地区，她甚至还去了一些不说英语的国家。在四处流浪的那段日子里，温迪自始至终都对乡镇医院情有独钟，希望能在那里遇到临床诊断不太高明的医生。因为这样的医生容易蒙骗，可以延长她的住院时间。但温迪也曾在伦敦查林十字医院这样有名的大医院就诊。那是在 1974 年，当时接诊温迪的医生到现在还记得她，尽管温迪在那里只待了几个小时就因医护人员的怀疑而不得不逃回大街上。在成为我的患者，并向我讲述这些传奇经历时，温迪说："所有人都能听懂'哎哟'这个世界通用语。"因此，在 12 年的时间里，她先后在650 家不同的医院累计接受了 800 次住院治疗。

1997 年，她在发给我的一封电子邮件中羞涩地分享了自己的故事，其中就包括她这 20 年来的康复之路。温迪在一个最不可能的环境中找到了被治愈的机会：一家专为无家可归者设立的收容所。在那里，温迪感受到了来自工作人员无微不至的关怀，并结识了一些与她一样生活在社会边缘的住客。也是在那里，温迪第一次与人建立了稳固的联结，而这正是她人生中的一大缺憾。温迪还结识了一只流浪小猫，它和收容所里的人一样迷路了，这不禁让温迪心生怜爱。于是，温迪开始主动照顾这只小猫，还给它取名"蒂姬"，不过她很快就反应过来，如果自己再次住院，小猫就只能自生自灭了。温迪现在有了保持健康的真正动力：那只小猫的死活完全有赖于她，还有那些关心她的真正的朋友。就这样，温迪踏上了漫长的康复之路。她开始艰难地四处求职，最终在伦敦动物园找到了一份工作，这对一

个热爱动物的人来说再好不过了。这个时候，她的流浪动物之家已经发展
壮大，她养了好几只猫和狗。温迪的个人情况也越来越好了，直到最后彻
底痊愈，这让她成了其他孟乔森综合征患者的偶像。温迪在英国建立了
第一个电话形式的孟乔森综合征患者互助小组，后来她还通过电子邮件和
另外一些装病但同样致力于康复的人进行交流。温迪的传奇经历被多家报
纸和电视纪录片报道，每年她还会到一所医学院进行公益演讲。在演讲中，
温迪会让学生们向她提问，猜测她是否曾经是一位严重的孟乔森综合征患
者。因为一生吸烟成瘾，温迪患上了肺气肿，也被迫从动物园退休了。好
在温迪可以领到医疗养老金，这让她可以在自己的公寓里颐养天年。温迪
甚至还在网上找到了一位生活伴侣，不时也会去美国看望他。

　　1998 年年初，温迪给我发来的电子邮件的内容骤变。她提到自己腹部
疼痛，感觉腹部一侧有肿块。随着症状的加重，温迪发来的邮件也越来越
少。但除了让我为她祈祷外，温迪别无他求。她坚持去看医生，但医生一
看到她腹部有 40 多次原本不必要的手术留下的疤痕，就会认为她明显是孟
乔森综合征患者，所以一般都会敷衍了事。另外，因为曾经过于频繁地接
受抽血化验，医护人员很难找到她的静脉进行注射，这也让她的手臂和腿
上布满伤痕。由于温迪无法预见的意外情况，她最终住进了我所在的亚拉
巴马州的医院。看到这位患者伤痕累累的腹部，我急诊科的同事立即打电
话来抗议，说温迪就是"典型的孟乔森综合征患者"，其中一位同事还跟我
抱怨说："她看起来像和佐罗决斗过，结果输了。你为什么要浪费我们大家
的时间呢？"在我提醒所有医生都要遵守医疗规范的情况下，医生对她的
腹部进行了磁共振成像和其他一些检查，几小时内就确诊温迪患上了结肠
癌。这样的情况，即使是最好的外科医生，能做的也只有减小肿瘤的体积
以帮助患者减轻一些疼痛。其实在美国做的这些检查，温迪之前在英国早

就做过了，但那边的医护人员并未当真。显然，英国那边的医生已经看到了温迪腹部隆起的肿块（因为其中一位医生对温迪提及过肿块的事情，另一位医生还在她的病历上画了一张肿块的图片），但他们对温迪过去的那些经历（英国医院中随处可见的"Munch Bunch"黑皮书对此有详细的描述）过于敏感，以致不敢相信自己的亲眼所见。

在我所工作的那家医院里，温迪花了 4 个月的时间接受手术、化疗和放疗，但治疗效果很不理想。所有这些治疗措施及大剂量的镇痛药主要是为了缓解温迪的剧痛，但实际疗效只能说差强人意。相比之下，温迪反而觉得香烟的效果更好一些，这样一来，想要劝她戒掉烟瘾也就毫无意义了。当然，除了温迪自己，没有人对缓解病痛抱有任何希望，更不用说彻底治愈了。温迪会出席很多电视和广播节目，渴望能与任何愿意倾听的人分享她的传奇经历。事实上，即便是孟乔森综合征患者也会真的生病。现如今，温迪就在通过各种方式寻找真正理解孟乔森综合征患者的大众。虽然温迪出院返回英国时的预后为 20 个月，并且仍然像以前一样精力充沛，但仅仅不到一个月，她就匆匆离开了人世。温迪的骨灰被撒在一条大街上，这条街对她及她所爱的人来说意义非凡。《纽约时报》先刊登了温迪精彩的生平故事，然后又刊登了她的讣告，期望能以此来警醒世人。

温迪去世后，我重新踏上了她在英格兰走过的那段旅程，见到了那些还记得她的医生。对他们来说，温迪最初作为一位流浪患者的那些日子仍然历历在目。我还与温迪的家人及最后一位为她看病的医生通过信，也有幸见到了温迪最后岁月里的那位伴侣。温迪的伴侣讲述了温迪生前被列入医疗系统黑名单的惨痛经历：

在温迪生病（后被证实是癌症）期间，邻近的一些医生都不愿给她开足量的镇痛药。那时，温迪已经真的开始感到疼了。由于已经被列入孟乔森综合征患者黑名单，温迪不得不使出浑身解数以弄到足够的镇痛药。一旦被列入黑名单，这辈子就再也摆脱不了了。如果真的生病了，情况就会变得非常糟糕，他们会忽视你的需求。像英国这样的免费医疗系统有很长的候诊名单，医生很容易就可以把她排在最后，根本不给她看病。难道他们会不把死囚送去接受必要的常规治疗吗？

这些沉重的案例告诉我们，与做作性障碍有关的问题其实相当复杂，特别是当它们给那些被误解、被冤枉的患者带来深远的影响时。这些问题也同样严重影响着医护人员，因为他们的使命就是为患者提供照护和治疗。虽然大多数临床医生都犯了相反的错误（对装病患者过度进行治疗），但正如我们在上文中所看到的，临床医生有时也会因怀疑对方装病而错过为真正的患者提供治疗的机会。

医护行业工作者，尤其是医生，如果怀疑患者明显的病症背后另有隐情，一定要极为小心、谨慎地处理。无论面对何种疾病，医护人员都要将患者的健康放在首位。然而，随着美国公共医疗费用的飙升及相关资源的日益匮乏，医生在治疗选择上所承担的商业和法律责任也越来越大。也就是说，人们都希望医生既能做到"多快好省"，还能救死扶伤。在本书第14章，我将更全面地探讨与做作性障碍有关的法律和伦理议题。

第 8 章

揭开面纱：疯癫背后的动机

///

在本章，我们会一起探索隐藏在装病行为背后的种种内在动机。我们将从一位患者的视角切入，深入了解她为什么要伪装自己患有多发性硬化症、聋哑症及多重人格障碍。出乎意料的是，梅丽萨坦率地承认，在智力上碾压医生的那种快感让她欲罢不能，因为医生是她所知道的"最专业、最聪明的人"。另外，她还可以通过打破自己的"好孩子"人设而获得满足感，从焦虑、孤独和无聊中得到些许释放。许多患者会比较正面地理解蓄意制造痛苦这种事，认为这是他们获得个人边界和自我认同感的强有力证明。在许多情况下，非必要的躯体损伤通常是患者内心冲突外化的结果；这是表达施虐和掌控的一种方式。对于生理层面的痛苦，患者往往会表现出惊人的忍耐力和渴望。本章不仅要为大家介绍一些已有的动机理论，章尾还会提供一部分伪装或人为制造内分泌系统疾病案例的个人史，以进一步阐明个人成长背景与装病的动机这两者之间的复杂交互作用。

明确装病背后的各种动机可以帮助我们更好地理解究竟什么样的人会喜欢设计此类骗局。DSM-5 列出了几个可能的易感因素和诱因：因童年或青少年时期患有其他精神障碍或躯体疾病，导致接受过大量临床治疗并住院；家庭破裂或童年时期曾遭受情感和（或）躯体虐待；对医疗职业心怀怨恨；本身就从事与医护相关的职业；以及之前提过的患有严重的人格障碍。然而，这些特征仅罗列了可能导致做作性障碍和孟乔森综合征的各种情况。

许多富有开创精神的精神病学家、心理学家和社会学家都提出了自己的理论以解释做作性障碍这一问题，可我所认识的一位患者却给出了十分深刻且具有洞见的理解，以带领我们领会她伪装生病的个中缘由。来自另一个国家的梅丽萨专程前来与我见面，并针对自己的装病动机进行了深刻而全面的自我剖析。

梅丽萨的自白

我为什么要这样做？以下就是我目前能意识到的种种原因。

第一，医生是我所知道的最专业、最聪明的人，我其实是在跟他们玩智力游戏。在游戏的过程中，我会用伪装出来的症状来愚弄医生，并把它们伪装得令人信服。这让我感觉就像在观看顶级演员表演现场剧或杰出音乐家现场演奏一样。我能对医生感同身受，因此，我能体验到这个过程中的刺激、挫败、紧迫、满足，以及最终强烈的愤怒和受伤的感觉。我希望以这样的方式接受挑战，在大多数情况下，我希望自己能发挥出最好的水平，获得丰厚的回报。我想选择一位能跟我一起将这个游戏一直进行下去的医生，我想让他在我身上投注大量的精力和注意力。我喜欢借我的疾病来给医生制造困难。只要能实现这个目标，至于在什么时候接受检查及身体要承受多大的痛苦都不重要。这样做可以让我沉浸其中，浸染在专业人士的情感体验里，我觉得承受再多疼痛都是值得的。当然，我并不觉得自己比医生优越，但知道他们的脑子里在想什么并操纵他们的行为让我感到无比满足。

第二，我一直都是人们眼中的好孩子。可现在，我要打破自己一直以来所坚持的道德信念，背离公认的社会道德信念，也违背父母的道德信念。这也跟我过去一直以来塑造的一贯形象背道而驰。我甚至连青春期的正常叛逆都不曾有过。我做过唯一出格的事情就是说谎（不过没人知道）。我记得自己从很小的时候起就开始说谎了。事实上，我通过这种方式向外人展示自己的完美形象。但在内心深处，那些谎言令我备受折磨。上高中以后，我就开始更频繁地说谎了。我这么做不仅是想维持自己在家人心目中的完美形象，也是想让自己在他人眼中能显得更有趣一些。我也想过接受心理咨询师的帮助，但又觉得自己的这些问题太古怪了，实在难以启齿。

第三，在假装生病期间（特别是在精神病院伪装多重人格期间），我很受医生、护士和其他患者的欢迎。他们的关注也让我得到滋养。有些医生显然被我深深吸引了，他们会不顾一切地帮助我。其他患者也对我特别友善。我对心理疾病和精神分裂症进行过仔细的研究，也亲自假扮过，所以我对患有这些疾病的患者有一种特别的亲切感。

第四，装病可以让我从极度焦虑中得到解脱。只要一进医院，我就能明显感觉自身的压力得到了缓解，那种感觉就像做爱后身心的全然放松一样。内心的焦虑会随着时间一点点积累，这让我迫切需要一种方式来宣泄，否则我就会彻底崩溃、精神错乱，甚至可能自杀。仅这一点就足以决定我大部分的行为方式了。

第五，这样做可以帮我打发空闲的时间。对空洞的心灵来说，这是一种纯粹、简单而又强烈的脑力刺激。我对空闲时间的娱乐、社交活动完全没想法。我经常想，到底做些什么能让自己开心，然后我突然就想到了医院里的那一幕。所以，只要闲下来，我要么就得付诸行动，要么就必须费尽心思不让这些想法出现在我的脑海中。单凭这一点就让我没法好好享受其他休闲活动了，当然，参与这些活动不过是让自己忍住不去追逐执着之事的权宜之计。

第六，这也与我的月经周期有关。我知道目前还没有人研究过月经周期对做作性障碍的影响，但我估计自己 80% 的装病就医行为都发生在月经开始前的那个周五。

第七，获得名声和认可，哪怕是负面的。我这些怪诞的行为和疾病能够博得他人的关注，这让我十分享受。我特别喜欢让自己成为病例讨论会的主题，也很想把自己的这些传奇经历写成一本书。

第八，对环境的控制。我喜欢自己能掌控全局的感觉。

第九，逃避、退缩和退行。有时，我的抗压能力很差，仅仅是对压力的极度恐惧就能让我崩溃。例如，在极短的时间内完成大量的任务（尤其是像打扫房间这样的体力活）；被迫长时间独处或跟不重要的人待在一起（如整个周末）；必须招待对我有所期望的人或跟他们待在一起。有时，我会想逃避责任，这会让我退行到生活完全无法自理的程度，无论在身体上还是情感上（就像我在假装患有精神分裂症时，装作因患格林巴利综合征[①]而完全瘫痪在床，整个人不能动弹，也无法做出决定）。

---

① 格林巴利综合征（Guillain-Barré syndrome, GBS）是一类免疫介导的急性炎性周围神经疾病，一般临床表现为急性对称性弛缓性肢体瘫痪。——译者注

上述装病行为的动机或诸如此类的情况，对许多患者都适用。但行为动机可能是多方面的，而且因人而异，因此很难一概而论。与此同时，临床医生所接受的专业训练是，遵循特定的诊断途径并仔细审查信息的细微之处，从而得出结论。但在面对做作性障碍患者时，医疗专业人士需要以最广泛的视角来看待他们。任何可能有助于解释"哪些人会做这样的事情，为什么"这个问题的蛛丝马迹，他们都不能忽视，无论它看起来多么牵强。

🗐 揭示真相的动机及其挑战

边缘型人格障碍患者会承认自己的自残行为，而做作性障碍患者则会千方百计地掩盖自虐的意愿。这两种情况可能同时发生或以难以捉摸的方式交替出现。我们从上文提到的案例中可以看到，患者承受疼痛的能力简直让人瞠目结舌，而且这种极端的疼痛耐受力在边缘型人格障碍患者和做作性障碍患者身上都十分常见。匪夷所思的是，许多边缘型人格障碍患者和（或）做作性障碍患者竟然会把自行制造的痛苦视为积极的，特别是那些通过误导医生从而接受复杂手术所造成的巨大疼痛。这些患者歪扭的思维过程甚至从他们谈论疼痛的方式上就可见一斑。例如，一位妇女故意给自己注射细菌从而让脊柱受到细菌感染，并搞得自己疼痛难忍。在讲述这段险些令她丧命的痛苦经历时，她居然说疼痛简直太美妙了。

对边缘型人格障碍患者和做作性障碍患者来说，疼痛感可以让他们觉得自己是真实存在的。因此，疼痛对他们来说具有统整的效用。只要一装病，他们就会立即成为患者，他们对自己要扮演的角色和身份也就不再含糊不清了。所以说，疼痛感可以帮助他们定义自己的边界，将自己与外界明确区分开来。

很多时候，这两类患者都会通过人为制造伤疤或其他肉眼可见的证据将内心的冲突与挣扎外化。这一心理动力可以很好地解释为什么有些做作性障碍患者会心甘情愿地接受对自己外貌的可怕且不必要的损毁。温迪·斯科特的胳膊、腿部和腹部都因严重的疤痕而面目全非，就连经验丰富的外科医生看后都瞠目结舌、胆战心惊。颇为有趣的是，忍受疼痛的过程会让部分患者体验到某种原始的荣耀感，这不禁让人联想到某些原始部落文化。因为在许多文化中，那些忍受巨大痛苦却坚忍不拔的人会受人敬仰并被广为传颂。一些原始部落的成人仪式往往也包含忍受极端疼痛甚至制造疤痕（几乎从头到脚覆盖整个人的永久性疤痕）的元素。现代社会同样在用自己的方式传递这一精神。例如，军队的征兵广告会把新兵那些痛苦、扭曲的面孔描绘成他们在战胜自己的弱点。

那些自我感觉一直很糟糕的人，正如边缘型人格障碍患者和做作性障碍患者，不仅认为自己应该受到惩罚，而且会像古代的苦行僧（在自己的鞋里放石子）和自笞者（为了侍奉上帝而鞭笞自己）那样热衷于寻求惩罚。尽管这并不是梅丽萨在意识层面发现的装病动机，但它意味着有些人始终坚信痛苦具有精神救赎的作用。有时，医生会忽略这一内在道德因素的影响。医生难免会带着先入为主的观念去对待患者（尽管他们已尽力避免），其中一个信念就是：没有人会自愿承受痛苦。

这不禁让我想起一位女患者，她用刀刺进自己的胸口，差一点就刺中了心脏。她声称自己是某个宗教团体的成员，这个团体信奉生死之间并非泾渭分明。所以，她也无法理解医生为什么会担心她的安危、为什么要劝她长期接受精神科治疗。她真的觉得自己的做法算不上什么，而医护人员却为此而感到特别难受。即便患者能真心实意地说出诸如"痛苦对灵魂有益"的话，大多数医生也会立即表示反对。然而，对忍受痛苦的虔诚信仰或许也是驱动做作性障碍的无意识动力之一。人们总是会出于自己并不知晓的原因做出一些事情，而他们的行为可能在很大程度上受到精神信仰（甚至是反常的、下意识的信仰）的影响。

如果能有足够的时间与做作性障碍患者相处（现实中不太可能发生，因为这些患者通常都会逃跑），医生或许就能准确地发现其行为的个人动机（即使患者本人对装病的动机一无所知）。例如，如果患者在现实生活中缺乏足够的安全感，他们就很难脱离像医院这样的保护性环境。

有些伪装的疾病中充满了施受虐（Sadomasochism）元素。在一段施受虐关系中，受虐者会认同施虐者，并且这段关系会演变为一种共生（Symbiotic）关系。在一些绑架案和战俘营中，被囚者和囚禁者之间也会产生一种被称为斯德哥尔摩综合征（Stockholm syndrome）的病理性认同。例如，1974 年，有四名瑞典人因为一次抢劫案被囚禁在银行金库中长达六天之久，而他们竟然逐渐对绑架者产生了依恋。根据心理学家的研究，受虐者之所以会与施虐者产生情感联结，是为了挺过自己所承受的暴力和恐惧感。同样，患有做作性障碍的成年人可能也会认同自己童年期的施虐者，而且会通过自行诱发疾病来延续早年自己所遭受的躯体虐待。他们或许接受了"虐待是生活中必不可少的一部分"这一信念。

对那些在童年时期遭受过虐待的患者来说，掌控感是一项核心议题。作为孩子，他们没有足够的力量或权力来控制那些发生在自己身上的事情。由于内心强烈的愤怒无法得到处理，他们在成年后会表现出高度的控制欲。例如，他们可能会操控医生，通过接受一些不必要的检查和手术参与到对自己的虐待中。尽管这会给自己带来伤害，但患者可以通过这种行为体验到掌控感。在童年时期，患者对自己遭受的躯体惩罚无能为力；而现在，患者终于可以随心所欲地增加或减少它了。

性虐待经历也会对自我诱发性躯体障碍产生一定的影响。尽管该领域有待进一步研究，但我们可以参考一个年轻女孩的案例：她为了能够逃避父亲对她的持续性侵，用针戳瞎了自己的眼睛。因为只有受了重伤，她才能从痛苦的环境中解脱出来。这显然是用一种极度绝望的方式来终止虐待。

有时，装病行为也具有象征意义，暗示着存在性侵的可能。例如，代理型孟乔森就带有些许性暗示的味道，因为对身体使用工具在某种程度上与性行为有关。摆弄和操纵他人的生殖器、尿液、粪便及向体内注射药物都带有性的意味。

博采众长

上述心理动力学或精神分析视角下的假说确实能够解释很多现象，而且这一理论视角也经过了长期的历史发展。正因如此，我个人特别重视这一理论视角。然而，它们依然是对个人的无意识动力所作的猜测，因此我们很难证实其真伪。

相比之下，行为理论更关注那些可观察的反应，而不是将行为归因于无意识的冲动、冲突及防御机制。行为学家经常关注的一个事实是，许多做作性障碍患者在童年时期曾罹患严重的疾病，或者他们身边有亲属曾患有重病。亲身体验或目睹他人通过"患者角色"来获得同情、关注、鼓励和关爱，孩子会发现其中也许有利可图。他们可能也会因为生病使他们成功地逃避了责任和义务而感到欣慰。根据行为理论，过去的社会学习和强化会影响儿童的成长，继而使其呈现出各种形式的装病行为。虽然行为学视角有助于我们理解做作性障碍的部分行为，但它无法解释，为什么大部分有过类似经历的儿童并未成为高度占用医疗卫生资源的装病患者。

此外，还有一种理论视角是"错误认知加工理论"。该理论认为，患者对自身身体的感知存在异常，他们会将正常的生理功能误解为问题或危险。通过频繁就医、接受体检和治疗，患者会得到安抚，进而相信自己的身体暂时没有问题。认知加工模型存在一个严重的问题，那就是它假设做作性障碍根本上是由患者对自身健康的真实担忧引发的。可实际上，装病患者是在故意伪装或制造症状和体征，而不是简单地误解或曲解它们。

生物/器质学观点则认为，疾病源于大脑解剖和（或）功能上的异常。这种针对伪造或诱发疾病的神经精神病学视角尚处于起步阶段。一方面，由于研究资金短缺，该领域试验的启动受到了一定的限制；另一方面，持续性试验是治疗的关键所在，可出于伦理方面的考虑，医生无法对患者进行大量的脑部测试和其他相关测试。而且，目前尚无关于医疗欺诈行为的基因遗传学研究。对此类患者进行的脑成像研究、特定的心理测验和脑电波研究规模也比较小，并且在少数患者中观察到的异常行为具有非特异性。也就是说，这些发现在很多与伪装或诱发疾病无关的情况中也存在。

社会心理学家詹姆斯·C. 汉密尔顿（James C. Hamilton）提出了所谓的"自我提升假说"（Self-enhancement hypothesis）。他与同事们在多项实验中发现了一个颇有意思的现象：如果让被试相信自己有某种不常见但无伤大雅的医学异常，他们的自尊水平就会显著提升。这些人会觉得自己很特别，甚至渴望得到专家的诊疗——否则他们可能根本没机会见到这些专家。在创建用于研究个体的想法和感受的研究环境方面，该领域已经取得了重大进展，前景十分可观。

🗐 行为背后的动机：激素的把戏

对这些患者进行有效治疗的关键在于全面了解做作性障碍及其背后的各种动机。另外，我在前文谈到的敏锐的侦查工作和敏感性——一旦有所怀疑就要坚持不懈的态度及正确对待患者的能力——都是必不可少的。因为在伪装或制造疾病这件事上，做作性障碍患者都是行家。

伪造内分泌系统疾病（如伪造糖尿病和甲状腺疾病）的案例可以形象地说明这一点，这些案例发生的频率简直令人震惊。有些伪造内分泌系统疾病的患者本身可能就患有糖尿病，但他们会故意停止注射胰岛素来让自己的血糖升高；有些伪造内分泌系统疾病的患者本身并非糖尿病患者，但他们会通过注射胰岛素来降低自己的血糖。无论如何，这些危险行为都可能会导致严重休克。在美国的一些州，购买胰岛素无须得到医生的处方，这就为做作性障碍患者人为制造不稳定的血糖读数提供了便利条件。而在那些不容易获得胰岛素的地方，胰岛素俨然成为做作性障碍患者争相窃取的稀缺物资，他们一心想利用它来制造严重的血糖状况。

为了制造出这种躯体疾病，患者会不惜一切代价，其做法着实让人大开眼界：有位住院患者居然把胰岛素藏在自己浴室的马桶水箱里，还有位患者将小瓶胰岛素用绳子悬挂在病房窗外，一位患有做作性障碍的修女竟然把胰岛素和注射器藏在了自己衣服的下摆里。就像瘾君子藏匿毒品一样，这些患者会费尽心思藏匿他们珍贵的胰岛素。对这些患者来说，胰岛素瓶俨然就是精神分析理论中的过渡性客体（可以理解为一种与童年期被安抚的记忆有关的心理安抚毛毯）。这种过渡性客体也反映出了装病行为背后的动机。

例如，那些感觉特别脆弱的做作性障碍患者可能会特别重视其过渡性客体的隐秘性，因为只有他们自己有能力将其隐藏起来。他们也有能力利用它来操纵那些被彻底卷入药物滥用造成的浩劫中的人。同样，自残者也十分珍视和爱惜自己的过渡性客体，也就是用来自残的那些工具。无论是一把梳子、一块打碎的温度计玻璃片，还是被当作锯子使用的一缕头发，其价值往往更多地在于其隐蔽性，而不是其实际造成伤害的能力。

大多数伪装自己患有内分泌系统疾病的做作性障碍患者要么是医护人员，要么有其他途径可以获得胰岛素、甲状腺激素、雄激素或其他激素类药物。据统计，已发现至少有四位患者通过药物伪造嗜铬细胞瘤的体征和症状。嗜铬细胞瘤是一种罕见的疾病，患者的肾上腺细胞瘤会释放过量的肾上腺素和相关物质，引起反复发作的焦虑、多汗、头痛、恶心及心动过速等异常体征或症状。一位 27 岁的护士承认自己很享受接受医疗护理的过程，她故意在自己的尿液样本中加入肾上腺素，还多次接受 X 线检查。然而，她却拒绝按照医生的建议接受探查术。此后，当实实在在的腹痛感让她相信自己真的患上自己一直伪装的肾上腺肿瘤时，她要求进行手术治疗。最终，医生给她做了手术，因为 X 线检查结果显示她的体内确实出现了一个肿块，但事实证明它只不过是一个卵巢囊肿。

一位 41 岁的女性护理人员通过使用一种扩张气道的药物（该药物常用于治疗哮喘和支气管疾病，也会刺激心脏）成功地在自己身上制造出嗜铬细胞瘤的症状。一位 22 岁的医学专业女大学生给自己注射了一种能让血压升高的药物，还篡改了自己的尿液样本，并接受了肾上腺切除手术。一位 35 岁的女护士从做兽医的丈夫的办公室偷来肾上腺素给自己注射后，也出现了嗜铬细胞瘤的所有典型症状。这些女性可以获取普通大众接触不到的药物，这让她们能够制造出异常逼真的疾病症状。最终，也是这些药物帮助医生证明了这些症状都是她们自己伪造的。但在真相大白之前，其中两人已经接受了双侧肾上腺切除手术。正如前文提到的，做作性障碍往往也会导致真实的躯体疾病，这些女性也不例外。双侧肾上腺切除使她们患上了一种名为艾迪生病的疾病（美国总统约翰·F. 肯尼迪也曾患该病）。艾迪生病是由体内缺乏足够的肾上腺素引起的，患者需要接受类固醇药物治疗。

这位 35 岁女护士的案例尤其引人关注。她最终离开了自己的丈夫，搬到华盛顿特区，在美国国立卫生与人类发展研究所接受了针对艾迪生病的治疗。在那里，医生们发现这位患者最大的问题在于她不能遵医嘱好好接受治疗。她费尽心机地想要控制局面，却不幸沦为自己最大的敌人。令人不安的是，这位患者为了治疗做作性障碍患上了真正的疾病，然后又通过违背医嘱进一步操纵医生，从而构成了双重威胁。医生们忽视了做作性障碍的可能性，直接就切除了她的健康器官，这可能会导致医疗事故诉讼。

证明患者有机会获得药物只是确认做作性障碍的其中一环。作为医护人员，我们往往还必须通过确凿的检验证明患者身上的病症无法用其他方式来解释。换句话说，除非有确凿的反对证据，否则医生应该认为患者是真的生病了。良好的医学伦理理应如此，更不用说好的法律意见了。那位被冤枉患有孟乔森综合征的英国妇女琼·纳尔逊要是生活在美国，某些嗅觉敏锐的律师肯定会建议她起诉医生，指控他们玩忽职守、诽谤及给患者造成痛苦和折磨。但正如琼所发现的，这种举证可能代价不菲。做作性障碍患者不仅要耗费大量时间来诱发各种危险的症状，还要避免被医疗"侦探"揭穿，其后果可能会极其惨重，甚至会以生命为代价。

药物滥用的孔苏埃洛

罗斯（Rose）、桑德斯（Sanders）、韦布（Webb）及海因斯（Hines）等

医生于 1969 年联合发表在《内科学年鉴》上的一例假性甲状腺病例显示，一位 34 岁的单身女性为自己的装病行为付出了惨痛的代价。这位患者在父亲去世后开始出现相关症状。主要症状是腹泻和热不耐，体重掉了 27 斤，这与甲状腺功能亢进（甲状腺激素分泌过剩）患者的症状类似。几年过去了，她的身体仍然显示出甲状腺疾病的症状，医生却始终找不到她患病的器质性原因。患者一直否认自己在服用治疗甲状腺方面的药物。在距离首次出现症状的 15 年后，她因过量服用洋地黄而入院。之后，当医生为她进行复查时，她再次出现了甲状腺疾病的症状，但她却对症状矢口否认。因此，她被送往医院做进一步检查，并被转诊到精神科进行为期三周的全面评估。

在检查这位患者的个人物品时，医护人员并没有发现任何问题。但通过心理治疗，医生们了解到患者与自己的父亲关系特别亲密。父亲去世后，她患上了抑郁障碍，还接受了电抽搐治疗。从那以后，患者就和自己的母亲、哥哥住在一起，而这两个人都有严重的酗酒问题。这位患者的生活异常空虚，29 年来她一直都担任文员主管工作，除此之外，她的生活乏善可陈。她无法接受自己身上哪怕一点点的不足，对自己要求很高且极为苛刻。表面上看，患者所有事情都做得很好，但在一片祥和的背后却隐藏着对愤怒和苦楚的否认。她处理情绪的方式是让自己一直忙个不停——对患者来说，也就是不停地住院、接受检查，以及与医护人员交流。她最终回到了工作岗位，九个月后被发现死在自家的床上，死因很可能是过量服用巴比妥类药物。

由于无法证明患者曾服用治疗甲状腺方面的药物来人为诱发症状，医生诊断她患有"隐匿性"甲状腺中毒，这一术语适用于缺乏确凿证据证明存在人为制造甲状腺疾病的情况。医生注意到该患者极度情绪化、渴求关注、人格发展不成熟，而且依赖性很强。患者对自己的感受和背景讳莫如深，这是做作性障碍患者的典型特征，她也否认服用治疗甲状腺方面的药物，尽管医生几乎可以断定她这么做了。患者从治疗甲状腺方面的药物（可以起到兴奋剂的作用）中获得的能量实际上可能助长了她的装病行为，使她摆脱抑郁障碍的困扰，并促使她继续使用这类药物。这样一来，服用治疗甲状腺方面的药物似乎就成了她应对问题的手段。

根据罗斯、桑德斯、韦布和海因斯几位医生的观察，滥用甲状腺药物的做作性障碍患者"通常都有严重的精神问题，很可能患有抑郁障碍，需要接受正式的治疗。这些患者需要在支持性、接纳性的医患关系中接受完整、系统的精神治疗。医生要密切监测患者是否继续使用甲状腺药物、患者的抑郁障碍是否恶化及患者是否有自杀倾向，就像对待有自杀企图的患者那样"。他们还特别强调，在处理这类情况时，支持性的治疗关系要比面质更有效。即使确实有必要面质，也只能在医患关系建立并得到患者肯定后才能进行。

假性甲状腺疾病的案例听上去十分新鲜、奇特。不过，最常见的假性内分泌系统疾病是我们在本章开篇所讨论的：偷偷给自己注射胰岛素等降血糖药物。患者在自行注射药物后所出现的昏迷及相关症状已不再是伪装的，而是真实存在的，并且会危及生命。自从 1946 年报道第一例假性低血糖症案例以来，它已成为做作性障碍患者中首屈一指的疾病。有些研究人员推测，在美国，假性低血糖症的病例数量可能与真实的胰岛素瘤（一种胰岛素分泌肿瘤）的病例数量相当。这是因为胰岛素的效果立竿见影，患者可以立即诱发相关症状，将其作为对抗医护人员的筹码，这对医护人员构成了一种威胁。

以医院为家的戴尔德丽

戴尔德丽是一位做作性障碍患者，也是一位真正的糖尿病患者。1967年1月至1969年7月，她因低血糖和昏迷在五座不同的城市累积住院达15次。出于对受人照顾的渴望，这个18岁的小女孩多次给自己注射胰岛素来诱发昏迷症状。一旦病情稳定下来，戴尔德丽就会再次给自己注射胰岛素，这样她就不会被送回家了。

医生们确信这位患者是在人为诱发低血糖症状后，就趁她不在病房时搜查了她的房间，并在她的钱包里发现了六瓶胰岛素、注射器、针头和不少酒精消毒棉签。由于她之前一直不承认自己在注射胰岛素，因此医生们偷偷在每瓶胰岛素里都加入了放射性化学物质。当天晚上，戴尔德丽又出现了严重的低血糖反应，第二天她被送到一个低辐射实验室进行检测，结果发现她确实给自己注射了一瓶胰岛素。护理人员还发现她藏匿的一瓶胰岛素已被使用。（如今，除非医生在患者入院时已获得患者的全权委托，否则这样的私自搜查和辐射检测行为将涉嫌违法）。

在将调查结果告诉患者前，医生们还咨询了一位精神科医生。那位精神科医生建议医生们最好能以不带指责的方式与患者进行沟通，并建议患者接受医生们的帮助以控制糖尿病。戴尔德丽承认了自己的欺骗行为，虽然她无法对自己的行为做出解释，但她同意接受心理评估和治疗，也同意医生们调节她的胰岛素用量。最终，戴尔德丽的饮食和胰岛素摄入量得到了很好的控制。在对她进行的为期数年的跟踪治疗过程中，她的病也没有复发。

治疗师们了解到，这个女孩得知自己患有糖尿病后，终日自怨自艾，满腹惆怅。戴尔德丽成长于一个功能失调的家庭，父亲平时都在外忙于工作，周末在家则独断专行。她的母亲已经彻底屈服于这种不幸的生活，没有付出任何努力来改善它。虽然家里一共有四个孩子，可父亲就是唯独对戴尔德丽和她的一个弟弟严加管控。她被禁止出去约会，这种被禁锢的感觉逐渐化为内心的愤怒和焦虑，但她迫于无奈只能选择压抑情绪，以免招来父亲更多的愤怒。治疗师们推测，戴尔德丽的做作性障碍是在无意识层面对父母强加给她的生活的一种报复，也是对医护人员无法治疗她的全部问题的一种反应。戴尔德丽十分享受自己的病能让医生们束手无策的感觉，她也很愿意待在医院里，远离那个令人窒息的家。

有些做作性障碍患者的极端行为简直匪夷所思。为了制造出所谓的胰岛素瘤，他们甚至会切除自己的胰腺。有时，当医生产生怀疑，而患者担心自己的骗局被人发现并遭到抛弃时，他们会不惜将自己置于死亡的边缘，就像戴尔德丽的情况那样。医生们不能见死不救，最终不得不照顾这些极端的患者。

位于美国马里兰州贝塞斯达的国家糖尿病和消化道及肾脏疾病研究所的糖尿病部门对 10 位患有假性低血糖症的患者进行了平均为期 5 年的追踪研究，对其中一些患者的追踪研究时间长达 15 年之久。这些人中有 2 位患者自杀身亡，只有 3 位患者最终放弃了他们的装病行为，不再围绕伪造疾病度日。

另一组医生研究了 12 位假性低血糖症患者，发现患者的平均年龄为 26 岁。其中有 6 位患者在医疗或辅助医疗领域工作，因此很容易获得胰岛素；有 9 位患者确实患有糖尿病。

相关报告显示，几乎所有伪造或自行诱发低血糖症状的患者都为女性，其中相当一部分要么自己就是护士，要么就是医生的妻子、卫生保健工作者和（或）真正的糖尿病患者。其中许多人存在人格层面的问题和性关系方面的困扰，而且都有诸如抑郁障碍的其他精神障碍的症状。与一般的做作性障碍患者一样，这些患者比较熟悉也能够获得产生症状的药物；她们对医学和医生群体有着浓厚的兴趣；她们中的许多人曾目睹亲朋好友患病，并将其作为模仿的榜样。此外，有相当数量的患者因为父母离世，或者父母情感冷漠和（或）人格发展不成熟而缺乏来自他们的支持和关爱。

我还要强调一个现实情况：在所有做作性障碍患者中，医护人员占了很大比例，可能有三分之一到一半那么多。还有一些患者则是通过阅读文章、书籍或网络资源来获取相关知识的。许多做作性障碍患者终其一生都在研究他们所选择的那些疾病，并成为该领域的专家。一般来说，他们对自身疾病的了解要远远超过那些最终为他们提供治疗的专业临床医生。

第 **9** 章

伪装心理疾病

///

伪装疾病并非总是局限在躯体层面。在本章，我们会一起了解患者为了获得关注和照顾而伪装的各种心理疾病。例如，14岁的肖恩达就成功地冒充精神分裂症患者，还多次因精神病发作而接受住院治疗。她的成长环境中充斥着情感匮乏和虐待，在压力实在无法忍受时，她便到精神病院寻求庇护。其他伪装的心理疾病还包括多重人格障碍、创伤后应激障碍、药物滥用和痴呆。近年来，人们已经意识到，伪装心理疾病其实是一个连续轴，其中也包括伪造自己的身份或经历。例如，伪造英雄事迹、受害者身份和个人危机（如丧亲），而且这种形式的伪装特别容易得逞。"9·11"事件发生后，全美各地开始出现各种冒牌英雄及杜撰的受害经历，引起了美国民众的广泛关注。本章将探讨临床医生如何识别那些伪造的精神症状和（或）个人经历，以及揭穿这类骗局的方法。

🗐 冒充精神疾病患者

在做作性障碍中，大部分患者伪造或诱发的都是生理疾病，但也有部分患者对心理疾病情有独钟。在这种情况下，患者会假装自己有情绪困扰，或者患上了抑郁障碍或强迫症等严重的心理疾病。医学界最大的讽刺之一就是，当一个没有心理疾病的人通过欺骗他人让他人相信自己患有某种心理疾病时，就可以被诊断为真正的精神障碍——做作性障碍。

虽然仅伴有心理症状的做作性障碍的相关报道并不多见，但当此类病例出现时，其呈现的特征往往与孟乔森综合征相似。这些特征包括四处游荡、目无法纪、自我毁灭、建立与维持人际关系方面的困难、性 / 亲密关系方面的困难、敌对情绪、观察期间的症状恶化及幻想性谎言癖。这一疾病的预后往往不容乐观。在诊断标准上，这种类型的做作性障碍与伴有躯体症状的做作性障碍无异，只不过其症状仅限于情绪或行为方面。

装疯卖傻的肖恩达

戴维·格林菲尔德（David Greenfeld）博士在《医院与社区精神医学》（*Hospital and Community Psychiatry*）杂志上发表过新英格兰的 14 岁女孩肖恩达的案例。这个女孩当时已经怀孕八个半月，而且几乎不怎么说话。因为性格孤僻和严重的精神问题，她被送往精神病院接受住院治疗。肖恩达之前也曾因出现幻觉（有声音命令她自杀）及相关症状而两度被送进精神病院。第一次住院时，肖恩达被诊断患有精神分裂症样障碍（精神分裂症早期症状），并在三周后出院。在第二次住院期间，据说肖恩达已经患上了精神分裂症。医生为她开了抗精神病药物，但她再也没有回去接受后续的治疗。

肖恩达尚在襁褓中时就被父亲遗弃了。她由一位失业的母亲抚养长大，养母靠着政府救济金来养活家里的五个寄养的孩子和四个亲生子女。在了解了这个家庭的困难后，州政府的一名社工将寄养的孩子安置到了另外的家庭，并将肖恩达转介到目前的这家医院接受治疗。在此期间，肖恩达生下了一名女婴，这名女婴很快要被送往寄养家庭。当肖恩达发现自己即将失去亲生骨肉时，她居然出人意料地康复了，并表示自己从未有过任何问题。她向医生坦白，她是通过观察真正患精神病的表姐学会冒充患者的。每当家里的情况让肖恩达忍无可忍，她就会假装精神分裂症发作，并以沉默和卧床不起的方式作为退缩和回避的手段。

肖恩达的症状（如幻听）不断恶化，前两次入院接受治疗恰逢家庭问题爆发（如遭到养母那酗酒男友的性骚扰）之时。肖恩达承认，自己之所以会要求第三次住院，其实是为了让孩子可以出生在更好的环境中。这种做法既是绝望的表现，也是生存的上上策。另外，肖恩达还请求医生帮助她让她们母女俩可以和孩子的父亲待在一起。

心理测验结果表明肖恩达并没有精神异常，于是她顺利地带着孩子和孩子的父亲及其家人团聚。医生们都觉得，肖恩达为孩子精心挑选了一位父亲，对方生活的环境比她自己的那个家要安全、有爱多了。这一点在后续的治疗随访中得到了证实。两年后，母女俩状态都很好，生活得也很幸福。从那以后，肖恩达再也不需要接受住院治疗了。

格林菲尔德博士指出，患者故意伪装患有精神疾病的情况可能常见于极度贫困和无家可归的青少年和成年人群体，或许他们会将假装患有精神疾病及接受精神病院的治疗作为缓解身心痛苦的一种方式。在这一点上，做作性障碍、诈病与真实的生活环境问题之间存在明显的重叠。

有些研究人员认为，由于背后的动机往往是未知或不明确的，因此以心理症状为主的做作性障碍的诊断存在不少质疑之声。在 1989 年发布于《美国精神病学杂志》（*American Journal of Psychiatry*）上的一篇论文中，理查德·罗杰斯（Richard Rogers）博士建议，由于难以确定那些心理症状是否为患者蓄意伪装的，因此我们应该彻底放弃伴有心理症状的做作性障碍这一诊断类型。罗杰斯等人认为，被诊断为假性精神疾病（故意伪装患有精神疾病）的患者往往带有精神病家族史，而且随着时间的推移，他们的症状通常会恶化为某种真正的精神疾病，如精神分裂症。这一观点得到了一些研究的支持。一名研究人员报告了 6 位疑似伪装患有精神分裂症的患者，但最终只有 1 位患者精神疾病被证实是做作性（伪装）的。这名研究人员认为，被我们诊断为以心理症状为表征的做作性障碍，实际上是即将演变为真正的精神疾病的初始预警信号。假如我们就这样给这些患者贴上做作性障碍的标签，对他们来说或许是一种伤害。

巴特的故事

一位名叫巴特的患者明显患有做作性（伪装的）精神分裂症。他深夜来到医院就诊，说自己在另一家医院被诊断为精神分裂症，还说自己的主要症状是会出现奇怪的妄想，经常觉得有人在跟踪、监视自己。然后，他又描述了自己的幻听，说有声音告诉他要去做一些伤害或杀害家人的事情（亦被称为命令性幻听）。精神分裂症的一个常见症状是情绪改变，患者会表现出迟钝或不协调的情绪反应，并且患者所表达的情绪与其所说的话之间会出现不一致的情况。此外，精神分裂症患者的回答往往也很怪异，访谈者无法完全理解其回答背后的思维过程。跟患有急性精神分裂症的人交谈后，你会有种奇怪的感觉，觉得自己好像完全无法跟对方建立真实的接触。你总是想知道那个人的内心究竟发生了什么。

病房里经验比较丰富的工作人员在与巴特交谈时，发现巴特条理过于清晰、指向十分明确，并不像典型的精神分裂症患者，于是便让他接受了心理测验。虽然巴特承认了一些明显的症状，例如，当被问及是否存在幻听时，他回答"是"，但心理测验结果表明，他更像反社会型人格障碍，而不是认知障碍或精神分裂症。巴特无法在心理测验中伪造那些更精细的题目，而正是这些题目能显示出他的感知和思维方式是否真的存在扭曲。

多重人格障碍

最引人注目的做作性（伪装）精神障碍之一就是冒充多重人格障碍的病例。《心理治疗》（*Psychotherapy*）杂志报道的这则案例既扑朔迷离又堪称经典。

戏精伊莱恩

15 岁的伊莱恩早在上小学时就开始表现出严重的问题。伊莱恩在学校的人际关系很差，大家都觉得她的说谎行为不太正常。她有自残的迹象，还曾污蔑父亲用烟头烫她。在早期的一次住院治疗中，伊莱恩说除了她自己外，她的身上还有其他四个子人格，包括三个女孩（分别是 4 岁、8 岁和 12 岁）和一个 10 岁的男孩。后来，在治疗开始前，她又呈现出另外两个新的子人格：一位 78 岁的老妇人和另一个小男孩。

这个女孩的表演十分逼真，因此她顺利地被诊断为多重人格障碍，并被转到医院接受治疗，之后又接受了门诊治疗。在治疗过程中，伊莱恩的骗局逐渐被人揭穿。她会杜撰一些从未发生过的事情，似乎是为了引起成年人的关注。另一个疑点就是伊莱恩提供的关于自己那个 78 岁子人格的详细传记，哪怕对最有创造力的多重人格障碍患者来说，伊莱恩编造的故事也完全不合逻辑。

　　医护人员并没有直接质问伊莱恩，而是继续为她进行治疗。另外，医护人员还了解到，在遇到一个遭受过性虐待的女孩后（据说性虐待经历是导致多重人格障碍的因素之一），伊莱恩就阅读了所有性虐待方面的资料。她读了《西比尔》（Sybil）这本书，也看了同名电影，甚至还模仿主人公西比尔画了一些素描画。经过几周的治疗，伊莱恩告诉她的治疗师自己有一本日记，于是治疗师让她在下次来时把日记本带上。也就是在这时，伊莱恩的另一个子人格出现了，这是一位截瘫患者，她从治疗室外的地板上一路爬进来，把那本日记交给了治疗师。日记的内容表明，患者其实是在伪装多重人格障碍。当治疗师面质伊莱恩时，她似乎松了一口气，因为真相终于大白于天下。又经过一年的心理治疗，伊莱恩的身上不再出现多重人格障碍的迹象，其做作性障碍自然也就痊愈了。

综合类型

　　尽管多数被报道出来的做作性障碍病例只涉及患者的躯体症状，但仍有相当多的病例是躯体症状伴心理症状的，因此，我们可以将其正式归类为同时具有心理和躯体症状的做作性障碍，下面的病例很好地证明了这一点。吉吉佯装自己患有多重人格障碍，还偷偷违背医嘱，不配合药物治疗。

吉吉与她的 12 个子人格

我是一位 50 岁的女性，患有做作性障碍。这是我第一次向他人承认这个事实。

我有相当长的精神病史，看过很多医生、治疗师，也住过院，但因为我对事实有所隐瞒，所以最终疗效都不太好。现在，我患有严重的高血压，一旦停药，我就得立即被送进医院。

第一次看心理医生时，我就假装自己患有多重人格障碍，但我不知道自己为什么要这样做。这样的行为持续了很长一段时间，我一共有 12 个不同的子人格，他们的姓名、年龄、生活方式和人生经历都跟我本人有着天壤之别。起初，我只是通过这种方式倾诉自己在童年和青少年时期曾遭受的虐待，因为我找不到其他方法跟他人交流。可如今，它已经变得一发不可收拾了，我也不知道该如何抽身。

我被转介到治疗多重人格障碍的专家那里，这是我治疗的重心所在。我编造的那些故事常常让我的治疗师为我担心得要死。我从不按时服用降压药，总是以人格分裂作为忘记吃药的借口。我意识到这样做只会让我的病情加重，可我还没准备好朝着康复的方向做出改变。

相关记录表明，做作性障碍和孟乔森综合征有可能与真正的多重人格障碍同时存在。加拿大阿尔伯塔省的医生埃伦·托特（Ellen Toth）和治疗师安德烈娅·巴格利（Andrea Baggaley）在《精神病学》（*Psychiatry*）杂志上发表了一则案例，该案例的主人公是一个女孩，她为了应对父母多年来对她的情感忽视，以及她的哥哥和一名男保姆对她的性虐待，发展出了五个不同的子人格。除了接受多重人格障碍的心理治疗外，她还因短暂呼吸困难、头部受伤、鼻出血、慢性贫血、血栓、胃肠道出血、泌尿系统疾病及自我诱发的低血糖等症状接受住院治疗达 58 次。患者还说自己有发热和呕吐症状，但这些症状从未被护理人员记录下来。通过伪装各种疾病，她累计接受了 13 次手术、76 个单位的红细胞输注治疗。在她的病房里发现一个注射器和一小瓶疑似粪便的物质后，医护人员正式将她诊断为孟乔森综合征。后来，这位患者仍四处寻求住院治疗并屡屡得逞，当听到有护理人员说她患有做作性障碍时，她就会自行出院。但她身上的多重人格障碍则是确凿无疑的。

如我之前所指出的，即使面对像巴特和吉吉这样的病例，仍有部分精神疾病专业人士坚称并不存在单纯表现为心理症状的做作性障碍这一分类。实际上，冒充心理疾病要比冒充大多数生理疾病更容易达到目的，因为心理层面的症状更难被证实。我个人认为，应该将表现为心理症状的做作性障碍作为一种有效的疾病诊断来看待。因为在我看来，无论做作性障碍的具体表现形式涉及的是心理症状、躯体症状还是二者兼有，其内在都潜藏着相同的心理动力学议题：患者都是出于对关爱与理解的渴望，都想获得掌控感或表达愤怒。英国的一项研究发现，在一家精神病院收治的 775 位 65 岁以下的患者中，有 4 人患有孟乔森综合征。研究人员表示，实际的患者数量或许更高，因为有很多病例可能被遗漏了。其中一位被确诊为孟乔森综合征的患者是一名 28 岁的男子，他因为被诊断患有艾滋病而表现出自杀倾向，在过量服药后被收治入院。然而，他的艾滋病病毒的血液检测结果却呈阴性。这位患者还告诉医生说自己酒精成瘾，同时还是一名同性恋男妓。尽管患者否认自己过去曾有心理问题，但他的护理人员了解到，他曾在英国、苏格兰和其他欧洲国家接受过各种精神治疗，治疗师给出的诊断包括人格障碍、酒精滥用、抑郁障碍、性倒错及孟乔森综合征。

这位患者是家里八个孩子中的老大，父母都是酗酒者，他在寄养家庭中长大。20 岁时，他曾因严重猥亵罪被判入狱 18 个月。和其他孟乔森综合征患者一样，他在任何一个地方待的时间都不够长，因此无法从治疗中获益，其行为也一如既往。虽然他的抑郁障碍和艾滋病都是伪造的，但他故事中的其他内容或许是真实发生过的。

药物和酒精的影响

在表现为心理症状的做作性障碍患者中，药物和（或）酒精滥用的情况也十分常见。这些患者可能会暗地里使用一些精神活性物质来制造精神障碍的迹象。例如，安非他明、可卡因或咖啡因等兴奋剂可以被用来制造焦虑或失眠的症状。麦角酸二乙酰胺、麦斯卡林和大麻等违禁药物可以被用来诱发不同的意识或感知状态。海洛因和吗啡等止痛药可以被用来获得欣快感。一些巴比妥类镇静药物可以被用来制造昏昏欲睡的状态。这些药物的混合使用还常常会引发异常怪异的行为表现。不过，做作性障碍患者与真正的药物滥用者之间存在显著的差别：做作性障碍患者之所以滥用药物，目的并非获得不同的意识体验，而是误导身边的照护者或其他人。对他们来说，问题不在于他们是否真的成瘾，而在于他们是否能够以各种伪装的借口来获得药物，并与医护人员保持关系上的联结。

心理症状

精神科医生经常会看到有些人选择装病单纯是为了逃避法律责任或避免出庭，这属于典型的诈病。他们一般会要求医院出具一份官方声明——

按照要求，他们应该在某一天出庭，但因为他们正在住院，所以去不了。他们会表现得好像日程上的冲突纯属巧合，而所谓的病情与出庭日期也没有任何关系。

正如我在本章其他地方提到的，诈病和做作性障碍有时会存在共病，并且医生很难判断在某种具体情境下哪个诊断更准确。如果医生能确定患者存在明显的外部动机，那就应诊断为诈病；如果无法确定，那就应诊断为做作性障碍。不过，这些部分都相当模糊，很多情况都处于中间的灰色地带，尤其是当涉及做作性心理障碍时。

📖 失忆与痴呆

失忆和痴呆相对容易伪装，但如果医生对患者持续保持接触，真相很可能就会浮出水面。痴呆是由器质性因素引起的，最明显的特征是出现短期和长期的记忆丧失。仅仅通过简短的个人交流，伪装失忆症状还是比较容易的，因为这样的欺骗只需要隐瞒一些信息就可以了。如果是伪装的失忆或痴呆，那么患者在作答时常常会漫不经心，在内容上出现前后矛盾的情况。例如，冒牌患者会以"我不知道"和"我完全不清楚"来回答医护人员提出的问题。而真正存在记忆障碍的患者往往会因为丧失记忆而感到尴尬，他们会在记忆问题上表现出一致性，并且一般会努力回忆问题而不是轻率地否认问题。而且，失忆对这些真正的患者来说也很少或根本没有一点好处。还有一个明显的迹象能够表明患者很可能是在假装失忆或痴呆，那就是他们会记得你在访谈刚开始时说过的话，还可以在后来的谈话中加入这些内容。相比之下，真正的痴呆患者的记忆就不会那么准确了。一个关于冒充记忆障碍患者的有趣例子是：一位住院医生问了一位妇女很多问题，在这个过程中，患者一直表现出严重的失忆症状。第二天检查时，这位患者却说："我昨天不是就跟你说过了吗，我什么都不记得了。"

选择的影响

尽管患者在选择症状时是有意为之的，但做作性障碍背后的动机在很大程度上是无意识的。根据定义，说谎是一种意识层面的行为。人们会意识到自己在说谎，但说谎行为可能是由一些无意识的内在机制驱动的。有些假装精神疾病的患者确实害怕自己"精神崩溃"，但他们并未患有自己想要伪装的那种特定疾病。由于这些患者真正的问题（如抑郁障碍）与他们所伪装的疾病之间很可能存在某种重叠，因此心理健康专业人士需要进行大量的工作来区分真实的与伪装的疾病。

医学研究文献显示，并非所有表现出心理症状的做作性障碍患者都会不时恐惧地看着不存在的人或在大庭广众之下自言自语。做作性障碍患者的实际行为可能要比这微妙得多。例如，在智力测验及判断是否存在脑损伤的相关测验中，患者会故意伪造低分。人格测验本身并没有绝对正确或错误的答案，但通过作答的模式，医生可以判断患者是否在掩盖或夸大症状。其中一些问题确实很容易回答，那些聪明的患者可以很快就搞清楚如何作答才能表现出精神不正常。但测验中的大多数题目都十分精细和复杂，普通人根本无法知道真正的患者会如何作答。即便如此，为了判断测验结果是否真实、有效，临床医生不仅要清楚测验结果，还要了解患者在整个施测过程中的综合情况。

还有些人没有伪造精神疾病，而是故意篡改自己的身份背景或经历。他们会标榜自己是英雄、受害者，抑或一个每天都在负重前行的普通人，为的就是让自己可以从默默无闻变得众人皆知。在这种情况下，患者一心想要站在聚光灯下，就像各种伪装疾病的案例一样。当然，人间最悲惨的事莫过于失去至爱之人了。我们大部分人都会对刚刚经历丧亲之痛的人抱有深深的同情和理解。因为目睹他们的悲痛，会让我们自然地联想到自己及至亲至爱之人的离世之痛。

📑 丧亲之痛

做作性心理障碍最常见的症状包括抑郁、幻视与幻听、记忆丧失、解离与转换症状，以及自杀倾向，而且这些症状经常与丧亲之痛联系在一起。虽然丧亲并不是一种精神疾病，但当我们遇到丧亲之人时，我们会自然而然地对他们产生共鸣。在《美国精神病学杂志》的一篇文章中，M. R. 菲利普斯（M. R. Phillips）博士及其同事报告了 20 例做作性障碍患者的情况，这些患者通过伪装亲人离世来扮演患者的角色。除了表现出包括自毁倾向在内的心理症状外，其中 15 人还曾或多或少地伪装过躯体症状。根据我的经验，有些患者会因为经历丧亲而伪造或夸大情绪症状，他们经常声称自己的多位家人已经去世。然而，只要医生核实他们的个人情况，就会发现根本就没有这回事。

下面案例中的这位女性从青春期就开始装病。到了成年早期，她又莫名其妙地转而假装丧亲，之后几乎强迫性地招摇撞骗了好多年。然而，谎言屡次被揭穿带来的羞耻感，加上事业和生活上取得的成功，让她在 25 岁时就结束了这种欺骗行为。如今，她已经是一位贤妻良母，也是一名不错的雇员，尽管她仍然对自己过去的欺骗行为感到困惑。

迷途知返的莫莉

我做过大多数孩子都会做的事情，那就是偶尔假装生病。这样我就可以休息一天，不用去上学了。但自从 11 岁那年我在学校发生了一场意外后，情况就变得严重多了。我在操场上跑步时不慎摔倒，造成了脑震荡，在医院里住了两天。在接下来的几年时间里，我又至少在另外两个场合下假装自己得了脑震荡。后来，离开家后，我又假装自己的胳膊和手腕骨折，目的和之前一样：引起家人和朋友们的关注。

19 岁开始第一份工作那年，我假装家里有人去世。我坐在办公桌前，异常冷静地下定决心告诉我的同事，我刚刚接到一通电话，电话那头说我的兄弟自杀了。我扮演了一个坚强、勇敢的角色。为了参加"葬礼"，我请了一周假，然后回来继续上班。在接下来的几个月里，我越陷越深，陆续把其他几位家人一个个都"杀死了"。我假装母亲死于霍奇金病[①]，父亲因伤心过度而心脏病发作，而我最后一个尚存的兄弟（实际上并不存在）也上吊自杀了。这一切的最大收获就是上司对我的关注，我很享受他的关心和照顾。可后来父亲有事给我的办公室打来电话，谎言一下子就被揭穿了。我的上司跑来质问我，但我否认了一切，辞职然后逃跑了。

五个月后，我又找了一份工作。没过多长时间，我又开始故技重施了。我让一个在美国的朋友给我的上司寄了一封信，而这封信其实是我私底下写好的。信上说，我曾经卷入一起商场枪击案中，我的父母在那场意外中不幸丧生。我喜欢这封信给我带来的关注，尤其是那些男同事的关注。当然，仅仅过了两周，上司就发现这一切都是无稽之谈，于是我被解雇了。

---

① 霍奇金病，一种恶性淋巴瘤疾病。——译者注

到了 21 岁那年，我又找到了一份新的工作，两年内我一直干得不错。后来，不知道为什么，我居然假装自己怀孕又流产了，并在第二天"勇敢"地回到了工作岗位。我的工作表现依旧很出色，并被升了职。在重新开始工作的几周内，我又跟别人说自己怀孕了，而且这次还是双胞胎，不久后，我又说自己在一次车祸中失去了腹中的胎儿。不料，我第一份工作的同事向我的现任上司告了密。很快，我就被揭穿了，人们纷纷来质问我实情。

我并没有承认怀孕是假的，只承认丈夫是我无中生有的。我继续维系着谎言，不过我也找到了一种方法，至少承认一个谎言，同时又能保全面子。尽管他们完全有权解雇我，但他们没有这么做，而是又给了我一次机会。这一次，我没有选择逃跑，因为我现在有充分的理由留下来，我有些重要的东西要坚守。我正处于自己职业生涯的鼎盛期，有房子、有男友，还有太多不能失去的东西。尽管这样的事情很丢人，但我还是选择坚持下去：人们都知道我撒谎骗人的事情，并对此议论纷纷，但很快这一切就成了过眼云烟。

这件事已经过去了 12 年，从那以后，我再也没有做过这样的事情。我再也没有装病过，也再也没有说过家人或其他人去世之类的谎言。我不想这样做，也不需要这样做了。哪怕曾有一闪而过的念头，只要想想被人揭穿时的那种可怕感受，还有这样做给我的人生带来的巨大破坏，我就能打消这个念头。我已经结婚多年了，我的丈夫是一名医生。虽然这个选择可能听上去有些可疑，但实际上我从他那里得到的关注不是更多了，而是更少了，因为他工作实在太忙了！

约翰·斯诺登（John Snowdon）博士、理查德·所罗门斯（Richard Solomons）博士及霍华德·德鲁斯（Howard Druce）博士在《英国精神病学杂志》（*British Journal of Psychiatry*）上发文，试图说明伪装丧亲这一现象的高发率。他们报告了在伦敦一家教学医院观察到的 12 位患者，这些患者都谎称自己有丧亲经历。其中 6 人曾自伤或声称自残，1 人曾威胁要自杀，5 人曾因伪造的非精神障碍类疾病被收治入院。除 1 人外，其余患者均为男性。其中 9 人表示自己为不止一位家人的死亡而深感悲痛。

在这 12 位患者中，有位 41 岁的男性患者声称自己在摔倒后失去意识并被收治入院。他又告诉护理人员，他在两年前的一次车祸中失去了妻子和两个孩子，为此而深感抑郁。他随即被转到了精神科病房。当医院的医生联系他的私人医生时，他们发现这位患者居然从未结过婚。后来，他悄无声息地自行出院了。

在这 12 位患者中，还有另一位 28 岁的男性患者，他声称自己服用了过量的阿司匹林并寻求住院治疗。他告诉医生，自从三周前目睹母亲从楼梯上摔下来被金属栏杆刺穿的惨状后，他就一直郁郁寡欢，还想自杀。他看起来非常真诚，于是被送入精神科接受住院治疗。但是，他在医院袭击了一位女患者后就自行出院了。医生们也无法证实这位患者的说法究竟是真是假，不过后来他们得知他曾使用化名入住过三家不同的精神病院。

斯诺登博士及其同事认为，以下这些迹象表明患者的丧亲之痛很可能是伪装的：缺乏确凿的证据或难以联系到相关人员；从非精神科病房转诊过来，那些科室里的护理人员很单纯，可能会十分同情患者遭遇的悲惨经历；出现不太正常的悲伤表现，如悲痛延迟、悲痛抑制、悲痛情绪过分持久或异常强烈等。大部分患者所描述的死亡事故都很夸张、异常暴力血腥，还常常发生在儿童或青少年身上。

🗐 派遣（诊断）队伍

要想以更加整合的视角来诊断患者是否患有表现为心理症状的做作性障碍，评估人员就必须综合考量社会环境和现实事件的影响。随着艾滋病逐渐成为人们关注的一个重大健康问题，精神科医生也开始发现一些伪装的艾滋病病例。同样，随着世界各地一次次军事冲突的爆发，我们也会看到伪装的创伤后应激障碍病例，其特征是在参与战斗等极度消耗性的事件后出现的高度焦虑和创伤情景的闪回等症状。

发生军事冲突后，总会出现一些伪装创伤后应激障碍的病例，医生到最后才会发现这些患者根本未曾参与任何军事行动。许多伪装的创伤后应激障碍病例与越战有关，甚至在几十年后，与这场战争有关的病例仍然不断出现。无论他们所说的战斗地点在哪里，有些患者在接受了创伤后应激障碍治疗项目多年后，才被人们发现原来他们从未曾参与那些战斗，甚至从未去过那些地方。

研究人员指出，与军事行动或战争相关的真实创伤后应激障碍具有一些明显的特征，这类患者会表现出以下行为特点：（1）试图淡化自身症状与创伤经历之间的关系；（2）自责；（3）梦到创伤事件；（4）否认战争经历对自身情绪的影响；（5）不愿讲述与战争有关的经历；（6）对自己幸存下来感到内疚；（7）回避与战争环境相似的环境；（8）对个人无法克服创伤后应激障碍感到愤怒。而那些冒牌的战争英雄在故意伪造自己的症状时，往往无法呈现出上述所有行为特点。《被盗用的荣誉》（*Stolen Valor*）一书对此进行了详细的描述。此外，还有不下一个网站专门揭露那些谎称自己参加过激烈战争或曾作为战俘在恶劣的环境中生活多年的骗子的行径。在众多被曝光的人中，有一个人通过虚拟（在线）方式向大众致歉：

我曾自称是一名战俘，当然这纯属我捏造的。我是一名参加过越战的美国空军退伍军人，但从未在海外服役。我这样做无非是想找一个理由来证明自己在这个世界上存在的价值。我向每一位被我的假冒身份伤害或因此而感到愤怒的人致以最诚挚的歉意。我就是个懦夫。在服役这个问题上，我再也不会搞得不明不白，更不会骗人了。今年我已经55岁了，是时候对大家真诚以待了。我不敢请求也不奢望能得到原谅。我只希望大家知道，我对自己的谎言追悔莫及。我只希望大家相信我所说的话，"我将永不再犯"。

还有一部分人也会被诊断为做作性创伤后应激障碍，这些人会故意制造公然的机动车事故等类似的危机情况，并谎称自己因此出现了闪回和过度惊恐反应。苏格兰的一名男子声称自己在一次车祸事故中不幸撞死了一个6岁的孩子，从此陷入抑郁，还酗酒成性。他表现出抑郁障碍和创伤后应激障碍的症状，还说自己曾试图割腕自杀，并考虑饮弹自尽。

然而，事故细节上的不一致让他的说法不攻自破。只是被心生怀疑的医生一问，这名男子就从医院仓皇逃走了。后来医生从警方那里得知，根本没有任何此类事故的记录。在《临床精神病学杂志》（*Journal of Clinical Psychiatry*）上报告此病例的医生坦言："如果不是他的病史前后矛盾，以及病史和客观的精神状况检查结果之间的巨大反差，他的表现倒是跟真正经历此类事故的人的表现极为相似。"

另一个被报道患有做作性创伤后应激障碍或抑郁障碍的群体就是那些谎称自己被确诊患有艾滋病的患者。史蒂文·E.尼科洛夫（Steven E. Nickoloff）博士及其同事报道了第一例冒充艾滋病（包括躯体和心理症状）患者的案例。这是一名33岁的男子，他因有自杀倾向而被转到急诊科接受治疗。他告诉医生，他曾通过服用过量的抗抑郁药来实施自杀，由于自杀未遂，他变得越来越抑郁和愤怒。从接连数天的失眠到体重急剧下降，再到明显的情绪波动，这些主诉症状让他住进了精神科住院病房。在那里，他向医生提供了一份夸张的精神病史，称自己患有双相障碍（一种以躁狂和抑郁交替发作为主要特征的精神障碍），曾 4 次尝试自杀，并长期酗酒和吸毒。他说许多不同的疗法都对他不起作用，并要求医生对他进行电抽搐治疗。他还说，得知自己罹患艾滋病，并且自己的一位朋友死于艾滋病，让他经历了重大创伤。

在这类纷繁复杂的病例中，幻想性谎言癖起到了重要的作用，患者常常会忘记自己说过的谎言或之前给出的一些细节。而正是这些前后矛盾和不一致让真相大白于天下。例如，患者说自己在入院前已经连续 18 天没睡过觉了。这种十分可疑的信息及其他有违常理的相关信息让医生逐渐起疑。当医生要求患者跟家人或之前的护理人员取得联系时，患者却极力拒绝。患者的腿部也出现了一些病变，他自称是卡波西肉瘤（一种会在部分艾滋病患者身上发现的原始血管组织疾病）。但人体组织活检结果显示，这些病变实际上是由高温或化学物质导致的。他签署了一份人类免疫缺陷病毒检测知情同意书，但在检测结果出来之前，他就自行离开了医院。他的检测结果为阴性，从此以后，这位患者便销声匿迹了。

尼科洛夫博士等人总结道，如果发现非典型病史或通过检查并未发现任何与疾病相符的生理指标，医生就应当及时获取患者之前的医疗记录并与其他医护人员进行沟通。他们还说："如果患者能不能继续住院取决于他们是否同意公开个人信息，那么他们的真实面目可能会早一点显露出来。"

冒充受害者和英雄

正如我在本书中介绍的许多案例所示，有些人并不想成为患者，而是觊觎受害者或英雄的身份。在过去的 10 多年里，我越来越多地接触到这类案例，于是我正式提出了做作性障碍中的"冒充受害者"和"冒充英雄"这一子类别。在冒充受害者案例中，这些人会谎称自己遭受了身体和（或）精神上的创伤，而冒充英雄的当事人则一般会故作谦逊地接受本不属于他们的赞誉。例如，"沽名钓誉型"纵火犯往往是一些特别渴望出风头的消防志愿者。他们会蓄意纵火，待火势大到构成真正的危险后再将火扑灭或请求增援。他们总是最先赶到火灾现场，因为单枪匹马、英勇无畏地扑灭大火而赢得社会的赞誉。同样，有些警务人员也会试图通过报告并未真正发生过的犯罪案件或伪造犯罪现场来超越自己的同事，这往往也跟幻想中的关注和英勇有关。

发生在美国亚拉巴马州的一个案例可以形象地说明这一点。一名新入职的警察报告了一起案件：他从远处看到一位妇女将车开到一座桥上停了下来，随后抱着一个婴儿走出车子，将婴儿扔进了桥下的河里。这则消息一经公布便立即引来了媒体的大量关注。一时间，周边其他地区的警察都被紧急调派过来侦破这起举世震惊的案件。刑侦画像师为这名女性嫌疑人绘制的肖像也被贴满大街小巷，报纸和电视新闻节目也将这个案子作为头等大事来报道。可随着调查的一步步深入，当事警察却改变了说辞，而且调查方还发现他在另一个州也至少伪造过一起警方报告。最终，当地警察局长宣布这名警察已承认根本没有发生过那起案件。官方并未提供任何解释，事情也没有任何下文。不过，至少现在回想起来，伪造英勇事迹的案例与虚假受害者案例中常常会出现以下几个预警信号：当事人曾报告其他伪造的案件；当事人熟悉执法程序；当事人设计的犯罪情节一般都比较引人注目、不太寻常，这必然会引起广泛的关注；当事人会加入一些不真实的元素（例如，在大庭广众之下处理一个活生生的婴儿，这绝对不符合所谓犯罪嫌疑人的最佳利益）；当事人对案件过程的描述颠来倒去；案件被彻查后，矛头最终指向当事人自己。

在另一起震撼人心却也相当著名的案例中，一名资深警察将自己的自杀伪装成执行任务时因公殉职，从而让自己得到英雄般的葬礼。很明显，当事人经历了极大的痛苦，最终走到自杀这一步。然而，因虚荣心作祟，这名警察极度渴望得到官方精心安排的正式葬礼及对自己英勇事迹的新闻报道。

路易斯的惊天骗局

"9·11"事件后，全美各地随后出现了很多冒牌幸存者，他们都谎称自己遭遇了那场恐怖袭击。尽管在袭击发生期间及随后发表的大部分文章和个人陈述都十分让人心痛且基本属实，但也不乏一部分假冒和伪造者被揭露出来。例如，初来乍到的路易斯·埃斯波西托因其英雄事迹而受人追捧，最终却被证实是其伪造的，自此佛罗里达州的小镇奥普声名鹊起。2002 年，路易斯向邮局透露，他是纪念救援人员的新邮票上升旗的消防员之一。他给粉丝签名、与粉丝合影、给学生团体做演讲、展示自己从双子塔掉落时留下的伤疤，还炫耀自己的消防员勋章。大家都很想知道他为什么要搬到奥普这个小地方来。路易斯说自己之所以搬来这里，就是为了远离纽约的那些高楼大厦，他再也不想记起与"9·11"事件有关的可怕回忆了。事实上，路易斯是一个有前科的人，事发当天也根本不在纽约。他在过去服刑的众多监狱中点燃香烟的时刻，或许就是他与火最亲密接触的时刻了。

假冒的受害者可能会谎称自己遭遇了各式各样的不幸事件，如被人跟踪、遭到性骚扰、遭受情感或躯体虐待（忽视）、被人强奸或性侵等。虽然我也相信，童年期的受虐经历对许多做作性障碍患者的发展和表现有一定的影响，但事实上，就像典型的做作性障碍患者一样，很多人会故意捏造被虐待的经历和成年性犯罪行为，以获取情感上的满足。如果患者出于外部原因（例如，想隐瞒双方自愿的性行为、报复伴侣或以此来解释意外怀孕）而伪造被性侵等不幸经历，那么其中可能涉及的就是诈病，而不是做作性障碍了。

以下这些伪造的青少年性虐待案例极为罕见，事关两位年轻女性之间的竞争和纠葛，她们都患有包括伪造被性虐待在内的做作性障碍。下面这则故事的讲述人是塔拉。

塔拉和佐伊的双人骗局

我是职业技术学院的一名 20 岁的学生，是一位做作性障碍患者的密友。不过，我写信给您，是想告诉您一些关于我自己及我和这位朋友一起做的事情。

我的朋友佐伊经常会假装昏倒和癫痫发作，也因此经常被送到医院。她近来自我诊断为做作性障碍，还在研究一些相关的文献资料。我认为她是想自救。

通过阅读手头的一篇文章，我发现，做作性障碍并不总是跟医疗护理、医院和医生有关。这让我感到十分惊讶，因为我从来都没想过自己居然会患上做作性障碍。不过，我确实有一些相当怪异的寻求关注的习惯。我看起来比实际年龄要年轻很多。当我还在老家的时候，我曾经被警察误认为是一名离家出走的未成年人。从那时起，我便开始主动欺骗他人，让他人相信我确实是一个离家出走的孩子。我做了一张假身份证，还不惜一切代价地把自己送进儿童保护机构，然后被安置在寄养家庭里。我谎称自己遭受过性虐待，然后我就开始利用人们的关爱并从寄养家庭那里获得好处。我会千方百计地说谎。不过，我从来没有把任何一个现实生活中的人牵扯进性虐待的案子中。

佐伊最近加入了我这个荒唐的计划，并开始用同样的招数——"成为需要得到帮助的孩子"——来替代原本对"医院／医疗"的渴望。我们之间唯一的区别是，佐伊喜欢博得警察的关注，不太在乎来自寄养家庭的关爱；而我讨厌警察，十分渴望得到家庭的温暖。

佐伊非常生气，因为我并没有假装生病，但仍然认为自己也属于做作性障碍。而她觉得我这样想是在轻视她所受的苦难。我这么做只是想知道我的问题是什么，这样我就能集中精力寻求解决办法了。

这两个人已经深陷一场"合谋欺骗"他人的双人骗局中。她们彼此都清楚对方的行为，却都保持沉默。相反，佐伊现在借用了塔拉的游戏计划，而塔拉则根据佐伊掌握的知识进行了自我诊断。相对来说，塔拉的做法更加有益。

佐伊"表示强烈的抗议"。她声称，塔拉准确的自我诊断（做作性障碍，确切地说，是冒充受害者）使她对更多基于躯体的问题轻描淡写。佐伊似乎把自己的做作性障碍当成了无价之宝，特别担心会被他人"偷走"。

与此同时，佐伊却一心要"偷走"塔拉创造出来的"遭受性虐待、误入歧途的青少年"这一身份。她还十分享受警察的关注，这让她看起来就像"穿制服男人的小迷妹"。显然，塔拉更有洞察力，其自我身份认同也更稳固。令人欣慰的是，她们二人显然都想康复，但佐伊的预后比塔拉的差，因为佐伊还在费尽心思地为自己的做作性障碍设计各种新的形式。佐伊会自发地研究相关资料，这究竟是为了更好地自救，还是为了在这场角逐中更胜一筹，我对此仍持怀疑态度。有一种风险是，这场"争夺榜首"的竞争可能会让二人的病态行为不断升级，随着时间的推移，她们或许会做出更加危险的行为。

第 10 章

代理型孟乔森：
由做作性障碍引发的虐待

///

在代理型孟乔森（MBP）中，个体不是在自己身上，而是在被照顾者亦即"代理人"身上制造疾病症状。MBP 的肇事者大多为女性，通常是母亲，她们会为了寻求情感满足（如他人的关注和控制）让自己的孩子生病，或者让他们接受外科手术等痛苦的治疗过程。MBP 其实是一种虐待和忽视行为，并非精神障碍。在那些侥幸存活并长大成人的受害者身上，我们可以看到 MBP 虐待行为对儿童造成的巨大影响。通过这些受害者的叙述，我们可以深入了解成年幸存者在如何应对真正的疾病、如何克服作为不知情的参与者产生的羞耻感或内疚感方面所经历的深深的困惑。一些经历 MBP 虐待的儿童长大后会发展出做作性障碍，这是情有可原的。

在本书中，最残忍、最危险的部分非 MBP 莫属了。在这种令人发指的行为中，成年人不是在自己身上，而是在其他人——通常是儿童，有时也可能是其他成年人、老人甚至动物——身上制造患病的迹象。更为可悲的是，这种行为往往是由一个看似充满爱心且乐于助人的人做出来的，而且在施虐过程中，其配偶、伴侣或其他家庭成员毫不知情。MBP 可以被看作影响身心健康的虐待行为，通常表现为躯体虐待或忽视、情感虐待或忽视，有时还包括性虐待。

尽管 MBP 的行为和动机与做作性障碍患者的相似，但 MBP 本身并不属于一种精神疾病。两者的核心区别在于受到伤害的究竟是谁：如果受害者是本人，那就是做作性障碍；如果受害者是他人，那就是 MBP。打个比方可能会有助于理解。如果有人开枪自杀，除非这是个意外事件，否则我们一般会认为当事人处于精神疾病状态（很可能是自杀倾向）。但是，如果他在没有他人教唆的情况下开枪射杀他人，那么我们更有可能认为他有杀人倾向，而不是精神疾病。有杀人倾向算不上精神疾病，而有自杀倾向则可以。MBP 的施虐者将捏造的行为施加在孩子而非自己身上，这说明他并非患者，而是罪犯。当事人的这种行为已经构成了虐待，而非精神疾病。

MBP 明确符合 1974 年美国《联邦儿童虐待预防与处理法案》(Federal Child Abuse Prevention and Treatment Act) 中的虐待行为相关标准。该法案将儿童虐待和忽视定义为"由儿童利益相关责任人对 18 岁以下儿童进行的身体或精神伤害、性虐待、疏于治疗或虐待，并因此导致儿童的健康或福祉受到损害或威胁"。换句话说，这指的是父母、监护人或其他照顾者对儿童或青少年进行的任何形式的虐待。美国有些州对虐待老人的定义也与之类似。

虐待的主要类型包括情感虐待、躯体虐待和性虐待；忽视则包括躯体忽视或情感忽视。虐待的形式数不胜数，包括营养忽视、故意下药或下毒（不含MBP）、忽视必要的医疗护理、忽视安全、忽视教育及MBP本身。在许多情况下，这些类型和各种亚型相互重叠并交织在一起。例如，《病态：代理型孟乔森受害者童年回忆录》（*Sickened: The Memoir of a Munchausen by Proxy Childhood*）一书的作者朱莉·格雷戈里（Julie Gregory）无疑就曾遭受严重的MBP虐待，其中包括医疗虐待、社会剥夺、营养忽视和医疗忽视（表现为她的母亲对她真正需要的治疗的严重拖延）。此外，躯体虐待主要是殴打，情感虐待则主要是母亲对她的不断羞辱和令人发指的肆意辱骂。不过，这些行为与MBP通常是相互独立存在的。

目前，美国已出版了10本关于MBP的图书，发布了550多篇相关报道，但因为存在诊断不足和选择性报告的情况，这些数字显然低估了MBP的实际发生率。保守估计，美国每年有1200例新的MBP病例报告。记录在案的MBP病例来自全球10种不同语言地区的20多个国家。越来越多的MBP被识别出来，这证明它并不是一种仅限于西方社会的理论或行为，而是一种在全球范围内普遍存在的虐待行为模式。

最后一点必须着重强调，因为有些团体不承认MBP这种虐待行为的存在。这些团体的成员有些是因遭到错误指控而心怀不满的人，他们的意见对于识别特别容易误诊的情况具有举足轻重的作用。然而，这些团体成员中似乎也有真正的罪犯，他们会利用团体提供的掩护来隐瞒自身的罪行。施虐者与这些团体结盟，坚称自己是无辜的，并将自己塑造成因勇于揭露医生的无能而受到惩罚的受害者形象。这些团体成员常常针对那些致力于提高公众MBP意识的重要专业人士。为了毁坏这些专业人士的声誉，他们会收集并公开这些专业人士的私人信息，甚至会发送威胁邮件。毫无悬念，如今该领域已形成了一个完整的产业链，有一系列心理学家、律师会参与其中。甚至还有一帮不具备任何临床经验的人因专门为被指控的母亲担任写手或证人而在 MBP 领域名声大噪。无辜的父母确实应该得到最可靠、最专业的法律辩护，但这群所谓的专家却将对其客户不利的确凿证据轻描淡写，完全置孩子的安危于不顾。

正如下文中的琳赛所说的那样，MBP 虐待的幸存者往往会感到孤立无援。

琳赛的痛苦经历

当我了解到你的工作时，我才惊讶地发现原来这个问题居然是有专业名词的。一直以来，我都被告知自己是个病得很重的孩子，还对此深信不疑。直到我后来去了寄宿学校，发现只要母亲不在身边，我就不需要去看医生，我才开始怀疑是她在蓄意制造我的病情。于是，我不再使用医生（这是我那众多医生中的一位）给我开的治疗"呼吸问题"的吸入器，结果我感觉非常好（当 MBP 父母不在时，患者的症状自行消失，这被称为"阳性分离试验"）。我无法告诉你我究竟进过多少次急诊室。我还去见过物理治疗师、过敏专家、神经科医生、内科医生，名单上的人数不胜数。后来我开始纳闷，为什么母亲关于我童年病痛和受伤的故事好像会随着我长大而不断改变。于是我开始有意地接触那些会让我"过敏"的食物，结果却发现自己根本没有任何过敏反应。不过，我从未就此事与母亲对质，光是想到要这么做，我就非常难受。

光是看到 MBP 的这一小部分统计数据就足以令人触目惊心。例如，MBP 的估计死亡率为 9% ～ 10%，所以它可能是最致命的一种儿童虐待行为了。在大约 75% 的案例中，母亲都是罪魁祸首，而祖母、保姆、养母和继母等女性群体则占据了剩余 25% 的绝大部分。在文献资料中，关于父亲和其他男性施虐者的案例不足 25 起（占比不到 3%）。MBP 的绝大多数施虐者为女性，关于这一点有很多假设，但主要原因可能是女性作为照顾者角色的时间要长得多，相应地，她们更容易在无人监督和无人目睹的情况下接触孩子。在受害者中，男孩和女孩的比例大致相当。

最初的术语"代理型孟乔森综合征"（Munchausen syndrome by proxy）是由英国利兹大学儿科教授罗伊·梅多（Roy Meadow）博士于 1977 年提出的，他因这一杰出成果而被授予爵位。他提出这个术语是为了将这些病例与成人做作性障碍及孟乔森综合征区分开来。业内大部分权威人士已经将梅多最早提出的"综合征"一词删除，因为这个词倾向于暗示 MBP 是一组症状，而不是一场科学上公认的公共卫生惨剧。后来，梅多博士自己也这样做了。

1993 年，MBP 作为一种"研究中的"精神诊断，被添加到 DSM-IV 的附录中，称为"代理型做作性障碍"（Factitious disorder by proxy，FDP）。时至今日，它仍在附录中，这意味着在 FDP 被正式确认为一种精神障碍之前，仍需进一步的研究。我个人的立场是，施虐者不可能患有 MBP 或FDP，正如不可能患有摇晃婴儿综合征这种疾病一样。换句话说，我将MBP 完全视为一种极端危险的虐待行为，而且拒绝使用 FDP 这个术语或将其纳入 DSM。有些人提出了替代方案，如"儿科病情伪造症""梅多综合征""波勒综合征"等，这么做只会加剧命名上的混乱。[波勒据称是孟乔森男爵的孩子（不过遭到男爵的矢口否认），他在童年时因不明原因夭折。]

在 MBP 中，儿童可能会经历大量不愉快且令人痛苦的诊断测验。他们可能还要接受大量无意义的药物检测和（或）手术，以及承担随之而来的风险。有些儿童在出生后的头 18 个月里就去了 300 次诊所，接受了 14 次住院治疗。最年轻的受害者出自伪造胎儿疾病的病例——一位 25 岁的女性在妊娠中期和晚期不断地谎称她的胎儿没有动静。这些说法导致了大量反复且不必要的检测，但所有检测结果均无异常，后来她的孩子也顺利出生了。

冲突，而非共谋

MBP 受害者往往以婴儿和学步期儿童为主，因为他们年龄太小，并且没办法说话。如果孩子开始说话并能够描述事物，那么施虐者暴露的概率会更高。不过，MBP 不一定会随着儿童语言能力的发展而终止。年幼的儿童并不总是能够看清事件或人物之间的关联，因此，一个遭受疾病折磨的孩子也许无法意识到是父母或其信任之人故意让他生病的。况且，就算是那些正常生病的孩子，他们的父母常常也得费劲地把药塞进他们的嘴里。因此，作为 MBP 目标的孩子未必能理解为何自己要被强行喂下催吐剂或泻药。此外，许多受虐儿童往往会将问题内化，他们会责怪自己而非父母，会觉得可能是自己做错了事才活该生病的，这一点已经得到广泛的认同。

稍大一点的孩子可能也不会透露自己生病的真实原因，因为他们会害怕自己一旦不生病就会被母亲抛弃（重申一遍，施虐者群体中占比最大的是母亲）。MBP 情境中还包含其他一些儿童虐待的典型成分，例如，受害者和施虐者进入了一种近乎共生的状态，这一点类似于人质和绑匪之间的特殊关系。这种现象被称为"斯德哥尔摩综合征"，我在第 8 章中曾介绍过。美国最著名的一个例子就是帕蒂·赫斯特（Patty Hearst），她在被绑架和折磨后，加入了绑架者的组织，还帮助他们的成员实施武装抢劫。同样，儿童往往也会保护施虐者，拒绝向可以拯救他们的医护人员和社会服务人员透露实情。梅多博士指出，随着儿童长大，他们或许真的会相信自己是残疾的，可能还会主动参与这些医疗骗局，最终患上做作性障碍。另一些儿童则会在成长的过程中出现创伤后应激症状或变得无法区分现实与幻想。

儿童身上所表现出的症状和体征包括：伪造或诱发的呼吸暂停（呼吸骤停）、癫痫发作、尿液中带有血液和细菌、持续性腹泻和便血、呕吐、皮疹、脱水、不明原因发热、抑郁、心律失常、细菌性关节炎、阴道和直肠出血、昏迷及心搏骤停。从 MBP 的研究中得出的最令人震惊的启示之一是，虽然确切数字尚不清楚，但一些婴儿猝死综合征（Sudden infant death syndrome，SIDS）导致的死亡（或称"童床猝死"）实际上是由过度 MBP 行为引起的；脸上的瘀伤或血迹表明这显然是他杀而非 SIDS。相关研究人员正在研究更细微的窒息指征。此外，在波士顿一家医院进行的一项研究中，托马斯·杜鲁门（Thomas Truman）博士发现，在 155 名反复遭受明显威胁生命事件（Apparent life-threatening events，ALTEs）的婴儿中，有超过三分之一实际上是 MBP 受害者。美国儿科学会发布了一项政策声明，所有死因不明的儿童都应接受专门检查，以确定是否存在致命的儿童虐待行为，包括 MBP。

在美国，最常见的遭受 MBP 的症状是呼吸暂停、癫痫发作、呕吐及腹泻。下面我将引用大学医学中心的两个案例来加以说明。

任人摆布的塔米卡

一位母亲在自己女儿塔米卡 6 个月大时就开始带她去急诊室。到 3 岁时，塔米卡已经因为所谓的呼吸暂停至少住院了 9 次。由于这位母亲对孩子病情的描述堪称以假乱真，因此医生忽略了正常的检查流程，直接给孩子配备了家用呼吸暂停监测器，并用强效抗惊厥药物来治疗这个孩子。[家用监测器背后触目惊心的伪科学后来在获奖的纪实类犯罪文学作品《无辜者之死》(*The Death of Innocents*)中得以曝光。]

到塔米卡 5 岁时，她的症状仍未见任何持续好转，医学专家和专科医生中开始有人产生怀疑。当地儿童保护机构探访了这个孩子的家庭，结果发现塔米卡的房间被她的母亲（曾经是一名护士）布置成医院的重症监护室的样子，甚至还配了一个家庭版病理实验室！最终获得塔米卡大部分病历的医生们了解到，她的母亲不仅报告了差点发生的 SIDS 症状，还报告了塔米卡的尿液和粪便带血、癫痫发作、低血糖、饮食习惯异常及排便和排尿不规律等一系列问题。他们发现，塔米卡接受了大量肺部、心脏、内分泌、胃肠、神经和泌尿系统的探查术。尽管塔米卡的检查结果一直显示正常，但母亲持续报告的症状迫使医生们采用各种令人骇然的药物来治疗她。在所有医生中，没有任何人知道还有其他这么多医生也参与了对孩子的治疗。此外，他们还发现，塔米卡的母亲毫无根据地安排她接受了物理治疗和作业治疗(Occupational therapy)[①]，甚至还为她申请了专为残障人士提供的特殊教育！

最终，医生们意识到，这位母亲之所以如此狂热地让他们相信塔米卡生病，是因为她本人在婚姻中感到非常不幸福，并体验到深深的被遗弃感。换句话说，塔米卡俨然成了母亲用来满足自己需求的一个操控对象。

---

① 作业治疗是康复医学的一个重要组成部分，指的是有选择、有目的地应用与日常生活、工作、学习和休闲等有关的各种活动来治疗患者躯体和心理方面的功能障碍。作业治疗的目的是通过促进患者必需的日常生活能力，发展、恢复、维持其功能，预防残疾。——译者注

尽管 MBP 不属于精神疾病，其行为表现却与做作性障碍、孟乔森综合征等疾病极为相似。施虐者常常伴有情绪或心理障碍，这些障碍有时可以通过治疗得到改善。其中最大的挑战在于让施虐者承认和接受自己的虐待行为。如果能实现这一步，并且施虐者真心想要改变，他们有时可以通过接受心理咨询学会更恰当的育儿方式。如果焦虑和愤怒是导致 MBP 的因素，那么减压和放松技巧会有助于缓解这些情绪。根据医生的报告，与大多数人相比，塔米卡的母亲确实从长期治疗中获益了，最终她可以安全地与女儿团聚。然而，奇怪的是，治疗她的精神科医生却很难阻止那些缺乏经验的医生为塔米卡开一些不必要的药物。

脱离险境的凯蒂

7 岁的凯蒂被她的母亲整整虐待了六年。其中有五年时间，这个孩子在不同的诊所和私人医生那里累计看病 126 次，并接受了针对数种疾病的治疗，其中之一就是在她耳内放置压力平衡管。最终是不明原因发热才让人发现她从 1 岁开始的这些疾病都是假的。按理说，不明原因发热会随着孩子年龄的增长而持续不退，但每次孩子一住院，她的体温就会迅速恢复正常。而包括血液、尿液、粪便和脊髓液培养在内的各种检测结果始终为阴性。

根据凯蒂母亲提供的病史，4 岁时，凯蒂开始服用治疗哮喘和过敏的药物。到 6 岁时，她接受了初级保健医生开的 5 种哮喘药物，连她的饮食也被限制在 10 种"安全的"食物范围内。除了被迫表现出来的症状，凯蒂并没有出现任何哮喘的迹象，对吸入性过敏原的皮肤测试结果也是正常的。

凯蒂和她的母亲、继父、继兄弟及继姐妹住在一起。她的继父是蓝领工人，母亲是急救医护人员。据说这个孩子病得实在太重了，根本无法上学，只能在家接受辅导。凯蒂一度出现严重腹泻和呕吐，需要接受静脉输液。随后，她出现了过量服用茶碱（一种哮喘药物）的症状。不过，她的母亲拒绝放弃对孩子生命体征的监测和对药物的管理，也不承认自己在最近这次医疗险境中所起的作用。然而，这些令人困惑、时有时无的身体问题及茶碱中毒的发作，最终引起医生的警觉。

医生将凯蒂送入了儿科重症监护病房，并通知了她的继父、儿童保护服务机构、法律顾问和她的初级保健医生。调查发现，这位母亲在童年时期曾遭受长期虐待，并且成年后又曾遭受第一任丈夫的虐待。调查证实，确实是母亲诱导了孩子那些骇人的症状和体征。通过将自己的生活无私地奉献给这个"生病"的、需要"帮助"的孩子，她在世人眼中成为一个满心关爱、忘我付出的伟大母亲，与她自己那虐待成性的母亲形成了鲜明的对比。

在法院为凯蒂安排了替代照顾后，她在没有药物的情况下得以茁壮成长，也可以定期上学了。

梅多博士曾写道："我们也许会教导大众（我认为也理应如此倡导）——母亲往往是对的。但与此同时，我们必须认识到，母亲一旦犯错，后果会相当严重。"梅多博士警告说，发现一个孩子是 MBP 受害者的过程相当缓慢，采取干预措施的时机取决于医生能够收集到的证据数量及孩子所面临的危险程度。

疾病狂徒

正如我们所看到的，MBP 中的虐待行为的严重程度可以从令人惋惜一直延续到惨绝人寰。疾病伪造涵盖了我们在第 2 章介绍过的所有操作，包括夸大病情、虚假报告、伪造症状、模拟症状和（或）体征、掩饰、加重及诱发症状或疾病等行为。夸大和虚假报告并不一定比加重或诱发疾病的危害小，因为它们给孩子带来的最终后果可能是一样的：被误导的检查、药物治疗、外科手术，以及被束缚在患者的角色上。此外，主要选择某一种操控类型的施虐者也会根据情况实施其他任何形式的操控行为。

母亲可能会将自己的经血放入孩子的尿液样本中，或者将粪便注入孩子的静脉血管。包括处方药和非处方药在内的大量物质，都能被施虐者用来引发各种躯体症状：使用利尿剂诱发头晕、用催吐药或盐进行催吐、用麻醉剂引发呼吸困难、用泻药制造顽固性腹泻、用巴比妥类药物引起嗜睡、用抗抑郁药触发昏迷，以及用胰岛素制造低血糖症状等。一位母亲刺破自己的手指并将血液加到她5岁孩子的尿液中，因为她知道这样做会让检测结果显示泌尿系统出血。另一位母亲则通过在自己孩子的尿液中加入糖和丙酮来制造糖尿病的假象，她还通过给另一个孩子下药，诱发真正的癫痫。还有一些母亲通过阻塞孩子的呼吸使其大脑缺氧，从而导致癫痫发作。

有这样一个案例，一位母亲竟然通过强制训练而非药物成功诱发了癫痫发作。她年仅4岁的孩子告诉老师和同学自己患有癫痫，并且多次被发现倒在学校的地上，像癫痫发作一样浑身颤抖。然而，只要有人提到他最喜欢的食物，他就很容易被唤醒，这不禁引起了大家的怀疑。后来，他告诉老师，是母亲教他如何假装癫痫发作的，而且还在他这样做时用糖果奖励他。在被送到寄养家庭后，这个孩子的"癫痫"也随之消失了。

在伪造疾病的真相被人揭露之前，孩子们所忍受的痛苦往往比这个4岁男孩要多得多。他们往往会经历一些不必要的手术治疗，如部分肠道切除和胰腺切除。有个孩子背部出现了奇怪的溃疡，治疗了五年都不见效。直到很久以后才有人发现，孩子的母亲一直在他的皮肤上涂抹烤箱清洁剂。

另一位母亲则通过篡改检测结果，从真正的囊性纤维化（一种会侵蚀黏液和汗腺的遗传病）患者那里偷取痰液，让她的孩子看起来像患了这种病。还有一位母亲给她的孩子服用催吐药，使其表现出贪食症的一些症状。

有一个案例的罪魁祸首是位父亲，该男子声称他 11 岁的儿子有长期的囊性纤维化病史。这个说法很快就被化验结果推翻了。面对质疑，这位父亲很快就放弃了自己的说辞，这与母亲施虐者的态度形成了鲜明的对比，后者往往会死不认账。还有一位父亲将煮熟的肉添加到儿子的尿液样本中，以制造血尿的假象。

📑 家庭的枷锁

医学调查人员警告称，有时，判断一个孩子是 MBP 受害者的最初指征是家庭中有一个已经去世或长期"生病"的兄弟姐妹。因为当一个家庭中有多个孩子时，虐待往往不会局限在一个孩子身上。在一个典型案例中，调查人员发现 MBP 影响了 4 个兄弟姐妹，其中老大在 2 岁时去世，老二在 12 个月大时去世，老三在 MBP 被发现之前已经遭受了六年的折磨。在另一个案例中，一位母亲多次带她的双胞胎婴儿去看医生，声称他们在吐血。当其中一个婴儿住院时，她报告说孩子吐血，并展示了血迹斑斑的衣物作为证据。母亲和孩子的血型不同，而分析显示衣物上的血迹并非孩子的，而是母亲本人的。后来，她被当场逮到用针刺破其中一个婴儿的嘴唇以造成出血。由此，孩子们才被保护服务机构带走。这位母亲后来又向医生谎称自己在咳血，似乎她对这种疾病非常执着。在一个家庭中，调查人员发现一个 1 岁大的女孩被非法注射胰岛素。医生随后查看了她兄弟姐妹的病史，发现 4 个家庭成员中共有 30 起伪造疾病事件。

发生在澳大利亚的一个案例进一步证实了同一个家庭中存在多名 MBP 受害者的情况。一位妇女的儿子在出生后的 18 个月里累计住院 18 次，她的女儿在出生后的 9 个月里累计住院 15 次。当有人目睹她想要掐死女儿时，警方才得以介入，最终当事人被判处六年监禁。

2003 年，玛丽·谢里登（Mary Sheridan）博士发表了一篇涵盖 451 个案例的文献综述，其中充斥着各种危及生命的事件。她最触目惊心的研究发现与这 451 名受害者的 210 名已知的兄弟姐妹有关。该研究证实，一旦发现有一名受害者，那么同一肇事者所照顾的其他孩子的安危也令人担忧：在所有这些兄弟姐妹中，25% 被证实已死亡（无论死因如何），61% 要么具有与受害者相似的症状，要么具有其他来源可疑的症状。我们有充分的理由相信，即使不是大多数，也有许多已故的兄弟姐妹都属于未被发现的 MBP 受害者。一般来说，只有当家庭中出现一个或多个孩子死因不明或蹊跷时，当局才会意识到这个家庭反复遭遇的不幸可能是由令人发指的犯罪行为导致的。

📑 施虐者的特征

对已证实案件中肇事者特征的分析结果十分出人意料。尽管这些人的行径令人不寒而栗，但大多数 MBP 母亲表面上看起来完全正常。即使是在精细的心理测验中，她们也不一定表现出任何方面的异常，因此对 MBP 的诊断来说，精神和心理检查通常是徒劳的。

正常的母亲和潜在的凶手之间具有很多不同之处，后者很可能会因检测结果为阴性而被激怒。还有一个重要的信号就是，后者对于让孩子接受侵入性治疗往往会表现出匪夷所思的迫切渴望。如果没有充分的解释说明，大多数照顾者都不愿接受对孩子采取会带来痛苦的干预手段，这是人之常情。

此外，在 MBP 中经常出现的一种模式是：孩子生病，母亲会连续好几天待在医院。然后，她会感到筋疲力尽，并在工作人员的劝说下回家休息。在母亲不在的这段时间里，孩子会突然好转。几天后，母亲回来，孩子又会病得很重。由此可见，症状的出现与母亲的存在密切相关。

自学成才的凯莉

凯莉是一位母亲，她时不时就会带自己的 3 个儿子去看医生。虽然她的丈夫有一份收入不错的工作，但她还是得找一份兼职工作来支付超出保险范围的那部分医疗费用。她报告了一些含糊不清的症状，如脸色苍白、头痛、疲倦和扭伤等，并坚持认为这些症状是男孩们患有慢性疾病的迹象。

随着孩子们一天天长大，凯莉主诉的孩子们的症状也越来越严重，包括哮喘、慢性过敏、鼻窦炎和关节炎。然而，除了一些确切的运动损伤和偶尔的感冒，医生从未发现孩子们有其他任何问题。但凯莉坚持说孩子们病了，而医生的诊断是错误的。于是，她不让孩子们上学，还限制了他们的活动。她还设法说服医生根据她对孩子们症状的描述为他们开抗生素和其他一些药物。凯莉在家里放了一本医学参考书，并经常翻阅检索，好让症状能与疾病对得上。

凯莉，这位看上去由衷地关心孩子、充满爱心的家长，承认自己一直想成为一名护士，却因为孩子总是生病而无法进入校园实现自己的梦想。她对医学抱有浓厚的兴趣，并经常陪同亲友去看医生。在儿子们进入青春期后，她的虐待行为逐渐减少，他们已经长大到可以拒绝为了一些无关紧要的小事而去看医生了。不过，其中一个孩子已经表现出了做作性障碍的迹象。在没有母亲指使的情况下，他也会主动报告一些模糊不清的症状。

动机

MBP 犯罪者的动机是其对情感满足的强烈渴求，具体如下。

这些人也许只是热衷于 MBP 给自己带来的关注。孩子生病给他们造成了某种幻觉，他们误以为孩子的疾病会让自己出名，并陶醉在医护人员或社区对他们尽心竭力养育儿女的赞誉中。

孩子的父亲可能在情感上对孩子及其母亲都很冷淡，对孩子的疾病漠不关心甚至毫不知情。父亲可能是个传统的大男子主义者，认为跟养育孩子有关的所有事情都是妻子一个人的责任，而且还觉得自己专一、可靠、能养家糊口，因此把自己当成一位伟大的父亲。于是，母亲就想通过在孩子生病的逆境中坚持不懈地照顾他们来证明自己的价值。

孩子的病情可能会让父母之间的关系变得亲密。面对孩子生病这一共同困难，父母会停止争吵，团结起来。这种亲密的关系可能会让妻子很满足，所以她会通过让孩子继续生病来维持这种关系。

有些 MBP 母亲认为是孩子妨碍了她们，使她们无法获得满意的社交生活。孩子反复住院让这些母亲得以逃离为人父母的责任。

MBP 使这些施虐者不仅能对自己的孩子，还能对他们所认为的导致其生活不如意的其他人"合理地"发泄愤怒。例如，她可能会怪罪自己的父母，而外孙子、外孙女患上疑难杂症能让老人家心烦意乱，于是她就会通过确保孩子永远无法被治愈来"惩罚"自己的父母。

还有些人则需要感受到孩子对自己完全的依赖，她们会通过诱发疾病迫使这种依赖关系持续下去。

许多人在操纵高地位的专业人士（如医生）和知名医疗机构（如美国梅奥诊所和克利夫兰诊所）时会获得极大的满足感。他们还可能通过吸引律师、法官和其他法律界人士及电视媒体和报刊记者的关注来获得情感上的满足。

大多数案例都含有一定程度的施虐成分，这一点完全在意料之中，尤其在那些导致反复且痛苦干预的情况中。我认为，一个人被反复逼到死亡的边缘——这正是许多 MBP 案例中发生的情况——被称为"折磨"再恰当不过了。在这种情况下，我主张刑事法庭应摒弃"代理型孟乔森综合征"这个术语，并毫不犹豫地为受害者所遭受的折磨提起诉讼。

有趣的是，施虐者也并非一定要跟医疗机构有所接触。假如仅仅让其他人误以为她的孩子生病就能让她获得足够的满足感，她就用不着带孩子去做实际的检查和化验了。有位母亲在将近两年的时间里一直谎称自己的孩子患有癌症。她剃掉了孩子的头发来模仿由化疗引起的脱发，给孩子服用镇静剂，让孩子看上去"迷迷糊糊"（并声称这是放射治疗造成的脑损伤），还接受了来自所有听她故事的人（整个镇子乃至更远地方的人）的祈祷。最终，这位母亲交给孩子学校的那张粗劣滥造的医生证明暴露了她的谎言。那张证明上满是拼写错误和医疗常识错误。很快，这位母亲便承认自己编造了上百个大大小小的谎言，好让众人被她的孩子与癌症抗争的虚假故事所吸引。

📖 演变形式

多年来，MBP 已经发展出了多种不同的形式，这让医生们不得不敦促所有医护人员保持警惕。如前所述，MBP 受害者也会涉及宠物。兽医们也发现了类似 MBP 的情况，一些女性，通常是中年女性，会在她们的宠物（通常是狗或猫，但有时也会是马、山羊或其他动物）身上伪造医学症状和体征。对许多人来说，宠物是孩子的替代品，让宠物生病也是与宠物医生保持关系的一种方式。宠物的主人几乎不用为此承担任何法律责任。据我所知，已经有虐待宠物的主人以明显的 MBP 模式伤害或杀死了十几只动物。还有一位宠物的主人在互联网上吹嘘自己与兽医之间的频繁联系，并且当兽医把自己的家庭地址和电话号码发给她以防在下班时间宠物再次出现意外时，她简直欣喜若狂。然而，意外很快就发生了。

1980 年，以色列出现了一种特殊的 MBP 形式，并导致了医学界已知的首例"成人代理型孟乔森"事件。此案例的主角是一名 34 岁的男子，他通过在妻子的咖啡中放入安眠药来诱发她的疾病。在给她注射镇静剂的同时，男子还在她身体的不同部位注射汽油，以此来造成脓肿。这个施虐者假借照顾妻子的名义，几乎全天候守在妻子的床边。最终，妻子死于他所诱发的疾病，而他谋杀的行径却并未被识破。

三年后，这名男子雇了一位保姆来帮他照顾女儿。后来，他向保姆求婚了。当保姆表示对他的提议并不感兴趣时，他随即在保姆的咖啡中下药，并在她的乳房、脖子和臀部注射汽油。经过大量的化验和检查，男子的罪行终于被揭露出来，他也因谋杀妻子和袭击保姆被判处 46 年监禁。这名男子被公众称为"汽油注射者"。

📖 监控的作用

位于美国康涅狄格州纽黑文的耶鲁大学医学院的医生们正着手抓捕一

位母亲，他们要找到证据来证实正是这位母亲导致其儿子患上慢性腹泻的。这个 18 个月大的孩子出生仅两天就出现了严重腹泻，3 个月大时首次住进当地医院。随后，这个孩子被转移到耶鲁 – 纽黑文医院就医，在那里接受了昂贵且全面的细菌、放射学、内分泌和代谢研究，所有结果均显示正常。两个月后，这个孩子的腹泻突然停止了，他被送回了家，并在家中健康地成长了六个月。后来，这个孩子又因腹泻再次入院接受治疗，此前他因中耳炎而接受了多种抗生素治疗但未见成效。

由于情绪激动且体重不足，这个孩子无法自主进食，他不得不通过导管进食，还服用了大量的止泻药。然而，他的腹泻仍无法得到有效的控制。作为对这种消耗性疾病病因调查的一个环节，医生们检查了这个孩子住院时方方面面的情况，并注意到当他睡觉或离开房间接受检查时，腹泻就会有所缓解。这个孩子所有腹泻发作的共同点就是他的母亲，这位警觉的监护人日夜守在儿子身边，协助医护人员照顾他。她在医院待了相当长的时间，与一些护士也成了朋友。这位母亲抱怨自己的丈夫吝啬且对她漠不关心，因此这些护士会给她一些吃的还有一些钱。

医生们也劝说这位母亲回去休息一下。她大胆预测儿子会在她离开期间有所好转。果然，孩子的病情得到了改善，但母亲一回来，他的腹泻就又复发了。

这个案例给孩子的医生们带来了一连串不寻常的情况，他们迫切地想要帮助他。同样，他们也采取了孤注一掷的手段来根除他那顽固疾病的病因，因为他们担心这病可能会致死。他们不愿接触孩子的父亲，因为他们不确定他是否也跟孩子的疾病有关，或者是否会威胁他的妻子。医生、护士、医院的工作人员及一名社工联合起来收集他们所需的证据，这对于保护服务机构成功介入至关重要。在医院律师和管理人员的指导下，医院的安保团队为孩子安装了视频监控，这种方法在另一家医院已经得到有效的应用，该病例涉及一对反复出现心搏骤停的 MBP 双胞胎受害者。

私人病房的病床上方安装了一台闭路摄像机，有工作人员会密切关注情况。一旦发现母亲有任何危险的举动，他们就会联系保安人员并与她当面对质。没过 24 小时，摄像机就拍到男孩的母亲用注射器给他口服了三剂药物。她随即被拘留，经过对孩子房间的搜查，他们发现了注射器及若干种引发腹泻的物质。

医生们一直担心这位母亲在面对质询时会对自己或孩子做出什么不利的事情，因此他们事先通知了精神科急诊室的医护人员，请他们准备好应对突发状况。正如预料的那样，在铁证面前，这位母亲开始发狂，最终医护人员只能将她收治才让局面得以控制。在母亲不在的情况下，孩子的腹泻再次停止，并被交由父亲监护。

这位母亲住院后，她那复杂的个人病史才终于浮出水面，其中涉及多次原因不明的住院和手术治疗。她曾是一名护士助理，但因偷窃患者的药物被解雇，还声称自己有晕厥和长期失眠的问题。在两次怀孕期间，她曾因严重的呕吐和腹泻住院，病因却一直无法查明。她的病历显示，就算她不是孟乔森综合征患者，也有明显的做作性障碍病史。儿子出生后，她决定利用儿子的身体而不是自己的身体来欺骗他人。而她的这种行为已构成儿童虐待。

住院期隐秘视频监控（Covert video surveillance，CVS）是医护人员证明 MBP 最行之有效的方法。在英国和美国，CVS 在识别 MBP 方面已取得巨大成效，并且只要按照书面协议来应用就是符合法律和伦理规范的。在英国，儿科医生戴维·索撒尔（David Southall）及其团队在两家医院使用 CVS，并在 39 起疑似诱发病症的案件中发现了 33 起危及生命的儿童虐待事件。在美国，戴维·霍尔（David Hall）医生及其同事审查了亚特兰大一家儿童医院 5 年的 CVS 数据后得出结论：大多数 MBP 病例都需要 CVS 来做出明确和及时的诊断。他们还强调了此举的重要性和必要性："如果缺少这种医疗诊断工具，许多案件将无法被发现，这会令很多儿童处于危险之中。所有三级儿童医院都应该配备相关设施，在疑似案件中使用 CVS。"

面对视频证据，案犯们可能会声称自己"第一次"做这种事；或者，他们可能会将窒息解释为"拥抱"或将故意损坏静脉输液管解释为"只是在整理输液管"。因此，拍摄视频也许仅仅是个开始，接下来还需要进一步的医学调查。在其他家庭成员和护理人员的帮助下，通过调查儿童患者及其兄弟姐妹过往的真实经历，医生往往能揭开故事的完整面貌。此外，"第一次""拥抱"及"整理输液管"这类说法通常是案犯们垂死挣扎的狡辩，因此基本上已经失去了可信度。

为谁奔走呼号

尽管上文提及的那位母亲没有受到刑事指控，但另外一些让孩子遭受 MBP 的母亲确实受到了应有的惩罚。显然，包括谋杀在内的虐待行为都应当得到刑事起诉。然而，由于 MBP 案件中的受害者通常无法为自己发声，因此这类起诉并不常见。在许多案件中，母亲能够动员律师、吸引媒体、给政客写信。令人震惊的是，她们往往能将自己描绘成受害者。只有在十分特殊的情况下，地方检察官才不会坐视不管。例如，在一起知名案件中，美国佛罗里达州的凯茜·布什（Kathy Bush）因长年使她的女儿珍妮弗（Jennifer）生病而被判犯有危害儿童罪。她还以贫困为由挪用州医保基金来购买摩托车和游泳池。执法部门早些时候的调查被中止了，因此，截止到定罪时，珍妮弗已经接受了几十次手术、200 次住院治疗。由于布什夫人热情昂扬地投身于写信运动，珍妮弗一度成为美国国家医疗改革的代言人，还受到了时任第一夫人希拉里（Hillary）的接见。一位著名的棒球运动员被布什夫人的困境所感动，成了珍妮弗的"第二位父亲"，这也引起了更多媒体的关注。当保护服务机构和执法部门最终明确介入时，他们发现珍妮弗那些匪夷所思的健康问题在与母亲分离后就完全消失了。布什夫人被证实曾反复给珍妮弗下毒。随着医疗专业人士、执法机构和司法系统对 MBP 认识的不断提高，越来越多犯下此类罪行的父母遭到起诉和监禁。凯茜·布什现正在服五年刑期。在母亲入狱前不久，珍妮弗被安置在寄养家庭，还给审理此案的法官写了一封义愤填膺的控诉信来表达对母亲的不满。

一些专业医护人员指责医疗、法律和社会服务界与 MBP 施虐者沆瀣一气，因为他们对这种虐待形式一无所知，也未能迅速干预。在一篇论文中，巴兹尔·J. 斯塔利（Basil J. Zitelli）医生等人强调了 MBP 行为早期识别的重要性，以帮助医疗专业人士避免沦为施虐者"不知情的同伙"和虐待的"专业参与者"。他们还强调，所有相关医护人员都要广泛参与，才能有效确认具体案件中导致这类虐待行为的种种因素。

有效识别 MBP 有赖于对这一现象的深入了解。在 1988 年对儿科护理人员进行的一项研究中，有 55% 的受访者甚至从未听说过 MBP，超过 70% 的受访者表示自己无论在职业还是个人方面都尚未准备好应对这种情况。1996 年对社会工作者和家庭医生的一项研究结果也好不了多少，尽管这一术语本身正日益为专业人士和普通大众所熟知。广泛的教育是早期识别和治疗的关键所在，而进行科普教育也正是本书的主旨。

与做作性障碍一样，MBP 可能涉及捏造或制造心理和（或）行为症状，而不仅仅是躯体上的疾病。例如，一位父亲暗地里给他的孩子服用镇静剂，然后谎称这个孩子会无缘无故地昏昏欲睡、注意力不集中，急需得到针对发育障碍患者的医疗服务。

贝萨妮的"丰功伟绩"

一名女子讲述了自己的嫂子贝萨妮的两起更加令人不寒而栗的案例。

自孩子们出生那天起，贝萨妮就一直"代理"着他们。目前，她已经把两个孩子都送入精神病院，还想让医生相信他们患有精神疾病。贝萨妮声称自己青春期的女儿患有双相障碍，伴有躁狂发作。她说女儿有暴力行为，但我们从未目睹过。她坚称两个孩子都患有注意缺陷/多动障碍（Attention deficit/hyperactivity disorder，ADHD），并坚持要给他们用药。最近，贝萨妮又声称她的女儿会听到一些声音，那些声音告诉女儿要杀死自己的弟弟，女儿还经常殴打弟弟并试图杀害他。几个月前，贝萨妮把儿子送进了精神病院，因为她声称儿子说自己出现了幻听。我在这个男孩入院的前一天和他本人交谈过，他当时心情不错，状态也良好。男孩的祖父母和叔叔婶婶会经常去探望他，并说孩子去他们家时显得很放松。除非贝萨妮在场，否则她不允许任何人来探望孩子们，这样他们就无法告诉我们到底发生了什么。

关于贝萨妮第一次送儿子去的那家医院，她说之所以让儿子转院是因为她看到有一名护理人员踢了一个孩子。但事实上，她让儿子转院是因为她想让儿子做各种检查，而且儿子已经开始谈论母亲对他做的那些事情。

贝萨妮欠了她的父亲几千美元，这是她的父亲为避免她因挪用公款入狱而借给她的，而现在她的父亲急需这笔钱。结果她在九年后才开始还这笔钱，而父亲一直都不敢质问她，因为他担心她会不还钱。贝萨妮还威胁她的母亲，说如果母亲敢暗示她对孩子们做了什么，就永远别想再见到外孙子、外孙女或听到他们的任何消息。

大约在三周前，她又把儿子送进了另一家住院机构。我们还想提醒工作人员，但他们似乎对 MBP 一无所知，也不愿意接受这些信息。我们似乎也束手无策了。

贝萨妮是一位非常典型的施虐者，她通过恐吓来防止孩子、亲戚及专业人士阻止或举报她的虐待行为。贝萨妮的孩子是青少年，比大多数受害者的年龄要大一些。尽管如此，她还是通过严格限制孩子交谈的对象和讨论的话题，有效地控制了他们发声的能力。贝萨妮会蓄意将孩子们所呈现的问题解释给医疗专业人士听，并巧妙地利用它们来削弱孩子们的可信度。通过谎称女儿曾考虑杀害自己的弟弟，贝萨妮轻易地影响了专业人士的行为，让他们将姐弟俩分开。这种说法也可能影响了男孩对自己姐姐的信任，从而减少了他向姐姐寻求支持的可能性。

无论 MBP 表现在躯体上、心理上还是行为上，怀疑存在 MBP 行为起初可能都会激怒很多医护人员。因为没有人愿意接受自己竟然会被人如此愚弄。此外，在美国这个法律纠纷盛行的社会中，医生会担心如果提出 MBP 指控，结果却被证明是错误的，他们可能会面临怎样的后果。纵使铁证如山，有些工作人员仍然不愿相信家长竟是孩子生病的罪魁祸首。像烧伤或瘀伤这类明显的儿童虐待证据并不常见。而且，这些案件又因伪造孩子的病史和背景而变得扑朔迷离。在家长所提供的信息中，唯一准确的可能只有孩子的出生日期了。

🗐 预警信号与鉴别技巧

....

以下是 MBP 最关键的一些预警信号。一般我们会假设母亲很可能是施虐者，而孩子是受害者。

- 只有在母亲与孩子独处时或独处后不久，症状和体征才会出现。（疑似 MBP 肇事者及相关人员经常会声称，同时还有他人也可以证实"看到了问题"，如孩子的呼吸暂停。这种说法表面上真假难辨，因此我们要确认目击者是否确实在孩子从"正常"状态转变到出现症状的第一时间就看到或听到所发生的事情。）
- 一旦母亲与孩子分开，问题就能得到解决（如进行阳性分离试验）。
- 家中有其他孩子曾患有病因不详的疾病或因不明原因死亡。
- 检测和治疗数据显示存在伪造或人为制造的问题。例如，进行专门的血液检测有助于确认是否使用了非必要的胰岛素或其他药物。
- 现有问题一直无法得到有效的治疗（一位 MBP 母亲曾夸口说，尽管已经进行了 52 次抗生素治疗，她孩子的感染依然存在）。
- 母亲被证实提供虚假信息或捏造症状和问题。
- 母亲有伪造或诱发自身疾病史（甚至可能患有孟乔森综合征）。
- 疾病唯一可能的诊断属于极其罕见的情况。

以下技巧可以显著提高鉴别的准确性。

- 将孩子与母亲分开，观察疾病是否会持续（但孩子本人可能会拒绝分开，或者在重新见到施虐的父母前表现得冷漠和被动）。
- 分析过往的医疗流程，寻找疾病与母亲在场之间的时间关联。

- 保留选定样本和一些日用品以备详细调查（例如，检查母亲自己调制的婴儿配方奶粉中是否存在有毒物质）。

- 一旦出现 MBP 相关疑问，立即寻求精神科咨询——哪怕只是为困惑的医护人员提供支持。

- 在孩子的病房附近安排一名护士，观察母亲与孩子的互动情况。

- 如果有可能，尽量询问孩子本人。

- 进行一些专项检测。例如，检测孩子粪便中的泻药；查看尿样中的血液是否与母亲（而非孩子）的血型吻合；进行脑电波（Electroencephalogram，EEG）检测，这或许会揭示秘密给药对大脑的影响。

- 在定期随访期间，找时间与孩子的母亲相处。在此期间，温和地询问关于母亲本人和孩子家庭生活的一些问题或许会有所启发，并让医生和工作人员了解虐待的可能动机。

- 考虑其他可能性，例如，母亲可能过度焦虑但并未造假，或者母亲误以为给孩子用的药物完全是良性的，结果却产生了副作用并导致了症状。另一种可能性是代理型诈病，即母亲伪造孩子的疾病以获得现金捐赠等实质利益。例如，美国俄亥俄州的特蕾莎·米尔布兰特（Teresa Milbrandt）靠伪造女儿的白血病获得了数千美元的捐款，甚至让女儿接受死亡辅导，尽管米尔布兰特夫人一直知道孩子是健康的。她最终被判处六年多监禁。

- 如前所述，使用 CVS。

📑 校园中的 MBP

....

我在本章介绍过，MBP 还可能发生在医院和诊疗室之外的其他环境中。正如在许多案件中，教友及其他一些团体成员可以提供当事人所需的同情一样，MBP 也可能涉及学校和其他教育项目的相关人员。

这个领域内已经有越来越多的人认识到，学校可以为 MBP 的肇事者提供近乎理想的作案环境，这一点在我自己的临床实践中也得到了验证。一般来说，母亲都会告诉校方，她们的孩子患有严重的生理疾病或情感问题，如智力障碍、学习障碍或身体上的残疾。与此同时，这些施虐者还会要求学校为孩子提供专门的课程和教师、个人辅导、持续的护理服务、超出正常服务范围的通勤服务，管理孩子复杂的日间药物剂量，以及 / 或者让孩子接受精心挑选的专业人士提供的密集心理咨询服务。这些服务显然是完全没有必要的，同时也浪费了学区有限的资金。例如，在一个案例中，一位母亲要求一名注册护士在上学期间全程陪在她的孩子身边，当学区领导指出孩子在学校看起来安然无恙时，这位母亲向包括州长在内的无数地方和州官员投诉学区领导对她残疾女儿的歧视行为。她的请求被批准了，不过，在咨询了我之后，这位学区领导打算重新审查这件事，如今她已具备了 MBP 的相关知识。因此，正如一些 MBP 肇事者在自己的要求（想要采用侵入性治疗和更加强效的处方药）无法得到满足时会不择手段一样，另一些施虐者也会蓄意给敢于提出疑问、真正关心孩子切身利益的教育工作者及校方人员制造难以解决的麻烦。在下面的案例中，教师戴安娜描述了自己深陷 MBP 泥潭的真切感受。

戴安娜的悲惨遭遇

我是一名教师。我的班上有这样一个学生，她母亲的行为符合所有 MBP 的预警信号。这个名叫莫莉的孩子今年 6 岁。她的母亲声称莫莉有严重的情绪问题，而且治疗的效果不佳。我观察了莫莉无数个小时，从未发现她有任何精神疾病的迹象。她母亲说她给孩子服用了一些在美国禁用的药物。显然，她还对此感到沾沾自喜。她带莫莉去看了很多心理医生和精神科医生——她真的看过太多医生了。她特别热衷于事无巨细地谈论莫莉的"问题"，甚至包括给莫莉服用的那些微量药物。

这位母亲与社区内其他真正的精神疾病患儿的父母非常熟悉，据说她正在写一本关于这个主题的书。她每天都要在我的教室里待上几小时以监视莫莉，直到我请了一位学区监督员来强制要求她离开。她每天早上都控制不住地要闯入我们班的教室，扰乱课堂秩序，让我们所有人都不得不关注她和她的女儿。

这位母亲关于如何具体地照顾莫莉的要求非常强势且极为苛刻，这让我不得不再次寻求学区的干预，因为我担心自己和其他孩子的人身安全会受到威胁。莫莉的父亲很少露面。我只见过他一次，全程都是莫莉的母亲在讲话。这个女人痴迷于让人们觉得她是一位无比伟大的母亲，会不厌其烦地述说她如何致力于女儿的"疾病"及她所做出的种种牺牲。

有一天，她声称自己是律师，这是她以前从未提到过的，她还表示她清楚自己在教育孩子方面的合法权利。她又编造了一些我如何伤害莫莉的故事，而校长完全没有询问我本人，单凭她的一面之词就相信了她。鉴于这种情况，我已经准备提出辞职了。

在这种情况下，我建议戴安娜要求校方领导尽快联系她所在地区的 MBP 顾问进行咨询。我还指出，有些州的法律会强制要求教师向儿童保护机构上报涉嫌虐待的情况。然而，鉴于暂时还不确定孩子的生命或身体是否受到威胁，我认为她应该先与上级讨论好处理方案，并且最好是能跟顾问一同协商讨论。我建议，作为虐待行为报告的一部分，她或她的委托方要充分了解当地儿童保护机构和调查工作人员可能存在的对相关知识的欠缺问题，并准备好给他们"科普"她所了解的内容。

确定是 MBP 无疑吗？有关误判的一些注意事项

本章前文已经提过 MBP 误判的可能性。1999 年的一篇对已发表报告的综述研究表明，在大约 3.5% 的案例中，MBP 行为并未发生却被人误判。举例来说，即使是那些十分熟悉 MBP 的医疗专业人士，可能也难以将 MBP 母亲和那些发自肺腑地关爱孩子的母亲区分开来。有些母亲并非蓄意欺骗而是出于关心则乱的缘故，在无意间夸大了孩子身上的一些小问题。在这种情况下，MBP 可能会被误判。关键的区别在于：与 MBP 的施虐者不同，后者只是希望自己的孩子能尽快得到治疗和护理，而一旦医生发现孩子没有问题时，她们会特别高兴。这些母亲可能不会给孩子用诸如抗生素之类的急救药物，这并不是因为她们想让潜在的疾病恶化，而是她们担心药物的副作用或根本就不清楚不遵医嘱的后果。进行一定的科普教育往往会有助于解决这种非 MBP 行为。有些孩子（如哮喘病患儿）的症状和体征会时断时续，他们在家可能会哮喘发作，但到了医生的办公室里就呼吸正常了；这种现象仅代表了潜在疾病的易变性，我们不要想当然地将其当作 MBP 来处理。此外，年龄大一些的孩子可能会通过自行装病来获得关注或逃学，他们的行为并不意味着父母一定参与其中。甲氧氯普胺和西沙必利之类的处方药可能会引起呼吸困难、心律失常、肌肉和运动异常甚至猝死，这些潜在的副作用可能也会被错误地归咎于 MBP（后一种药物已从美国市场撤出，前者仍经常被用于治疗有消化问题的儿童——在不过度使用的前提下）。一些患有罕见遗传疾病的儿童也会被误判为 MBP 受害者，这其实在所难免，因为他们的病症根源很难查明。

显然，错误的指控会给父母带来灭顶之灾，一个美好而充满爱的家庭可能会因此而分崩离析。有位孩子的脑部疾病最初被人怀疑是蓄意伪造的，她的母亲写道：

基本上我算是一个足球妈妈①。可突然间，一名社工把我们所有的孩子都带走了，我不得不为自己的养育方式辩护。你要如何证明自己不是一个糟糕的家长呢？在法庭听证会后，孩子们被送了回来，可我们的生活再也回不到从前了。我们的女儿有权通过州政府获得特殊服务，但我们害怕为她极力争取那些权益。我们担心所有的孩子，他们每一次正常的磕碰和擦伤都会让我十分恐慌，我担心自己又会被人当成施虐者举报。我们整个家都需要接受心理咨询的帮助，可我们就是很难再相信任何人，因此也无法得到所需的帮助。我们在躲避这个世界。回想起来，处理 MBP 指控比治疗我们女儿的疾病还要困难。

---

① 足球妈妈（Soccer mom），这个词最初用来描述那些开车载孩子去踢足球并在一旁观看的妈妈，后引申指家住郊区、已婚且家中有学龄儿童的中产阶级女性。此外，足球妈妈给人的印象是把家庭的利益，尤其是孩子的利益看得比自己的利益更重要。——译者注

📑 觉察、响应与负责

尽管上一节我们介绍了一些注意事项，但在许多情况下，MBP 行为依然是真实存在的。玛丽·谢里登博士对大量 MBP 文献所做的综述研究我在前文中已经引用过了，而她本人就亲身经历过 MBP 给儿童和专业护理人员带来的毁灭性影响。她发现令人难以置信的是，居然还有包括儿科医生在内的一些医疗服务人员会不相信 MBP 这种行为的存在。于是她提出了以下这些重要观点。

我认为，专业医护人员必须亲身接触 MBP 行为才能深刻理解它是真实存在的，并对它进行更多的了解。处理 MBP 的经历极其痛苦也十分困难，尤其是在你最初对它一无所知的时候。大多数人，包括很多精神卫生和医疗专业人士在内，都不了解这种虐待行为的真实情况。我们对 MBP 的科普宣传还远远不够。

我的第一个病例就属于非常困难的情况。当时我们怀疑一位母亲通过捂住孩子口鼻的方式制造孩子呼吸暂停的假象，尽管我们从未证实这一点。典型的呼吸暂停的婴儿一般不会有严重的发作。即便有，最多也只会出现一两次。经过适当的治疗，孩子的病情应该会有所缓解。但据孩子的母亲所说，这个孩子不断出现非常严重的发作，所以我们无法让孩子就这样离开医院。每次孩子回家后，她的母亲就会报告孩子又一次出现了严重的发作。

当呼吸暂停频繁复发时，一般来说，护理人员的脑中会出现一个清单，用以确定发作的病因。我们会从最可能的病因开始逐一排查，直到最不可能的病因。而被人为诱发症状的孩子通常不符合这种筛查模式。患者的检查结果会显示一切正常，他们对药物治疗的反应也不如预期的那样有效。因此，这俨然成了一项异常困难的智力挑战，因为我们不断地在越来越深奥的诊断列表中摸索前行。我们会咨询很多同事，他们会提出越来越离奇的可能性。如果你不知道究竟发生了什么，你会很容易在这种个案上过度地情感卷入。事情过后，你会后退一步，回顾自己所经历的那些过程，看看住院次数、救护车呼叫次数、你曾考虑过的诊断及时间顺序。尘埃落定后，你会对自己说，"我应该早点意识到这一点的"。

在多年前第一次接触 MBP 时，我对它还完全不了解。因为其他一切都说不通了，于是我开始相信它的存在。当时，我正为这些问题而深感苦恼，刚巧医院有一位住院医在医学期刊上看到了一篇关于 MBP 的文章，他把它拿给我看，并对我说："这种情况听起来就像你正在处理的那个家庭。你觉得有这种可能性吗？"在那篇文章中，得克萨斯州一家医院里的一位母亲在试图让她的孩子窒息时被当场逮了个正着，并且还有视频记录下了整个作案过程。当时，我那位患者的情况跟文章中的描述惊人地相似，甚至就连孩子的病史、母亲的特征也基本相同。

接着，我发现有大量关于 MBP 的研究文献。于是，我开始如饥似渴地广泛涉猎，并发现很多案例都有相同的模式。从那时起，我对这位母亲的信任开始动摇。我们的呼吸暂停科主任也深度参与了这个过程。他比我更早怀疑这位母亲有问题。最终，我们向儿童保护服务机构上报了这一情况。他们派人去找这位母亲对质，孩子被安置在寄养家庭，呼吸暂停发作也随之终止了。我发现这位母亲在青少年时期就曾刻意在自己身上诱发过疾病。

在描述参与这类案例的整个过程中，浮现在我脑海中的始终是"痛苦"这个词。对我来说，一位母亲竟然会做出这样的事情，简直匪夷所思。就在孩子被送到寄养家庭之前，我相信这位母亲无意中向我透露了真相。她以一种非常微妙的方式做了这件事，因为她知道那时她对我们说的每一句话都会被查证。她碰巧提到自己有一个亲戚的孩子刚刚死于 SIDS，实际上这是一个谎言。我相信在某种程度上她知道我会直接去找 SIDS 协调员确认情况是否属实。一旦开始怀疑家长，我们就会对任何可查证的信息进行核查，以此来构建一套确认情况真伪的模式。当孩子被送到寄养家庭后，问题立即得到了解决。最终，呼吸暂停监测器被收回，我的参与也就此结束。后来，那个孩子被送回了她的母亲身边。几年后的一天早上，电视新闻中播放了一个片段，这位母亲声称她家附近使用的某种化学物质正在让她的孩子生病！那是我最后一次听到有关她们的消息。

在极少数情况下，确实会有施虐者对自己的虐待行为供认不讳，但往往是在法庭对他们做出不利判决之后。一位母亲在争取孩子的监护权未果后，最终感谢了儿童保护机构的社工。她最终承认，如果孩子继续和她在一起，她可能会对孩子造成严重的伤害。另一位因 MBP 入狱的母亲在狱中跟我分享了以下内容。

痛改前非的乔琳

对我而言，蓄意伪造疾病是一种后天习得的行为。我的母亲患有孟乔森综合征。我记得在童年和成年早期，我也有过装病行为，那是我用来逃避和隐藏自己真实问题的方式。当事人会因此得到照顾者的关注，但同时也得承受痛苦。医学检查带来的痛苦是对过去罪行的一种惩罚。对我来说，孟乔森综合征的全面爆发和 MBP 行为是在我那对双胞胎儿子出生后才开始的。他们其中一个生下来便是死胎，从此我一直生活在担心女儿和剩下那个儿子会死亡的恐惧之中。于是，我开始在情感上疏远他们，这让我能够狠下心把他们当作物而不是人来看待。我觉得如果能够让他们生病并留在医院里，他们就会很安全。

我真心希望自己可以做出一些力所能及的贡献，我希望能通过我的一点努力阻止那些 MBP 女性，避免给孩子造成严重的伤害或导致他们死亡。我的儿子在将近 3 岁时去世了，那是因为我给他服用了过量降压药，那药原本是开给我自己吃的。我相信，假如没人阻止我，有一天我的女儿也会死去。我现在正在服刑，刑期 12 年，罪名是过失杀人和侵犯他人身体。我希望自己能够帮助专业人士更好地识别那些 MBP 施虐者，从而拯救孩子们。知道我也许帮得上忙，让我多少能够面对自己的所作所为所带来的羞愧感和内疚感。

乔琳能够对过去的行为有所悔悟并承担起相应的责任，这让我感到欣慰。她似乎非常热衷于提高人们对 MBP 的认识（将她的自白纳入本书也会有所帮助），这让我备受鼓舞。但同时，我也深感痛心，因为她的悔悟来得太晚，白白葬送了一个鲜活的生命。

第**11**章

代理型孟乔森：发现真相以后

///

由于母亲自带神圣光环及 MBP 母亲在公众面前所展现出的对孩子的无私奉献精神，在这种情况下进行干预是极其困难的，更不用说诉诸法律手段了。然而，关注此类问题的人士完全可以采取相应的措施来帮助受害者，最终帮助整个家庭。发现真相以后的管理步骤包括协助各类专业人士制定团队协作方案；对孩子、母亲及更广泛人群可能出现的反应做好应对的准备；如果涉及司法程序（可能涉及刑事案件），要与警方、律师和其他相关人员合作；帮助受害的家庭成员适度调整他们对安全的现实需求；关注相关人员可能的心理健康需求。

🗒 MBP 识别工作的后续

一旦怀疑存在 MBP，孩子的安全必须放在首位。从法律上讲，合理的怀疑需要及时上报给当地儿童保护机构。如果确定存在 MBP，通常需要将孩子暂时带离其家庭。医疗专业人士还必须认识到保护家中其他孩子（包括尚在腹中的胎儿）的必要性。受虐儿童的健康状况必须得到持续的监测，以确保他们后续能得到妥善的治疗，并且看护工作应统一设在熟悉他们病史的医疗中心。

MBP 受害者可能会遭受永久性的身心创伤，这些创伤可能是由犯罪者的行径直接造成的，也可能是由受害者所接受的诊疗和医疗检查引起的。例如，儿童可能会因被诱发缺氧（体内组织缺氧）而出现脑损伤或脑瘫，或者因反复感染而造成内脏器官严重受损；他们可能会因病严重缺课，导致在教育和社交方面受挫，也可能会表现出强烈的焦虑、多动、恐惧、被动或无助。在今后的生活中，有些儿童会发展为做作性障碍患者，或者对自己的"残障"深信不疑。曾有一名身体健康的 26 岁男子因为母亲一直让他相信自己患有脊柱裂而被迫坐在轮椅上。

MBP 专家朱迪丝·利博博士评估了 MBP 对那些在儿童或青少年时期遭受虐待的受害者成年后的影响。她对 10 名志愿者进行了全面的评估，这些人都相信自己在成长的过程中遭受了 MBP 虐待。她的研究对象报告说，他们在童年时期接受过一些匪夷所思的医学治疗和外科手术。不过，其中有 5 人是在成年后通过新闻媒体才对 MBP 有所了解的，而在此之前，他们并未怀疑自己的父母对他们实施了医疗性儿童虐待。其中有 2 人报告说，成年后他们坚决不去看医生。剩下的人则表示自己一直在努力避免扮演患者的角色，哪怕他们真的生病了，病情也会令他们感到困惑。同样，选择治疗方案对他们来说也是一个难题。在上一章开头的案例故事中，当事人琳赛生动地描述了这种困惑：

这么多年来，我发现自己一直很难分清自己究竟什么时候是真的生病，什么时候没病，哪怕成年后也依然如此。我发现当自己真的生病并伴有真实的症状时，我会想忽略它们，并说服自己没事。但有时，我对一些还算正常、轻微的病征又反应过度。最糟糕的是，我觉得自己非常愚蠢，因为十几岁时我被骗说自己生病了，当时我就傻傻地信以为真了，可实际上我根本没有任何问题。

在后续的治疗中，将有很大一部分工作是让琳赛理解，她之前相信母亲和医生对她的健康状况的描述并不意味着她很愚蠢。此外，对健康和疾病的混乱感也是意料之中的 MBP 虐待的一种后续影响，她无须为此而自责或感到内疚。

斯蒂芬妮的控诉

有一名男子，他在自己的儿童期、青春期乃至成年早期一直遭受母亲的 MBP 虐待。他的妻子给我写信，信中描述的情况不仅说明了这一观点，还生动地呈现了 MBP 受害者的过往经历对其配偶或伴侣带来的种种影响。

我们夫妻二人现在需要仔细考虑该如何处理我婆婆的行为，因为我们现在意识到她曾对自己的儿子进行 MBP 虐待。好在我们住在自己的房子里，这样就远离了一些潜在的危险。但我注意到，只要我们夫妻一吵架（这种情况并不经常发生），他就会突然出现严重的头痛或胃痛，并抱怨自己感觉很不舒服。在我看来，他可能已经学会用这样的反应作为一种保护机制，让自己免受母亲的暴力。当然，这也是为了避免我们吵架后我可能对他实施暴力的潜在威胁。如果我的丈夫"生病"了，我有时甚至会感到特别愤怒。与其说是生他的气，不如说是对他母亲感到愤怒并抱有怨恨会更确切一些——不仅因为她过去做过的那些事，还因为在某种程度上她仍然在控制着我的丈夫。除此之外，很多时候，我会在我们的关系中扮演照顾者的角色，像他母亲那样照顾他。也许这已经成为他的无意识愿望，他想在我们的亲密关系中重现这样的互动模式。

保护的关键在于有效隔离

尽管在 MBP 案件中，将孩子与父母分隔开来几乎是势在必行的，但这是一个难题。当你将孩子从父母身边带走时，焦点往往会从虐待行为转移到亲子分离上。由于受虐待的孩子可能会认为这一切都是自己的错，因此他们往往很难与父母分离，这时相关人员就要为他们提供心理咨询和一个支持性的、安全的环境。

过早地让这些孩子回到父母身边，可能会导致灾难性的后果。为了让孩子能够与父母团聚，我一般建议对他们进行无限期的持续监控。有一点必须达成共识：所有相关人员，无论是施虐者、施虐者的配偶或伴侣、孩子的祖父母和其他亲属，还是医生及其他医护人员，都必须接受并理解这个孩子所经历的真实境况。

尽管维系一个家庭的完整是至关重要并值得钦佩的举措，但保护受虐待的孩子才是当务之急。虽然在处理这类问题时保持乐观确实有所帮助，但相关人员仍需谨记，孩子的人身安全才是底线。我们务必要牢记，MBP虐待行为的显著标志就是欺骗。MBP施虐者通常都是经验老到的骗子。他们通常极具说服力，并能为任何不一致或可疑的行径给出看似合理的理由。他们不一定都具备广博的健康护理知识，也不一定特别聪明，许多类型的MBP并不需要具备专门的知识就能实施。即便铁证如山，MBP施虐者往往也会否认自己的虐待行为。哪怕被怀疑甚至被抓现行，他们的 MBP 行为可能仍会继续，只不过具体的手段会有所改变或表面上暂时平息而已。即使无法再接触受害者，他们仍有可能继续将孩子当作工具来使用，并通过谎称孩子确实有问题或之前确实有问题来博取关注。把责任推卸到相关的医生身上或坚持要求医生开的药上（正如前文指出的，某些药物确实会带来一些始料未及的副作用）是他们惯用的伎俩。如果施虐者能够继续接触孩子，他们的 MBP 行为可能会升级，目的就是要证明孩子真的有问题，并且情况还在不断恶化。

即使在极少数情况下，母亲承认了虐待行为，并希望通过心理治疗来改变自己的病态行为，其中还是困难重重。在 MBP 中，如果心理治疗工作进展不顺利，后果就会相当严重。治疗师本身要对可能达成的目标保持充分的现实感。如果孩子已经重新回到家庭，他们可能不得不再次被带走，治疗师得做好充分的准备再次提出这一建议。毫无疑问，如果这些孩子年龄足够大，他们也需要接受高强度的个体心理治疗，因为这些受害者的内心可能十分矛盾却又易于妥协。

按照既定的治疗方案对 MBP 施虐者进行治疗，其难度不亚于赢得孟乔森综合征患者的配合。其中最主要的困难来自他们的否认。这些母亲一般情感都比较脆弱，并且如前文所述，她们会拒不接受对自己虐待行为的指控。因此，医护人员最好能跟母亲单独会面。否则，父亲往往会自发地为她们辩护，有时会被激怒甚至大打出手。这时，父亲往往会因为对母亲的行为一无所知而助长母亲的否认。在一起涉及多名儿童死亡的著名案件中，即使母亲已经供认不讳，父亲仍然拒绝相信母亲就是施虐者。他不屑一顾地说："上帝需要天使，所以我们才送了好多上天堂。"

这些儿童虐待者的否认可能相当有说服力，甚至会让相关医生都开始怀疑自己的证据。母亲往往会向家庭儿科医生等其他人求助，以此来寻求支持。施虐者通常会表现得让人极度信赖。例如，尽管罪行确凿，一位施虐者还是得到了 5 位医生和 17 位社区成员的共同作证，证明她是一位正直的母亲。除非有保护性条款的约束，否则犯案的母亲在东窗事发后可能会畏罪潜逃，甚至逃到其他地区，而表面上还以到别处为孩子寻医问诊为借口。

MBP 也会给医院的工作人员带来强烈且持久的不良影响。美国中西部地区的一家儿童医院处理了一起 MBP 案件，事后当该院的 20 名护士被问起这起案件时，她们大多不愿意承认自己上当受骗了。她们同样不愿接受，那位看似对孩子宠溺有加的母亲竟然会是施虐者。这起案件的受害者是一个 17 个月大的女孩，她因反复发作的尿路感染而住院，同时伴有血尿、发烧、体重下降、呕吐、低血糖和发育迟滞等多项问题。她 3 岁的姐姐也有反复发作的血尿情况，大约住了 13 次院。她们的母亲接受过护士执业培训，但没有相关学历。她跟一些护士关系处得很好。MBP 行为被证实后，孩子的祖父母和父亲得到了法定监护权。母亲被指控谋杀未遂和对被抚养人疏于照顾，她对侵犯他人造成严重身体伤害的罪名供认不讳。与其他被刑事起诉的 MBP 案件一样，她的量刑明显过轻——仅被判处了五年缓刑。

此类案件会导致医护人员对父母的信任度普遍降低。当医护人员意识到自己也是帮凶，并对受害者进行了大量痛苦且非必要的医疗流程时，他们可能会羞愧难当、悲伤不已。因此，相关教育培训项目必须更好地教导医生、护士和其他专业人士如何有效地识别 MBP。

在法律系统中，儿童保护项目要及时引起律师和法庭官员的重视，以便在出现此类案件时能顺利提起诉讼。一位法官曾以指控本身具有诽谤性为由驳回了一起 MBP 案件，因为他不相信会有这种事情发生。在另一起案件中，代表受害儿童的律师声称，没有母亲会做出这样的事。对辩护律师及其专家证人来说，他们可能想要将整个 MBP 事件抹黑成夸大其词、哗众取宠的无稽之谈。一旦被人怀疑，有些施虐者就会千方百计地将责任推给医护人员，他们会诱使无知或别有用心的律师起诉无辜的医生玩忽职守、未能治愈孩子的病痛，以此来转移人们的注意力。他们可能会提交一系列虚假信息，还会用卑劣的人身攻击来诋毁 MBP 专家。

就算法律程序介入，孩子往往还是得不到充分的保护。例如，曾有一名法官下令对涉案父母进行精神评估，可实际执行人却是这对父母的一位好友。根据那份充满同情的评估报告，孩子又被送回了父母身边，最终因"不明"原因死亡。

在《少年与家事法院杂志》（*Juvenile & Family Court Journal*）的一篇文章中，比特丽斯·约克（Beatrice Yorker）和伯纳德·卡亨（Bernard Kahan）研究了一些提交到法庭的 MBP 案件，以凸显对受指控父母采取的措施上存在的显著差异。其中一起案件是 1981 年美国加利福尼亚州诉菲利普斯案，该案件在推动法律界对 MBP 的认识方面（将其视为儿童虐待的形式之一）功不可没。在这起早期案件中，加利福尼亚州上诉法院支持使用精神病学家的证词来描述 MBP，并对涉案母亲是否构成犯罪发表意见。这位母亲是一名儿童虐待援助机构的志愿者，她声称自己从未伤害过孩子，却被指控在其领养婴儿的配方奶粉中添加了大量金属钠。她被判定在 1977 年谋杀了其中一个孩子，并在之后又故意危害另一个孩子的生命安全。她在入狱服刑几年后获释。现在，她的行为似乎转变成对自身疾病进行伪造或夸大。

约克和卡亨将这一审判结果与另一起案件进行了对比，该案件中的母亲被指控给自己的儿子使用利尿剂。在搜查她的家时，相关部门发现了注射器和利尿剂药瓶。该案的法官认为孩子处于危险之中，但在上诉后，尽管危险并未排除，男孩还是被送回了父母身边，接受监管下的抚养。法官们对 MBP 的理解决定了裁决结果和家庭团聚的可能性，哪怕他们的理解可能大错特错，哪怕孩子所处的危险显而易见。第三起案件涉及一位给婴儿使用泻药的母亲，法庭确认了包括母亲不在场时孩子的病情显著改善在内的多项 MBP 预警信号。值得注意的是，法院注意到法律权威不愿相信看似非常关心孩子的父母实际上是导致孩子生病的罪魁祸首。两名护士在这起案件中提供的证据表明，这位母亲与瓶装配方奶粉中的泻药有关。法院认定母亲虐待儿童罪名成立，将小女孩判给父亲抚养，同时接受社会服务部门的监管，并要求她每个月去看儿科医生和精神科医生。此外，法院还要求进行六个月的审查。这一判决结果对孩子来说要安全得多。

俄亥俄州随后也发生了一起值得关注的司法判决。在这起案件中，上诉法院对证明母亲存在 MBP 的犯罪证据表示关注。实际上，尽管精神病学家指出这位母亲的幼女因轻微疾病多次住院，但并没有确切证据表明母亲曾人为诱发任何疾病。相反，法院认为她对医疗问题过度担忧，但并未构成明显的人身伤害。法院还承认，法律界有时会因对整个 MBP 现象持怀疑态度而影响对 MBP 的诊断。法院在审查往期案件时还发现了两种趋势。一方面，只要父母将外来物质注入儿童体内并诱发症状，司法系统就倾向于认定孩子受到虐待。另一方面，即使没有这类外显的行迹，法院也经常基于对 MBP 的发现及其他因素（如明显不稳定的家庭环境）终止父母的抚养权。然而，就像专业人士那样，法院可能尚不明白，那些最初只是向医生提供虚假信息的施虐者的行为可能会升级为通过窒息和投毒等手段直接诱发孩子生病。

MBP 案件的有效评估与管理

以下内容主要基于国际 MBP 专家兼作家路易莎·拉舍（Louisa Lasher）的贡献，可作为有效干预涉嫌 MBP 案件的通用指南。

要想成功处理疑似或确认的 MBP 案件——无论是将孩子从家中带走，还是为嫌疑人洗脱罪名——必须有人行动起来。医疗卫生专业人士可能是第一个识别出 MBP 征兆并采取行动的人。然而，家庭成员及亲朋好友或许是最了解孩子安全风险严重性的人。他们可以尝试联系孩子的主治医生，提醒对方关注这一情况。在这个过程中，亲属和其他人可以向专业人士解释，如果打电话或写信的人只提供与疑似 MBP 有关的细节而不接收任何反馈信息，就不会违反医患关系中的保密原则。专业护理人员对这些担忧不一定全都持开放或响应的态度，但如果内容陈述清晰、有说服力且基于事实，接受和采取行动的可能性就会增加。有心人只需做些力所能及的事情，哪怕是发送已发表案例报告的复印件这样的举动也能有所帮助。在接受的情况下，照顾者或其指定人员应联系当地儿童保护服务部门（不同的司法管辖区有不同的名称，如"儿童保护服务中心""社会服务部""公共福利部""人力资源部"或"公众服务部"等）。

如果无法联系到医疗卫生专业人士或无法说服他们，另一种选择是直接拨打当地儿童保护机构的紧急热线进行电话上报。可想而知，那些举报涉嫌虐待的家庭成员或朋友会担心暴露自己的身份，从而遭到孩子的父母和整个家族的蔑视或威胁。然而，如果允许可能的虐待或忽视行为不受约束地继续下去，这样做即使算不上无声的共谋，也是一种默许行为。相关机构自然更希望来电举报者能够表明个人身份，但一般也不会强人所难。

一旦提交初步报告，儿童保护机构（或其相关部门）将与警方联络，并由专业人士进行客观、彻底的调查。如果确认了 MBP 行为，则需要进行短期和长期的专门干预、案件规划和案件管理以保护儿童。以下六大要素是至关重要的。

第一，所有相关专业人士都要接受基本的与 MBP 相关的教育培训，这是处理疑似或确认 MBP 案件工作的基础环节。如果专业人士在不了解 MBP 的基础知识、问询与确认 – 否认技术、案件规划和管理要素的情况下就参与讨论、做出决策或制定方案，结果不仅会适得其反，甚至还可能造成危险。仅仅阅读一篇相关文章并不足以让人做出关于孩子和家庭命运的重要决策，因此全面、系统的教育培训是必不可少的。由专家进行的教学项目（即便只是以电话会议的形式）往往会有所帮助。当然，如果所有医疗卫生专业人士在早期培训中都接受过关于 MBP 的科普教育，那就再好不过了。

第二，应由具备可靠的 MBP 知识和相关经验的专业人士或在其协助下进行全面、妥善的 MBP 虐待调查。医院的儿童虐待工作小组、大学医学中心的精神科或儿科部门、与 MBP 有关的报纸和学术论文及互联网上相关的专业资料，都可以帮助偏远、非发达城市的人找到合适的专业人士，即使他们相隔两地。

第三，应成立一个多机构 / 跨学科工作组（Multiagency-multidisciplinary team，MMT），该小组由儿童保护服务中心工作人员、执法机构、医生、心理健康专业人士、护士、社会工作者、学校工作人员及其他与该家庭和案件有关的人员组成。MMT 的具体人员构成视案件本身的具体情况而定。在美国，即使有常驻的医院、区县或州团队会定期审查所有明显的儿童虐待案件，也应该召集 MMT（哪怕只是通过电话会议）。MMT 可以整合那些零散的信息，并就今后的措施做出决策。在此阶段或后续任一阶段，如果证明不存在 MBP 虐待行为，工作组即可解散，转而寻求其他途径来解决受害者和（或）家庭的问题。只有当事实随着调查的进展指向 MBP 或其他形式的虐待行为时，才需要儿童保护机构进一步介入。

第四，通常需要一名 MBP 专家顾问来进行以下工作：提供持续的教育培训、审查和分析信息、给出意见和建议、指导或着手调查、提供现场技术支持、提出最终意见和建议，并与指定的律师共同准备法律诉讼。同样，许多社区要耗费大量人力来寻找合适的专家顾问。网络资源搜索可以加速这一过程。随着越来越多的专业人士了解 MBP 并开始协助案件工作，这部分的人力消耗应该会减少。

第五，MBP 专家证人（通常与 MBP 专家顾问是同一人）在法庭（家事、民事及刑事法庭）教育、将相关知识与手头案件联系起来、向法庭提供意见和建议，以及回应被告反驳等方面具有不可估量的价值。此外，在动议和其他类型的听证会上，MBP 专家证词也是不可或缺的。

第六，一位充分了解 MBP、愿意与 MBP 专家合作，并为法庭及相关活动做好充分准备的律师也是至关重要的。无论 MBP 的证据多么有力，除非律师和专家在整个过程中紧密合作，否则听证会或审判很可能会前功尽弃。

📄 判决之后

如果法官在家事法庭程序中发现了确凿且令人信服的伤害儿童的证据，那么受害者通常会受到保护性监护，并交由其他人来照顾。在 MBP 案件中，亲戚和朋友不太可能成为寄养父母，因为这会让施虐者有机可乘，在无人监管的情况下接触到孩子。此外，受害者所有兄弟姐妹的情况都应被仔细且彻底地排查，因为他们在过去、现在或将来成为受害者的概率都很高。

通常，针对 MBP 施虐者和受害者的服务方案会被制定出来。该方案应涵盖针对 MBP 相关问题的解决要素，例如，应要求由单一提供者协调受害者持续进行的医疗保健，并向儿童保护服务机构全面披露；应纳入最初怀疑 MBP 虐待的一位或多位医疗卫生工作者参与进来，以便消除经由时间推移出现在这些案件中的怀疑情绪（"哪有母亲真的会这样做，对吧？"）；虽然 MBP 本身不属于精神障碍，但仍可以向施虐者（尤其是那些同时伴有精神障碍的患者）提供心理治疗服务。然而，如前所述，由于施虐者的持续否认，心理治疗服务通常会遭到拒绝或收效甚微。治疗师应具有处理 MBP 案件的经验，或者至少具备与有人格障碍等根深蒂固问题的来访者工作的相关经验；如有必要，治疗师可接受 MBP 教育培训；治疗师应与儿童保护服务中心的工作人员充分沟通。在美国，法官必须考虑保密问题和联邦法规对访问医疗记录的管制，并可以命令施虐者签署必要的信息披露授权书。受害者应停止接受不必要的治疗，尽管可能需要接受适当的医疗帮助来修复或治疗客观的躯体损害（例如，由母亲谎报而实施的胃肠道探查术导致的肠粘连）。如果孩子年龄适宜，心理健康评估和治疗尤为重要，其核心任务将是纠正孩子作为患者的自我意象、处理孩子可能因为与母亲分离而产生的内疚感、帮助孩子合理分辨关爱与疾病。关于受害者和施虐者更详细的建议请参考拉舍和谢里登的相关著作。

家庭是否还能重新团聚

在处理 MBP 案件时，诸如安置、探视之类事项的长期决议通常会由法官在处置听证会上做出。尽管一切努力的理想目标是促成家庭团聚，但这一目标往往难以实现，更有可能采取的措施是在法律上终止涉案父母的抚养权并将孩子永久安置在家庭之外。不过，也存在一些例外情况，以下标准可用于确定何时实现团聚可能是安全的。

- 孩子的年龄足够大，能够报告任何再度发生的虐待行为。
- 没有其他兄弟姐妹因涉嫌 MBP 事件而死亡。
- 母亲及其伴侣，还有相关人员等承认 MBP 行为模式的存在。
- 母亲及其伴侣必须对 MBP 发生的原因、引发该行为的内在需求、触发情境及伴侣毫无察觉或保持沉默的原因有深刻的理解。
- 母亲及其伴侣，还有相关人员等不再谎称孩子身上还存在任何原因不明的问题。
- 家庭接受案件管理方案，法院和儿童保护服务中心可以提供长期监控，并准备好在必要时再次将孩子带走。
- 母亲及其伴侣、家人和朋友承诺会不遗余力地保护孩子的人身安全。

一项艰巨的挑战

哪怕仅接手一起 MBP 案件的工作者都会发现，这是一项费时、费力且极具情感挑战性的任务。正如儿童保护的其他领域一样，这是一项无论需要克服多少艰难险阻都势在必行的重要使命。受害者对获得解答和帮助的渴望是如此迫切，以至于哪怕多一分理解都能带来强大的力量，正如下面这封电子邮件所证明的那样。

乔姬的悲痛过往

我无法告诉你，我究竟有多少次被母亲急匆匆地送往医院，也无法告诉你那把盛着紫色或粉色药物的勺子有多少次在我小小的牙齿上叮当作响。还有许多药片，一般是些小小的红色药片，是用来治疗我那实际上并不存在的多次膀胱感染的。那天，我发现原来自己的两个肾脏都是正常的，根本就不是一个完好、另一个丧失功能。我的母亲在我的女儿身上又故技重施。我的女儿被注射了 50 针，以进行过敏反应测试，而所谓的过敏都是我的母亲编造出来的——可我居然信以为真了。我的母亲甚至还想给我的女儿安装耳管。直到大约一年前，我才真正意识到我的母亲在做什么。当我从专家那里得知我女儿的耳朵一直完好无损时，我觉得特别奇怪。我也在了解我兄弟姐妹的事情。我也不知道我提供的这些情况对你是否有用，但如果能帮上忙，我很乐意效劳。知道你会一直在那里，让我感到安心。原来凭一人之力真的可以有所作为。

第 **12** 章

网络欺骗：虚拟世界中的做作性障碍与互联网孟乔森综合征

///

近几年，成千上万的线上互助小组如雨后春笋般涌现，患者及其家属可以借助这种形式与其他正在经历同样苦难的人共担恐惧、点燃希望、分享信息。可与此同时，互联网也为某些更具危害性的骗局提供了便利。如今这个时代，随便什么人都可以在网络上假装自己患有某种疾病，这极大地损害了公众的集体信誉。本章将探讨几个网络欺诈案例，让大家了解某些装病患者是如何伪造自己的"死亡"的，以及当他们的极端故事被小组成员质疑时，他们又是如何通过电子邮件来假扮自己的亲朋好友以维持骗局的。

互联网是数百万人首选的信息媒介，也是人们获得医疗健康相关信息的重要途径。在过去的几年里，各种医疗网站的数量呈指数级增长。成千上万个网络在线互助小组如雨后春笋般涌现，为大量患者提供了支持。患者及其家人可以借助互联网这一便捷的工具与其他经历类似困境的人一起分享内心的希望和恐惧，共享相关的医疗知识。这些线上支持小组可以有效地缓解人们内心的孤独感，成为大家相互理解、彼此关怀，乃至交流情感的重要平台。

遗憾的是，互联网资源有时会被别有用心之人用来当作欺骗他人的工具。例如，垃圾邮件中那些极不靠谱的虚假产品宣传就是典型的例子。而我们很少关注网络上传播的那些与健康有关的个人诉求和建议。在网络上，患者及其家属可以与网友通过新闻组、邮件群发系统、网络聊天室、在线俱乐部和社区、电子公告板网络论坛、网上实时聊天、个人电子邮件及网站发起的主题讨论等方式进行直接的交流。这些互动一般是通过万维网或新闻组（Usenet，一种将消息按照主题进行分类的电子论坛系统）等形式实现的。其中，通过假装患病或伪造个人的苦难经历欺骗他人的情况也并不少见。这些人会以此来吸引大众的目光，让大家看到他们与所谓的癌症、多发性硬化症、厌食症或其他病魔做斗争的假象。而骗局最终被揭穿可能会带来灾难性的后果。

在线讨论小组这种交流方式有一个很明显的问题，它可以让人们在几乎完全匿名的同时建立一定程度的亲密关系。这一特殊条件为欺骗行为提供了零风险的机会，对那些还不敢公开行骗的人来说无疑是一个绝妙的练习场。网络上的这些欺骗行径显然可以被看作做作性障碍的一种表现，或者就像我们在接下来的两个案例中看到的那样，是孟乔森综合征的表现。现在，这些患者无须再辗转奔波于各个医院以寻求治疗，他们只需轻轻点击几下鼠标，从一个支持小组切换到另一个支持小组，就能轻松获得一批批新的"信徒"。他们还可以打着疾病的幌子同时加入多个在线小组，或者在同一个小组或一对一的互动中伪装成不同的身份。最近，做作性障碍和孟乔森综合征患者竟然在他们的线上群组中联手，讨论如何才能让骗术更加高超，这一"壮举"简直让人惊掉下巴！

下面这则案例向我们介绍了患者是如何利用装病或伪装受害者来滥用线上支持社群的。在我的专业网站"做作性障碍和孟乔森综合征"上，我收到了多位上当受骗者发来的提醒信息，一些相关情况也得到了证实。尽管这些信息是在没有足够安全保障的情况下通过互联网发送和（或）发布的，但作为网络中的公开内容，为了保护隐私，我还是对相关人员的姓名做了修改。我之前也在别处介绍过以下案例。

引起众怒的芭芭拉

年轻姑娘芭芭拉在一个囊性纤维化（Cystic fibrosis，CF）[①]患者线上支持小组上发布消息，称自己已经到了囊性纤维化晚期，正在家中等死。她还说姐姐埃米正在照顾她。她说自己的临终愿望是在海滩上离开人世。好几位囊性纤维化患者及其家人发来饱含真挚情感的回复，分享他们自己的经历，还纷纷为她祈祷。几天后，姐姐埃米发来噩耗，说芭芭拉已经去世，所幸自己及时将她带到了海滩。得知此事后，支持小组的成员们都感到十

[①] 囊性纤维化是一种侵犯多脏器的遗传性疾病。主要表现为外分泌腺的功能紊乱、黏液腺增生、分泌液黏稠、汗液氯化钠含量增高。临床上有肺脏、气道、胰腺、肠道、胆道、输精管、子宫颈等的腺管被黏稠分泌物堵塞所引起的一系列症状，而呼吸系统损害最为突出。——译者注

分痛心。不过，也有人质疑，芭芭拉竟然可以在没有外部供氧的情况下被带到海滩上。他们还发现，芭芭拉在讨论时经常出现拼写错误，他们之前认为这是患者缺氧所致，可如今的埃米也出现了类似的拼写错误。在回应大家的质疑时，此人不仅承认整个故事都是自己编造的，还嘲笑小组成员都太容易上当了。于是，这一小组的管理员将此事通知了芭芭拉 / 埃米的互联网服务提供商，申请暂停相关用户名发帖人的互联网访问权。管理员指出，组建该线上小组就是为了给那些囊性纤维化患者提供情感支持和相关信息，而这种欺骗行径所激起的愤怒和背叛感完全与当时的初衷背道而驰。

"过分坚强" 的克里斯

有一个自称名为克里斯的 15 岁男孩在一个偏头痛患者的 Usenet 群组上发帖。得知他跟顽固性偏头痛抗争的坚强事迹后，网友们都深受触动，尤其是他年纪轻轻就表现出令人敬畏的人格品质。随着时间的推移，克里斯开始透露自己还患有血友病，并且遭到跟自己关系不和的父亲的躯体虐待，因此头部受伤患上了癫痫。虽然他身患各种疾病，而且他的哥哥最近刚刚因艾滋病去世，但作为一名医学专业大四学生的他依然表现得非常出色。据说，克里斯的母亲是个聋哑人，他的继父是个酒鬼。父母完全不管克里斯的学业，所以他不得不每天自己滑 5 公里滑板到公交车站，再搭车到医学院上课。好在克里斯晚上在夜总会兼职做鼓手，这不仅能让他喘口气，还可以赚点钱来买止痛药。

尽管克里斯是一点点地透露这些情况的，但还是有一些群组成员因为事态过于夸张而产生怀疑。例如，克里斯深受偏头痛的折磨却仍然坚持在夜总会打鼓，这实在太令人难以置信了。其中一位群组成员私下给大家发了电子邮件，针对一些可疑信息，他委婉地质疑了克里斯。作为回应，"克里斯的母亲"上线了，"她"斥责群组成员居然怀疑自己的儿子，并表示这颠覆了克里斯对群组无条件地关爱患者这一初衷的信任。"她"还警告大家，说这些怀疑可能会导致克里斯重性抑郁障碍复发。一些人还想继续问克里斯问题（例如，他所就读医学院的名称，甚至他所在州的名称），他却抱怨这有违互联网"精神"，于是便再也不在群组里发帖了。

达琳的骗人帖

另一个案例也是关于假装囊性纤维化的。一个人自称是一位患者的母亲，名叫达琳，她表示自己的孩子正在与病魔抗争。她在一个服务有特殊需求儿童的父母的公共论坛上发了帖。一位名为埃丽卡的母亲热情地回帖，说她的孩子也患有囊性纤维化。埃丽卡坦白自己的孩子还患有小儿呼吸道合胞病毒肺炎，而且传染了很多儿童，为此她一直深感内疚，说自己能做的实在太有限了。等孩子的情况稳定一点后，达琳向埃丽卡询问了有关小儿呼吸道合胞病毒肺炎的相关情况，埃丽卡也提供了一些基本信息，希望这样可以缓解达琳的担忧。几周后，达琳突然说自己的孩子刚刚因囊性纤维化加上呼吸道合胞病毒肺炎去世了，这让小组成员大为震惊。埃丽卡发现，达琳对小儿呼吸道合胞病毒肺炎及其治疗方面的细节描述有大量漏洞，而且回想起来，她还发现达琳对囊性纤维化的描述只是在简单重复之前发布过的内容。于是，埃丽卡善意地提醒小组成员要多加注意，可并未引起众人的关注。有几个人还帮忙联系了医院和殡仪馆，热心地送花并提供力所能及的帮助。直到最终得知根本没有这样一个孩子，达琳的造假行为确认无疑后，他们才放下心来。达琳的帖子从此再也没有更新过。

格伦达的多重面具

　　弗兰克和格伦达二人在一个网络聊天室相遇并成了好朋友，后来他们转而通过 ICQ（一款即时通信软件）进行交流。当格伦达谈到多年前与男友分手的痛苦经历时，她发消息的语气变得很不一样。此后不久，弗兰克便在 ICQ 上收到了一条明显不像格伦达本人而是她父亲发来的消息。他说，当天的早些时候，格伦达在家里被人打了，从那以后她就一直在呼喊弗兰克的名字。弗兰克提议那就不要打字聊了，他可以打电话过去。但格伦达的父亲拒绝了，声称他答应过格伦达不会打电话的。弗兰克觉得事情不太不对劲，特别是对方还口口声声地说自己是一名警察。随着越来越多的交流，弗兰克发现对方的语言风格明显与格伦达十分相似（例如，大量使用感叹号、不用大写字母）。接着，对方说格伦达想要和弗兰克单独聊一会儿，还说自己马上要离开房间了。停顿片刻后，格伦达出现了，并说打她的就是她的前男友。正当弗兰克想再问些问题时，格伦达打断了他，并坚持说她突然想起了自己内心压抑的一些往事。她要求弗兰克不要打断她的倾诉，接下来她讲述了自己被骚扰、被迫卖淫、无家可归、遭到父母的经济剥削及反复被性侵的故事，最后她还莫名其妙地获准收养了两个问题少年。弗兰克发现格伦达的故事前后矛盾，但格伦达警告他，如果他再这样试图澄清细节，就会影响她的回忆。事实上，在讲述完这段痛苦的经历后，格伦达说自己完全失忆了，还让弗兰克告诉她刚才自己都说了些什么。

　　几周后，格伦达再次上线，说自己又遭到性侵和殴打了，这次是家人的一位朋友干的。在她倾诉完后，一位名叫哈尔的朋友开始使用计算机。弗兰克注意到哈尔在聊天时的用词和使用的标点符号与格伦达的几乎完全一致。哈尔当时拒绝电话联系，但不给出任何理由。不过，在弗兰克的穷追不舍下，他答应第二天再通电话。当弗兰克打电话过去时，格伦达告诉他哈尔突然有事离开了。之后，格伦达就再也没有提起过他。

随后，格伦达讲述了另外两次被人殴打的经历。格伦达还说自己严重营养不良，因为她领养的其中一个孩子从她的银行卡里盗刷了 7 万美元，让她没钱买吃的了。后来，弗兰克还在线上遇到了格伦达的另一位前男友，对方很嫉妒弗兰克和格伦达的关系，但他的语言风格也跟格伦达的十分相似。格伦达还说这个人后来又对她实施了性侵。

面对不断出现的疑点，格伦达却拒绝为自己的说法提供任何证据：救援人员不愿通电话、不同的人之间的语言风格惊人地相似、格伦达对公然的袭击无动于衷，以及她承认冒充过自己的妹妹。纵使弗兰克万般不情愿，最终他还是发现自己被人玩弄了，他在这场骗局上耗费了大量的时间和情感。尽管如此，弗兰克还是选择继续时不时地与对方在网上聊天，究竟图什么，他也说不不清楚——或许是弗兰克觉得自己可以改变格伦达，又或许只是格伦达的这些变态行为让他欲罢不能。

冒牌神父赫尔曼

赫尔曼加入了一个癌友线上支持小组，癌症患者及其亲友会通过电子邮件相互支持。他谎称自己是一名过着修道生活的天主教神职人员，还说自己患有一种特别罕见、扩散十分迅速的癌症。他还表示，由于他当时立下放弃个人财产的誓言，加上修道生活的限制，他无法接受任何治疗。他请求互助小组帮助他缓解孤独及面对死亡的恐惧。有一次，他谈到一位来探访的护士已经开始协助他进行日常活动了。然而，随着时间的推移，赫尔曼与小组成员长时间、高频次的交流所展现的充沛精力，加上他在没有接受任何治疗的情况下生存至今，不禁引起了一些成员的怀疑。于是，其中一位成员便质问赫尔曼。赫尔曼私下进行了回复，承认自己的疾病和职业都是他编造的。随即，他退出了这个线上支持小组。

来自艾达的叙述

艾达联系我，希望我能提供更多关于代理型孟乔森（MBP）心理基础的信息。她表示，身为两个罕见遗传疾病患儿的母亲，她在互联网上与其他患有类似疾病孩子的父母交流时获得了支持。在线上交流的过程中，她逐渐与一位女士变得特别亲密，这位女士的孩子显然也患有同样的疾病。她们之间的友谊不断升温，艾达也袒露了越来越多的个人信息。然而，她现在写信给我，是因为她刚刚从一个可靠的第三方那里得知，她那位新结识的朋友实际上因为 MBP 已经被剥夺了孩子的监护权：这个人会经常跟医护人员谎称自己的孩子患有遗传病或其他疾病。艾达不想再和这个女人有什么瓜葛，但又不希望产生直接冲突，就渐渐地不怎么在线上发言了。最后，艾达完全退出了那个线上支持小组。这次经历让艾达深受震撼。

在互联网上分享个人疾病或苦难的经历是一种行之有效的方法。互联网为患者们（包括患有罕见病的患者）提供了无限的可能，让他们有机会在短短 24 小时内就找到志同道合、彼此关心的在线社群成员。特别是线上支持小组成员，他们为帮助大家即时获取信息和有效缓解孤独感提供了绝佳的渠道。

然而，上述案例表明，有些别有用心之人会蓄意捏造并在网络上散布自己的虚假病史和个人经历。他们之所以会这样做，或许是因为这种行为本身就能给他们带来满足感。这种行为的目的与向医护人员谎报病情的做作性障碍患者、MBP 肇事者的目的一样，无非是博取关注、获得同情、发泄愤怒或控制他人。

一些识别线索

以下线索有助于识别网络上伪造的信息。

- 该人发帖的篇幅、频率和持续时间与其自述的疾病严重程度不符（例如，有人在帖子上详细地描述自己正处于败血症休克中）。
- 这些帖子不断地重复其他帖子、教科书或医疗健康相关网站上的内容。
- 那些所谓疾病的特征及其治疗方法因个人误解而显得特别夸张。
- 近乎致命的疾病恶化与奇迹般的康复交替发生。
- 该人的说法匪夷所思，与之后的帖子内容相矛盾，或者完全被推翻（例如，打电话到医院却发现根本没有这位患者）。
- 该人生活中的戏剧性事件层出不穷，尤其当其他小组成员成为大家关注的焦点时（例如，一旦该人在小组中得到的关注有所减少，他就宣称自己的母亲刚被诊断出患有绝症）。
- 该人抱怨小组中的其他成员没有给予他足够的支持，还提醒大家这种冷漠损害了他的健康。
- 该人拒绝电话联系，有时会给出莫名其妙的理由（例如，通话会让人太伤心从而引发医疗灾难，或者自己所在的地方不允许来电），有时则发出威胁（例如，如果打电话来，他就会逃跑）。

- 对生命或健康危机情况（如心搏骤停或人身攻击）装作漠不关心，想要以此来立即引起他人的关注。
- 表面上由其他人（如家庭成员）代发的帖子，其语言习惯与该人的完全相同，如语法错误、拼写错误和风格特点等。

与整个装病行为体系一样，如果事实和谎言混杂在一起，会让发现真相难上加难。

瞒天过海的阿琳

阿琳的身体确实有一些小问题，但她把这些问题夸大到需要频繁接受重症监护的程度，而实际上她根本就没有住院。她还编造了自己与父母对话的详细过程，以及从未发生过的家人死亡事件。下面就是其中一个案例。通过这个案例，我们也会发现阿琳是如何阻止她的网友跟那些明显对她的说法有异议的人取得联系的。

好吧，我和父母谈了一次，可以说结果不太好。我会尽量客观地叙述，因为说实话，我真的没什么特别的感觉（嗯，我不让自己有任何感觉）。最开始，我的父母进来告诉我，跟我很亲近的一位姑姑在周四的晚上不幸去世了。我甚至都没法去参加她的葬礼或为她守灵，因为我病得实在太重了。

我们继续说着话，对于我没告诉他们我住院这件事，他们一点也不生气。我的父亲自始至终就像块木头一样坐在那里，因为他一直觉得自己没有资格打扰我和母亲。没错，他只是从我 9 岁起才开始当我的父亲的，但他确实是我的父亲，无论我告诉他多少次，他都不会反对我的母亲。我的母亲确实承认了自己为什么无法接受这一点，从某种程度上讲，这是好事。

如果她接受我要死掉了，她就没有活下去的理由了。哦，我肯定当她说出这话的时候，父亲一定感觉不错吧。最终，他们同意去见一下社工，但有个条件：在他们解决这些问题之前，无论是我、我的朋友、其他亲戚，还是我的医生，都不能联系他们，谈论任何跟我病情有关的事情。所以，结论是，如果有任何人（嗯，我应该怎么告诉我认识的人不要打电话给我的父母呢），哪怕是我，跟他们说了我的病情，他们就不会再去见社工了。

📋 真相大白时的反应

当真相大白时，欺骗者和不幸被蒙在鼓里的人分别会出现以下反应。

对欺骗者来说：

- 通过电子邮件或打电话来自证清白；

- 把小组成员当作替罪羊（例如，"要是你们当初能更支持我一些，我就不必捏造故事了"）；

- 突然从小组中消失，有时只是为了在网络上的其他地方故技重施；

- 承认自己的所作所为，但拒绝道歉或表示无法解释原因；

- 承认自己的所作所为，但指责是他人太容易上当受骗；

- 也有比较罕见的情况存在，即他们会不断威胁和"在线上跟踪"那些披露事实或负责禁言的相关人员。选择完全无视他们的挑衅行为似乎最终会奏效（虽然在短时间内，帖子和电子邮件的数量会激增，因为骗子想要再次吸引被骗者的关注）。据我所知，在现实中尚未发生过与此相关的骚扰或暴力事件。

对那些发现自己上当的人来说：

- 分裂成对立的阵营，有人相信这些说法，也有人不相信；

- 继续留在小组中，消化愤怒、悲伤或羞耻的情绪；

- 满心厌恶地退出小组；

- 给欺骗者发邮件以宣泄愤怒或悲伤情绪；

- 寻求报复（例如，会联系欺骗者所谓的单位或学校）；

- 幻想或想要当面（线下）对质；

- 担心欺骗者会滥用自己之前透露的个人信息；

- 觉得这些高超、大胆的欺骗手段十分有意思。

在大多数情况下，小组成员发现自己被人欺骗后，会先委婉地询问当事人。欺骗者惯常的反应都是狡辩一番，指责小组成员不能这样残忍地对待自己，然后就溜之大吉。当然，也存在例外的情况，下面我们就介绍其中一个案例（尽管故事有些曲折）。一个非医学在线留言板的成员一致认为，没有人会再相信他们的同事丹妮拉帖子里的那些日趋夸张且声情并茂的苦难经历了。实际上，当事人的很多说法已经被彻底推翻了。幸运的是，小组有一个名为艾琳的管理员，她跟我一起探讨了很多解决办法，然后选择了一种较为宽容的方式来处理这种特殊的情况：

我想花些时间跟进一下这件事，也希望能为你的研究做出一点贡献。昨晚，我们大家决定禁言丹妮拉。她自己也明白，我们这样做是因为还当她是朋友，我们想对她严加管教。我把自己的电子邮箱地址给了丹妮拉，这样她就可以随时向我汇报她的进展了。等到大家都一致同意她可以重回小组的时候，我会给她解禁的。我们早就知道了丹妮拉的家庭住址，也在她家附近找到了一位心理医生。我私下给了她心理医生的电话号码。丹妮拉让我帮她给心理医生打电话，问清楚治疗的流程和费用情况。我帮她办了。虽然丹妮拉撒过谎，但我有种感觉，她真的开始重视自己的心理问题了，她已经在准备采取行动了。她也同意让我跟进治疗，以确保她真的联系了心理医生。我们都很关心丹妮拉，希望她能过得更好。

六个月后，我得知丹妮拉的治疗遇到了问题，因为她开始私下里单独联系小组成员，询问是否可以向他们倾诉自己的境遇。于是，艾琳发了一份公告，请大家要一如既往地对待丹妮拉，同时强调她更需要与专业人士一起来处理自己的心理议题。尽管丹妮拉给艾琳发了一些恶毒的留言，艾琳却始终坚定地回复她必须接受治疗。慢慢地，丹妮拉再次接受，艾琳这么做确实是为了她好。丹妮拉再次选择通过心理治疗来改善自己的状况。

📑 经验教训

与医疗健康相关的虚假信息涉及个人病史、有关医生谈话内容的转述、化验结果和放射检查报告，甚至对相关医疗文献资料的引用。如果医生完全被这些内容所蒙蔽，不仅会在患者身上投注大量的精力和情感支持，还会做出错误的医疗保健决策。这种背叛在接下来两位女士的论述中可见一斑，她们本来已经把线上支持小组视为家庭一般神圣的存在。在查琳的案例中，当几个小组成员准备飞往亚利桑那州探望这位"身患重病"的网友时，她的骗局终于被揭穿了。

乐观的斯泰茜

线上支持小组是我唯一能去的地方，在这里，我们有着类似的生活经历。在小组中，我可以阅读网友的来信，他们能够帮我应对困难，同时我也会写信给那些我能帮得上忙的人。我会为每一次小小的成功、生子、结婚而欢欣雀跃。失去伙伴会让我心痛不已。发现自己被骗后，我就不太敢轻易相信新成员了。我对回应不再那么自信了。一个陌生人来到我们家门口，我的家人们欢迎她来到我们安全的"港湾"，关爱她，给她提供各种帮助。可她居然对我们撒谎，利用我们这些原本就被自己身上的困难压得喘不过气来的善良之人。不过，我希望我们可以把这件事抛诸脑后，一如既往地为新成员们提供支持。

心碎的查琳

我受到了严重的伤害，感觉自己被背叛了。我还从没有在生活中为了什么事这么努力过，也从没有为了一个自以为了解的人倾注过如此多的情感。这并不意味着我就不搭理简，不帮助她康复了，可这件事实在让我无法轻易释怀。我给简发去了电子邮件，告诉她这件事带给我的影响。这是一次非常好的宣泄，对我帮助很大。可我没有收到任何回复。记得当时我还告诉自己的西班牙语教授，如果从图森回来的航班晚点，我只能缺席周一的课程，还解释说我有位朋友急需做肝脏移植手术。教授感动地落泪了，特批我一周内可以不用做作业。教授说她一直都在担心我，想知道现在我想怎么应对这件事。为此，我甚至跟父母大吵了一架，把本该用来学习的时间花在教堂里，每晚我都要在那待上三个小时。我被搞得整个人几乎都要崩溃了，结果却发现简原来好端端的，根本就没生什么病。这个消息让我感觉犹如五雷轰顶。最糟糕的是，我的母亲还一直在为简四处寻找合适的肝脏。

和其他许多人一样，斯泰茜和查琳觉得完全有必要质疑网上言论的真实性，并在同情与谨慎之间取得适当的平衡。

互联网技术为各个领域带来了新的机遇，同时引发了新的问题。网络给我们带来了重要的信息，同时也滋生了谎言。它拓宽了我们的视野，也助长了人与人之间的不信任甚至违法犯罪。对做作性障碍和孟乔森综合征来说，这种好坏参半的情况并不亚于任何其他社会现象。使用这类新媒介的人必须保持警惕，每次敲击键盘之前务必要小心谨慎。

第 13 章

关爱之人：骗局的受害者

///

本章将探讨做作性障碍给我们带来的种种不利影响，尤其是给那些与欺骗者关系亲近甚至深爱他们之人造成的伤害。如果幻想性撒谎癖再叠加医疗欺诈行为，情况会更加严重，因为这可能会引发对患者的亲朋好友及相关之人的虐待行为。葆拉的亲身经历听上去让人不寒而栗，她向我们讲述了她的未婚夫德里克那出神入化的人际操纵手段。作为一名医生，德里克不仅熟知如何装病才能以假乱真，就连疾病的各项生理指标都伪造得几乎天衣无缝。当葆拉发现德里克原来既没得病也不是单身时，她已经在这个她原本以为可以托付终身的男人身上倾注了两年的大好时光。那些因此而受到情感伤害的人需要了解真相，更需要得到理解。因此，本章提供了一些操作步骤，以帮助他们走向心灵的痊愈。

与代理型孟乔森一样，做作性障碍几乎也不可避免地会造成伤亡。与患者的关系越长久、越紧密，体验就越深刻，随之而来的伤害也就越大，因为这些患者会伪装或人为制造出各种疾病来。在本章，我会聚焦于那些认识患者甚至深爱着他们的人。许多人都会因此而感到受伤，因为突然有一个人闯入他们的生活，攫取他们的关注和同情，然后当骗局"纸牌屋"轰然倒塌时又冷漠地转身离去，甚至还发出无情的嘲笑。在最极端的情况下，有些做作性障碍患者会为了保住自己的患者身份不惜采取"恐怖手段"。他们会进行人身威胁，对前任伴侣提起法律诉讼，在网络上及在写给医生和其他医护人员的信件中诽谤他人，或者使用其他令人憎恶的方式进行打击报复。即使在不那么极端的情况下，受害者往往也要付出十分惨痛的代价。

一位来自北欧斯堪的纳维亚半岛的受害者以如下方式分享了她的感受。她表达了自己被一名同性爱人背叛后的强烈情绪，而这位爱人被证实是一位做作性障碍患者：

当骗局被揭穿时，你会为痛失所爱而悲伤，但你同时会感到强烈的愤怒。玛丽萨通过跟我讲述她悲惨的经历来无情地攫取我心中的善良、理解和关爱。我很想保护她，替她承受那些悲伤，我也真的做到了，可谁能料到她的悲伤全是装出来的。这就如同把珠宝扔给猪一样，可你扔出去的仍然是稀有的珠宝啊，所以你就得学会把它们拿回来，再洗去上面的污垢。

法国作家弗朗索瓦·德·拉罗什富科公爵（Francois duc de La Rochefoucauld）曾说过："不信任朋友比被他们欺骗更可耻。"因此，正是出于对朋友利益的考虑，我们才应该对他们的疾病心存疑虑，而不是为了让自己逃避因怀疑朋友而产生的羞耻感，冒着毁掉这段关系的风险盲目地信任他人。否则，我们（指的是每一个同情他人的人）可能会在不知不觉中成为谎言的参与者。

那些被代理型孟乔森母亲虐待的孩子受到了直接的伤害，因此他们是最显而易见的受害者群体（参见第 10 章和第 11 章）。但是，在代理型孟乔森中也有许多间接的受害者，如那些情感耗竭、内疚不已的护理人员，他们在无意中让孩子遭受了不必要的检查和治疗的折磨；还有惊恐万分的家人和朋友，他们也在无意中助纣为虐。

做作性障碍患者的一些病理行为往往与我们对人性的理解背道而驰，因此，骗局一旦被拆穿，欺骗者往往会声名狼藉、众叛亲离，而这样的环境正是最初滋生这类极端行为的温床。亲朋好友也会因为这些被欺骗的经历而心碎不已，即便他们可以在理智上将这些行径视为值得同情的心理疾病，内心却很难真正原谅欺骗者。被人背叛的痛苦感受往往会让受害者几近崩溃，也会将其与欺骗者之间的亲近感摧毁殆尽。

大部分做作性障碍患者其实并非存心伤害他人，他们只是需要他人来填补自己内心深处的情感空虚。但在另一些病例中，患者的蓄意欺骗行为实在过于残忍和恶劣，就算是客观、中立的专业人士也难以对他们产生丝毫同情。当做作性障碍同时伴有虐待狂、犯罪行为和（或）反社会型人格障碍（也被称为社会病态或精神变态）时，患者基本上就是无药可救的。对于这种情况，刑事诉讼势在必行。

下面这位名叫葆拉的女士所讲述的经历是我至今为止遇到的最让人痛彻心扉的故事之一。她无私地跟我分享了她的故事。

苦命人葆拉与大骗子德里克

葆拉是一位受过良好教育的年轻女性，思维敏捷、能言善辩。我在与斯图尔特·J. 艾森德拉思（Stuart J. Eisendrath）博士共同编著的学术著作《做作性障碍谱系研究》（*The Spectrum of Factitious Disorders*）中首次介绍了她的故事。葆拉的故事极其生动、形象地展示了做作性障碍给患者的照顾者带来的种种影响。该案例十分罕见，因为罪魁祸首也是一位医生。这位被我称为德里克的医生是一位人际操纵大师，他具备丰富的专业知识以精心策划自己的骗局。德里克对自己的前未婚妻葆拉实施的精神折磨长达两年之久。葆拉这样写道：

20 世纪 90 年代初，德里克开始抱怨腹痛难忍。他去做了活检，结果显示结肠中有多块肿瘤。因此，他每天早晚都要接受放射治疗。我现在记不清当时具体的治疗安排了，但他的肚子上确实有黑色马克笔做的标记，周围还有接受放射治疗留下的鲜红印记。经过六个月的治疗，最大的肿瘤先是缩小，然后又再次扩大了。德里克会定期做磁共振成像来监测这些肿瘤的情况。德里克自己就是医生，他的检查结果都是同事在他上班时通过电话告知他的，所以我自始至终都没有机会陪他一起去看医生。德里克还曾多次告诉我，他身上的瘢痕组织实在太多了，都影响磁共振图像的读取了。

大约一年后，肿瘤转移到了德里克的小肠。他开始服用一种尚处于实验阶段的新药，这还是他通过自己作为医生的关系搞到的。他还开始储存自己的干细胞，以便日后需要时使用。在德里克首次发病的一年后，肿瘤再次转移，而这次它们转移到了肺和肝脏。可那些庸医并没有及时采取积极的治疗措施，为此我大为恼火。在肿瘤第一次转移后，德里克说他被告知手术对他这种情况并没有什么作用。

　　我和我的家人在那段时期所承受的巨大痛苦和煎熬是无法用言语来形容的。我们整日以泪洗面，为德里克祈祷到声音嘶哑。德里克会持续地把肿瘤的最新情况及时告知我和我的家人。因为他也是一名医生，所以大家完全信任他，根本没有人怀疑他。德里克还经常把肿瘤画出来，方便我们更直观地了解情况。

　　接下来，药物治疗的强度加大了，德里克的病情愈发严重，其食欲也受到了很大的影响。在我的极力劝说下，他去了一家全美知名的医疗中心寻求进一步的诊疗意见。会诊结束后，他被告知可以得到最完善的治疗。得知这个好消息后，我如释重负，并开始对他的预后及我们的未来充满希望。我们俩随即订了婚，还筹划举行一场盛大的婚礼来庆祝。治疗持续进行着，但磁共振成像显示德里克体内的肿瘤几乎没有任何变化，治疗毫无进展，这让我们所有人都变得心烦意乱。由于情况紧急，医生认为接受干细胞移植是德里克最好的选择。因为跟手术安排有冲突，我们原定的婚礼也不得不取消。由于我的父母还有那些亲朋好友买了无法退款的机票，于是我向德里克要了他医生的一封诊断证明信，这样他们就可以退票了。德里克想办法给我弄来了一封信，我将它转发给了我的父母。这封信后来被证实纯属伪造。然而，就在进行干细胞移植手术的前一周，德里克又做了另一次磁共振成像检查，报告显示他体内的肿瘤竟然神奇地缩小了一半。谁也没想到会有这么好的治疗效果，干细胞移植手术也就这样取消了。

　　几个月后，我有事外出了，德里克在治疗过程中心搏骤停。当时情况危急，医生不得不用电除颤仪进行急救。我回来后发现他心脏位置的皮肤有两处被电击灼伤过的痕迹。差不多也是在这个时候，他的结肠开始出血，因为有一个肿瘤侵蚀了动脉。于是，我给德里克使用了卫生巾，他就这样在床上躺了几周，我也看到垃圾桶里有一些带血的卫生巾。在那段日子里，我没日没夜、全心全意地照顾他，不管是康复还是死亡，我都打算陪他走到最后。作为一个年轻女人，我无法形容眼睁睁看着自己未来的丈夫死去有多么痛不欲生。

德里克也因此变得特别颓废，我们经常讨论是不是要终止治疗，因为治疗已经严重影响了他的生活质量。我们在一起痛哭了无数次，我告诉他必须坚强地走下去。然而，他却跟我透露说自己正在考虑自杀。一天晚上，在极度抑郁中，他打电话给自己的弟弟，而我从未见过他这位所谓的弟弟。这位同样也是医生的弟弟很快就过来把他接走了，转到一家精神疾病康复中心。后来，德里克从那家康复中心打来电话哭诉，说自己要被那里收治了。于是，我要求和他的弟弟通电话，想了解一下是什么情况。几秒钟后，电话里传来了一个冷冰冰的声音。他的弟弟话里话外都像在埋怨我没照顾好德里克一样，而德里克如今这样的身体和情绪状态，我似乎有着不可推卸的责任。他说他已经和医生们商量好了，德里克每天只能给我打一次电话。他也不会告诉我具体在哪里接受治疗。在接下来的五天里，我就一直通过电话与德里克及他的弟弟联系。

这让我越发觉得有些不太对劲了。于是我去了图书馆，在医生名录中查找他弟弟的名字，然后又找了德里克的相关条目信息。直到把所有这些事实碎片都拼凑在一起，我才发现德里克在年龄上撒了谎，他的实际年龄要比他告诉我们的大9岁。更离谱的是，当我按照在医生名录中查到的号码给他的弟弟打电话的时候，我才得知那个人已经出国一段时间了，至今都没有回来。我突然意识到，在过去的这五天里一直和我通电话并被我当作德里克弟弟的人，原来就是德里克本人。一想到他上一秒还悲伤得泣不成声，下一秒就用冷漠的腔调对我说话，我就不寒而栗。我开始害怕德里克会跑来伤害我，因为我现在知道他究竟有多么冷酷无情了。

虽然当时的我已经被吓得不知所措，但我还是答应了德里克，愿意帮他从他工作的地方拿回他的信息。于是，我给德里克的一位同事打电话，询问何时可以拿到信息，结果发现那位同事正在温哥华参加一个学术会议。第二天，我打电话给温哥华的会议中心，试图联系到这位同事。我还顺带询问了德里克·科利尔医生是否有去参会。当接线员说"是的，稍等，我给您接通"时，我整个人直接就蒙了。原来德里克自己就在温哥华，根本没有在精神病院接受住院治疗。于是，我连夜给德里克打去电话，但会议酒店房间里的电话无人接听。第三天一大早，德里克打来电话，告诉我他是如何向心理咨询师和其他病友敞开心扉的。我表面上配合着他，一小时后又给他所住的酒店打电话过去，他却挂断了我的电话。

后来，我终于联系到了他的同事，对于德里克之前的很多行为，对方都进行了回答。从她那里我得知，德里克并没有请假，他一直都在办公室里，也根本没有任何生病的迹象。她还说，恰恰相反，德里克刚刚还在温哥华打高尔夫球，看样子相当自在。

当天晚上，德里克居然还厚颜无耻地再次打电话给我，尽管我已经识破了他的骗局，但他还想继续装下去。几分钟后，他终于道出了实情，这简直让我惊掉了下巴：他一直在假装自己得了癌症，也确实要比自己所说的大 9 岁，而且已经结婚了。然后，他乞求我能原谅他，仿佛我就应该继续陪他演下去一样。这两年来，我和家人们一直被德里克操纵着，大家都以为他快死了，而他只是在拿我们找乐子。德里克这个家伙的心理扭曲程度简直让人无法理解，从那以后我再也没有联系过这个人渣。不过，不管你信不信，我得知他在向我坦白的第二天，又戴着眼罩去上班了。为什么呢？因为去年，他一直告诉同事自己得了视网膜癌。你看吧，他又有了一批新的受众。

　　德里克的疾病伪装既残忍又巧妙，将他那位忠贞不渝的未婚妻彻底击溃了。他装病装得实在是太逼真了，在长达两年的时间里，葆拉全部的情感和感知都建立在虚假的谎言上。与大多数做作性障碍患者不同，德里克装病似乎不仅仅是为了博取同情，他还有虐待狂式的欺骗和操纵，其程度简直令人发指。

　　当然，并不是所有的患者都像德里克一样，会借助肉眼可见的印记来实施骗局——例如，他会在自己的皮肤上制造标记和灼伤，还特意把纱布垫染上血迹。有些人会完全依靠故事的力量来行骗。即使证据不足或与事实不符，骗局也会愈演愈烈，把越来越多的人卷进来。

🗐 无独有偶

　　虽然葆拉与德里克的这段经历听起来太过离奇——也许是这类问题中最极端的情况——但给受害者带来如此严重而持久的伤害和负面影响是所有作性障碍患者具备的共同特征。所有受害者的描述都有一个共同点，那就是他们都会觉得自己的这些奇葩经历是独一无二的，直到有一天他们偶然间在电视节目、网络、报纸或杂志上了解了什么是做作性障碍及孟乔森综合征。一名男子写道，在接触到我（本书作者）的研究成果之前，他一直都感到孤立无援。他与一位女性有过一段痛苦的经历，对方也像德里克那样假装身患癌症：

　　我和那个女人交往了将近12年，她不仅让我相信她被确诊骨癌晚期，就连我的一帮朋友和同事也都被她蒙在鼓里。这么长时间以来，这个女人从未被周遭的人质疑过。相反，她完全切断了与过去的联系，开始了全新的生活：新的朋友、新的工作，等等。

在我读到您的研究报告之前，我一直以为我和我的朋友们完全是在孤军奋战。

一对来自英国的父母怀着极度痛苦的心情在信中描述了他们发现女儿假装身患癌症和怀孕时的绝望和困惑：

我们一家人非常需要帮助。虽然我们的女儿还未婚，但当她告诉我们她怀孕了，而且孩子的父亲是一个我们认识也挺喜欢的年轻人时，我们都为她高兴。我们本以为，从此她那一团糟的生活就可以回到正轨了。但直到孕期10个月时，她似乎突然意识到，原来真的孕妇应该早就分娩了。于是，她偷偷搬走了，跟我们完全断绝了联系，所以我们不知道她在哪里，也不知道其实孩子根本没有出生。后来，她又主动联系我们，说孩子已经出生，不过当即就被人领养了。

其实她根本就没生过孩子。我们联系了本地所有的医院，都没发现任何关于她的住院记录。今年七月，她告诉我们她患了乳腺癌，需要接受手术治疗。在手术当天，她说她需要更多的时间来攒够钱，因为医生告诉她，术后她可能有六周的时间无法工作。而如今，她又错过了第二次手术安排，还是借口说她需要更多的准备时间。于是，我们就去医院的乳腺科询问她的手术排期，可工作人员表示从未给她安排过什么手术，而且如果给她安排了手术，一般也不可能随便取消。那里的医护人员跟我们提到了一个词"孟乔森"，我们现在才明白，这是我们早该想到的。

🗐 情感侵犯

在大多数情况下，受害者只能默默忍受做作性障碍患者强加给他们的羞辱和愤怒感，被迫接受痛苦和困窘，却完全不知道其实存在这种疾病诊断。这样一来，也就没有人能够幸免于这种伤害了。做作性障碍患者所捏造的故事往往都能以假乱真，就连一些经验丰富的专业医护人员也会上当受骗。特别是那些从事助人职业或天生就乐于助人、慷慨大方的人，尤其容易受到伤害。正如我们在莉比的案例中所看到的（第 1 章），神职人员很可能会成为被依赖的对象，因为他们的工作天生具有给人以支持和养育的特性。一位牧师曾告诉我，他觉得有位教区居民在蓄意伪造事故和伤害。她人为地给自己制造了一场车祸，甚至伪造了脑肿瘤诊断报告。每当牧师想让她把事故或疾病说得更具体一些时，她就会支支吾吾地转移话题。他说这让他不禁想到自己被人利用了。

"吸血鬼"贝莉与"冤大头"杰克

杰克自述道，他跟一个名叫贝莉的女人有过一段亲密关系，他们俩是杰克去加拿大度假时相识的。杰克返回弗吉尼亚州的家后不久，贝莉便主动找上门来，他们就这样同居了。贝莉一边假装找工作，一边接受杰克的钱及衣服、首饰等礼物。几周后，杰克开始怀疑贝莉所说的那些找到工作又失业的故事，于是贝莉以自己身体不舒服为借口，待在家里不肯出门。渐渐地，贝莉从一开始的各种小问题逐渐恶化为严重的躯体疼痛和乏力，还开始酗酒。这让杰克很担心，根本没法专心工作。贝莉还信誓旦旦地说自己正在接受医生的治疗，当杰克追问一些细节时，她就说自己得了膀胱炎，正在接受消炎治疗。她说喝酒是为了缓解她身体上的疼痛感，还说因为病情的缘故，找工作的事情也只能先搁置了。

可几周过去了，贝莉的病情似乎没有什么好转，这不免让杰克心生怀疑。"我有权知道你是不是真的出了什么问题，如果你真的病了，为什么这么久还不见好转？"有一天晚上，在一次激烈的争吵中，杰克说："这些天我根本没法正常工作，因为我无时无刻不在担心你的状况。"

贝莉把这场戏演得惟妙惟肖。一听到杰克这么说，贝莉一下子就把他搂在怀里，故作委屈地坦白道："我原本不想让你因为无法改变的事情而担心，但我觉得你现在需要真相，我得了卵巢癌。"

得知是这个情况，杰克顿时捶胸顿足、内疚不已。他还希望贝莉告诉他更多具体情况，让她去看专科医生，并主动提出陪她看病，替她支付医疗费用。贝莉告诉杰克要勇敢、有信心，像以前一样继续生活下去。她又向杰克保证自己一定会好起来。

就这样，几个月过去了，贝莉的病情依然没有任何变化。关于治疗的事，她只是粗略地提了个大概。最终，杰克在经济和精神上都被耗尽了，还因为工作业绩问题而濒临失业，然后他再次怀疑起贝莉的病情。"如果我也失业了，那谁来支付你的医药费呢？"杰克问道。贝莉说，她的那位医生跟她一样也是外来的移民。医生很同情她现在无依无靠，又没有收入来源，所以愿意免费为她提供治疗。杰克还想再核实一些具体情况，贝莉却百般搪塞，最后杰克只能说自己不会再相信她了。一听到这句话，贝莉便开始指责杰克薄情寡义，还说自己不能再跟这么一个冷酷绝情的男人生活在一起了。贝莉就这样扬长而去了。

为了弄清真相，杰克不惜一切代价。他联系了贝莉的叔叔，并得知贝莉这个人一直就是个酒鬼，还经常装病以博取同情，同时获得别人对她情感和经济上的帮助。贝莉知道杰克经常旅行，在发现杰克知道她的真实面目后，竟然打电话来恐吓杰克，她威胁杰克说如果他敢回到加拿大就弄死他。

置人于险境

在我看来，贝莉这位女性的做法已经对受害者构成了严重的威胁。她的那些行径跟德里克如出一辙，这似乎说明了她患有反社会型人格障碍。她处心积虑编造的弥天大谎不仅在歪曲现实，更是在蓄意利用一切可能的机会进行欺诈。德里克和贝莉二人都不肯承认自己的欺骗行径会伤害他人。他们既没有丝毫悔改之意，也不想让自己的生活有任何改变。

至于像贝莉那样的恐吓行为，即使对恶性的孟乔森综合征患者来说也不常见。其实大部分患者都带有一些反社会的特质，但并不会特别暴力或具有威胁性。这是一个特别极端的案例，贝莉严重的人格障碍最终显露无遗。

家人的参与和调适

做作性障碍患者带给他人伤害的大小会因其欺骗程度而异。大多数被卷入其中的家人都在默默承受痛苦，他们不清楚自己面对的究竟是什么，只知道自己的生活正在被摧毁。

在心理咨询师的指导下，家人可以给做作性障碍患者的治疗带来些许帮助，但由于种种原因，大部分家属从未真正参与治疗过程。心理咨询师对这些患者原生家庭相关信息的了解匮乏到惊人的地步。患者进入病房后会引起不小的骚动，而一旦工作人员发现自己上当受骗，患者就会消失不见。即使在那些接受了精神科治疗的患者中，大多数人也不允许精神科医生与自己的家人联系。只有一小部分患者会允许家人参与他们的治疗，而且一般都是迫不得已。

即便如此，心理咨询师也要尽量与患者家属取得联系，哪怕只是为了更好地搜集病史。一旦内心的怒火有所平息，他们就有可能帮助心理咨询师道破患者欺骗行为背后的动机。

如果受害者强烈的愤怒感和挫败感能够有所缓解，随之而来的往往是深深的孤独体验。此外，他们还会觉得自己实在太愚蠢了，居然会被人如此欺骗。被做作性障碍患者伤害的人需要接受心理咨询的帮助，也需要一段时间来调整自己。他们首先要做的就是承认现状，卸下心中的防御和阻抗，向心理健康专业人士寻求必要的建议和支持。

如果你怀疑自己身边有人可能是做作性障碍患者，不妨尝试这样做。首先，找一个能够客观地倾听并具备足够的鉴别、诊断等相关医学知识的人好好谈一谈。面对你所怀疑的那个人，你可以这样对他说："这是我所看到的情况，如果你想让我们的关系维持下去，你得先寻求专业的帮助。"其次，你可以根据受害者因被欺骗造成的经济损失程度，决定是否需要联系律师。（法律相关议题详见下一章的内容，关于干预和治疗的更多内容请参见第16章）。

作为受害者一方，你个人的治疗重点可能是如何彻底放下那个人。虽然这听起来很困难，特别是当那个人与你曾有那么亲密的关系时。但你自身的幸福取决于如何结束这段有毒的关系，以及接下来怎样更好地保护自己。你无法改变其他人，所以你就得想方设法让自己远离问题，过上更美好的生活。

对受害者来说，需要铭记在心的是，大部分做作性障碍患者都十分善于花言巧语，他们嘴里说的通常都是人们喜欢听的话，而且他们会说服亲朋好友相信并不存在什么骗局。另外，受害者（或感觉自己可能是受害者的人）要留心那些客观证据，以防自己被进一步操纵。

然而，在改变心态（或行为）方面，有些受害者会和患者一样顽固。他们打心底里觉得做作性障碍患者需要得到照顾，就像其他患者一样。对这些人来说，承认这种疾病是一场骗局极其困难。我们生来受到的文明教化让我们每个人都把照顾患者视作义不容辞的责任。即便是西方传统的婚礼誓言，也会要求伴侣"无论疾病还是健康"都要照顾对方。但是，如果你的配偶是故意让自己生病的，你还要照样履行这项神圣的责任吗？在我看来，我们不妨重新来理解这个责任的含义：做作性障碍患者确实生病了——尽管是心理层面的问题——并且仍然需要得到照顾，但是，这种照顾必须由心理健康专业人士来负责。只有这样，那些被无辜波及的受害者才能得到自己应得的照顾和疗愈。

受害者的心灵疗愈之路始于对这种疾病的认识。信息即解放。与我交谈过的那些被波及的人都这么说。对大多数人来说，最具有疗愈作用的一件事莫过于发现这种疾病居然还有一个确切的诊断名称。在我分享这些奇怪的精神障碍患者的个人经历时，人们纷纷表示自己似乎有种如释重负的感觉。一旦意识到自己并不是唯一被蒙在鼓里的人，他们就不会感到那么难堪或羞耻了。在得知自己遇到的是一种公认的心理疾病后，大多数人都会感到安慰和解脱。

第 **14** 章

道德、伦理与法律议题

尽管有确凿的证据表明米莉的伤口完全是她自己造成的，但米莉的遗产继承人还是准备起诉相关医生，要他们为米莉的死亡负责。经过四年漫长的诉讼后，该案最终被法院驳回。米莉这一案例揭示了与做作性障碍、孟乔森综合征及诈病相关的十分棘手的法律议题。做作性障碍患者不仅让自己承受巨大的生命健康风险，也给医院和保险公司造成极大的资源浪费，同时可能会牵连医生，导致其因医疗事故被提起诉讼。然而，根据伦理和法律的相关规定，即便对于这类患者，医生也只能在极个别的情况下暴露他们的个人隐私。本章探讨了在知情同意、私下取证、钓鱼执法及隐私保密等方面的医疗事故纠纷与患者的个人权利议题。经过仔细分析、权衡各种方法的利弊，我最终得出结论：无论现行法律或道德规范如何，个人良知才是影响是否披露患者隐私的决定因素。

做作性障碍引发了一系列棘手的法律和伦理问题，也让医疗卫生行业这潭本就不太清澈的水变得更加浑浊。就像本书中的案例所展示的那样，有些医护人员会采取十分大胆的手段，而在某些情况下，这些做法在伦理和法律上都是有问题的。他们觉得，如果真的要对那些做作性障碍患者进行检查、诊断和（或）治疗，那就别无选择，只能如此了。但他们的做法其实相当冒险，因为这会让相关医护人员和涉事医疗机构面临各种风险。其中最突出的风险就是因违反行业规范而遭到起诉。

医疗事故纠纷

对遇到做作性障碍患者的医生来说，仅仅是对疑似患者进行面质都有可能带来十分严重的法律后果：因治疗不当而被患者起诉。与其他疾病相比，医生或许会觉得做作性障碍似乎没那么危险。不少医生会想当然地认为，装病造成的恶果（包括躯体永久性伤残甚至死亡）完全是患者自己的责任，而且所有陪审团都会同意这一点。我也跟很多医生讨论过这个话题，他们中的绝大多数都相信，如果遇到做作性障碍的案例，他们是绝不可能被起诉的。但是，他们大错特错了。做作性障碍患者完全有可能且真的会对医生及其他相关人员提起医疗事故诉讼，无论这看起来有多不公平。

"木乃伊"米莉

我曾在一起民事诉讼案中担任专家证人，这起法律纠纷的当事人是一位名叫米莉的女士。米莉面部有严重的损伤和斑疤，她声称这是她在一次冲突中被警方喷射化学药剂引发的过敏反应所致。米莉的整张脸都有明显的红肿、出血和糜烂，可眼部周围却完好无损。这种情况非常奇怪，因为根据她的供词，当时化学药剂最先喷到了她的眼睛上。在接下来的几年里，米莉一直在接受针对面部损伤和感染的治疗。多次抗生素治疗均未取得明显的疗效，米莉不得不反复住院。在医院里，米莉的脸出现过局部好转的情况，但只要无人看护，她的病情就会恶化。

尽管多位全科、专科和次专科医生已经对米莉进行了全面的检查和治疗，却始终无法对她的这一特殊情况给出很好的解释。米莉的脸上曾多次出现无法解释的擦伤，有人还看到她自己揭开敷料、用脏手触摸伤口、过度擦洗脸部，尽管她对此矢口否认。只要有人说米莉的这些伤口是她自己造成的，米莉就会勃然大怒。在亲属的怂恿下，米莉以意外接触化学物质为由提起诉讼，要给自己"讨回个公道"。而实际上，她之所以起诉，只是为了"掩盖"自己因做作性障碍引发的面部问题。米莉尤其喜欢用绷带把自己的脸缠得像木乃伊一样去逛超市和商场，因为她知道所有人的目光都会聚焦在她身上。

后来，米莉的行为愈发离谱了。她又去了医院急诊科，额头左眉上带着一个圆形伤口。米莉承认自己用电钻在额头上钻孔，还用了三种不同型号的钻头。然后，她将唾液和一周前的尿液喷洒到伤口上。起初，米莉承认这次自残是为了制造更严重、更夸张的皮肤问题，让医生更加重视。后来，她承认自己长期在损伤皮肤。米莉还说她曾经剥开结痂的地方，用唾液和尿液来引起面部感染。不过，一旦对米莉的医疗急救结束，她就会坚决地收回供词，继续自残行为。尽管米莉有这些极端的自残行为，但她一直保持着基本的现实感。

米莉不断地提起上诉，声称自己接触了化学物质，而且其中存在医疗事故，她坚持认为医生要对她的皮肤炎症和头骨上的孔洞负责。人们在审查米莉的医疗记录后发现，过去 20 多年来，她一直反复进行各种医疗投诉，但这些投诉很少得到证实。不过，因为米莉的症状实在太严重了，而且她故意隐瞒了已经开出的药物信息，所以医生一般都会满足她的要求，给她进行各项检查及有创治疗。最终，米莉死于不同医生给她开的 21 种药物。但她不是过量服用药物致死，而是遵医嘱服用了所有 21 种药物，导致器官衰竭而死的。尽管米莉自行诱发疾病的证据确凿，可她的遗产继承人仍然不停地上诉，该案件直到四年后才被法院正式驳回。

在做作性障碍及孟乔森综合征相关案件中，对涉案医生或其他被告做出司法判决的情况并不多见。其实在某种程度上，最终是否获得赔偿并不是医疗事故案件中最重要的。更重要的是法律纠纷对被告及其家庭所产生的不良影响，因为此类案件一般都会拖上数月甚至数年之久。即便此类法律纠纷往往会以原告的败诉收场，但对那些被起诉的医疗专业人士来说，这可能是漫长而又骇人的经历。

哈佛大学的唐·利普西特（Don Lipsitt）博士曾描述过这样一个案例：一名年轻女子假装自己患了癌症，并起诉了 35 位医生，索赔共计 1400 万美元。她的起诉理由是医生不但未能准确诊断出她的做作性障碍，还对她从未患过的疾病进行治疗。保险公司也不愿面对法律诉讼，于是以赔偿当事人超过 25 万美元的庭外和解了事。这一案例让我们领教到的是，医护人员一定要尽早识别和诊断做作性障碍患者。

自作自受的薇姬

我也曾在另一起案件中担任专家证人，这起案件的当事人是一位名叫薇姬的护理助理。保险公司因薇姬没有遵医嘱接受治疗而拒绝支付她的医疗费用，薇姬因此将这家保险公司告上了法庭。于是，被告方便委托我来鉴定薇姬的不配合治疗行为是否已经严重到了孟乔森综合征的地步。

为了这起案件，我需要查阅的相关医疗记录装满了整整两个大行李箱。虽然逐页阅读这些资料花费了我一个多月的时间，但通过这样一丝不苟的分析，我有了一个令人震惊的重大发现：这起案件的当事人不仅不遵医嘱，甚至有蓄意自我感染和破坏伤口愈合的行为。最初，患者的拇指仅仅是被门框意外夹伤，然后在八年的时间里逐渐发展成手部肿胀、手腕渗出性病变、前臂红肿和局部糜烂。医生们拭取患者的伤口组织进行细菌培养，以查明是什么细菌导致了显著而持续的感染问题，结果发现从其伤口上培养出来的竟然是人体粪便细菌。因为薇姬是原告方，所以她只能按照规定如实提供这些记录。记录中还显示薇姬对医护人员及其他人有病态的说谎行为，她频繁地在全美各地更换医生，而且大多数医生对这一情况都一无所知。最让身为医生的我头疼的是，大部分医生居然还都接受了薇姬提出的要求，无论她想做什么检查、想要什么处方，医生都由着她。最终，患者的手臂因严重感染只能接受肘部以下截肢手术。这是薇姬多年前就预料到的结果，后来她自己也不遗余力地在这条不归路上渐行渐远。不过后来医生发现，患者没有受到感染的残肢竟然也莫名其妙地无法愈合，于是薇姬又接受了一次肘部以上截肢手术。不出所料，这次患者所剩的残肢再次出现难以愈合的迹象。

护士们的记录显示，和过去一样，薇姬伤口处的绷带经常会歪斜不整，感觉好像她自己曾解开绷带触摸过伤口似的。一直以来，医生和护士们都注意到缝合线撕裂、伤口划伤、伤口裂开及其他相关证据，这些都表明薇姬在人为制造并有意加剧自己的病痛。有几位医生在病历上记录了孟乔森综合征的可能，但少数敢于面质薇姬的医护人员也只能无奈地接受患者的否认，即使他们发现患者在个人病史上公然撒谎。有些人甚至观察到她的上臂上有一圈凹痕，至少现在回想起来，这就是薇姬曾多次使用止血带导致自己的下臂和手部肿胀的有力证据。据我推测，患者原来的伤口如果不被破坏，也许一周就可以愈合了。

后来，我与薇姬的律师进行了长时间的庭外取证。刚开始，对方试图质疑我的每项调查结果，后来却又突然主动结束了取证。他私下告诉我，我的报告十分具有说服力，他现在也承认自己的当事人确实患有孟乔森综合征。他说他打算撤回对保险公司的起诉。不过，他又补充说（作为同行，我为他说出这样的话感到羞耻），他现在要把重心放在实施截肢和修复手术的医生身上，还鼓励薇姬向他们提起医疗事故诉讼，控告他们给患者实施了不必要的手术。

诈骗

另一个关键的法律困境涉及这些患者所欠债务的偿还问题。这个难题不禁让医院和医疗专业人士开始思考做作性障碍患者究竟是否涉嫌欺诈罪。许多做作性障碍患者是靠私人保险公司、退伍军人管理局、医疗保险、医疗补助或其他支付者来承担他们的医疗费用的。其他没有补贴和医疗保险的人，则干脆选择不支付医疗费用。有些医生认为，所有做作性障碍患者都应该自费支付医疗费用，否则就应被视为诈骗。在美国的某些州，这种观点得到了法律支持。例如，在北卡罗来纳州和亚利桑那州，就医时的欺诈行为会被认定为犯罪。不过，据我所知，至今仅发生过一起涉及实际刑事起诉的案件。

罪有应得的阿什莉

现年 31 岁的阿什莉在亚利桑那州因三项欺诈罪被起诉，她被指控在完全知情的情况下以虚假借口骗取无偿医疗服务。背景调查显示，一年前，她曾谎报自己的年龄以就读高中。校方最终发现了她的骗局并将她开除，但她并未因此而受到任何指控。

实际的起诉书指控阿什莉两年以来向众多外科、精神科和牙科医生及相关医疗机构提供虚假病史，以获取不正当或误导性的医疗服务。她还曾多次冒充保险公司代表，承诺为医疗服务提供方报销费用，但从未付款。最终，阿什莉的谎言暴露无遗，她也被举报给了县检察官。

于是，法院下令为阿什莉进行第三方心理评估。心理咨询师认为阿什莉的欺诈行为是强迫性的；但是，控方的心理专家表示，他将出庭作证，证明被告的这种欺诈行为完全是精心策划的，绝非像"强迫性"一词所指的那样是不可抗拒的行为。

在审判前，阿什莉对两项重罪指控不予抗辩。最终她被判处七年缓刑，并被要求完成 1000 小时的社区服务及接受心理治疗（费用自理）。此外，她还被判支付 10 多万美元的赔偿金，照目前的还款速度来看，她需要 178 年才能付清！

🗐 强制就医和患者能力

对精神科医生来说，还有一个特别重要的法律问题是，能否将做作性障碍患者强制送入精神病院。在医疗领域，唯一能够强迫人们接受治疗的方式就是强制就医了，这也是一项需要通过遗嘱认证法庭进行裁决的严肃事宜。

　　强制就医并不意味着医生可以对患者强制进行治疗，只意味着患者将处于可接受治疗的状态。一个人可以在被强制入院的同时拒绝接受药物治疗、个体治疗、团体治疗及所有其他形式的治疗。除非有特殊情况，否则医生在法律上有义务尊重患者的拒绝权利。如果医生认为一个人没有足够的智力能力来决定自己是否拒绝（或接受）治疗，那么问题就变成患者是否有能力做出医疗决定。这个问题也必须由法官来裁决。

　　在第 4 章，我曾描述自己疯狂追赶一位从急诊室逃走的妇女的情形。当时她的生命岌岌可危，而她拒绝承认这一事实。正如我不得不认清自己受到的法律约束一样，临床医生经常会发现自己处于令人沮丧的位置：他们明明确信自己有能力帮助患者，却也知道自己被法律捆住了双手。尽管具体的法律法规和强制收治的门槛会有所不同，但基本上美国所有州都有这种限制。因此，包括医生在内的医护人员都要认识到自身权力的边界。在这个世界上，人们有权对自己的生活做出不好的决定。

　　在美国大多数州，强制就医的唯一标准都包含两条：首先，急性精神疾病；其次，迫在眉睫的自杀风险、对他人构成显而易见的危险、患者没有能力照顾自己的基本需要（如衣食住无法自理）。但做作性障碍并不符合这些标准。因此，在美国，仅仅因为做作性障碍而被强制收治的病例非常少见。在一个案例中，一位患者通过自我导尿并注射自己的血液来伪造血尿，因假性血尿症来到医院就诊。虽然这位患者并没有自杀倾向，但法官认为她是将自己的生命置于危险之中，很可能在某一时刻导致死亡，于是法官稍微放宽了要求，同意让她住院接受精神治疗。可不幸的是，仅在一周后，她就被一位精神科医生遣送出院了。理由是这位医生认为所有的孟乔森综合征患者都是无法治愈的。对法官、律师及像这位医生这样的医护人员而言，要将做作性障碍视为一种精神疾病还需要漫长的过程。在强制收治的案例中，他们通常考虑的是诸如有暴力倾向的精神分裂症或严重自杀倾向的抑郁障碍等疾病。

在美国俄勒冈州的一起案件中，法官提出了一种全新的方法来替代强制就医措施。他设计了一种医疗监护制度，指派一个人代表患者做出所有医疗决策。这种做法相当合理，其他州也许也能考虑稍微调整一下当地的法律，以允许在涉及做作性障碍患者的案件中采用此类做法。

🗐 私下取证

对患者的私人财物和病房进行秘密监视和私下搜查，这类做法很可能会引起与患者个人权利相关的法律纠纷。无论对住院患者还是门诊患者进行搜查取证，很多时候都可以获得确认其是否为做作性障碍的证据。就在不久前，这些行为还很少受到质疑。可现如今，除非征得患者本人的允许或严重怀疑有代理型孟乔森的虐待行为（见第 10 章和第 11 章），否则这些做法都会被视为明目张胆地侵犯个人隐私。

有这样一起与患者的个人隐私权相关的案例：一名女子疑似通过自行催吐引发体内电解质紊乱，于是医生在没有事先告知患者的情况下就给患者进行了检查，监测她的血清和尿液中的电解质情况（这些是人体内非常重要的液体成分）。通过监测，医生们确定患者的症状确实是通过自行催吐引发的。可医生在没有取得患者知情同意的情况下就进行这种诊断操作，这样的做法是否符合职业伦理要求？这个问题值得进一步商榷，但目前大多数法律和医学专业人士给出的答案都是"否"。

📑 知情同意
....

还有一种对做作性障碍案例的干预方式也十分不光彩，那就是药物辅助访谈（Medication-assisted interview）。这种方法是在所谓的去抑制药物的影响下对患者进行访谈。这些药物通过静脉注射，能让患者深度放松，在接受询问时更有可能承认自己的骗局。在未获得患者知情同意的情况下进行化学药物治疗属于违法行为，而如果直接告知做作性障碍患者这么做纯粹是为了套出真相，他们显然是不会接受的。不管怎么说，这些方法一般都没什么效果。如果患者维持欺骗行为的动机足够强烈，自然可以抵制药物的作用。所以，这种干预措施其实也无法让患者说出真相。

有些医生觉得自己身为医务工作者享有治疗上的特权，可以跳过获得患者知情同意的常规程序直接用药。对于这一观点，我个人实在不敢苟同。即使是低风险的医疗操作也并非完全没有风险。不妨想象这样一个情景：医生在未征得患者知情同意的情况下直接给患者用药，结果出现了危及生命的反应。从民事责任的角度来看，这是一起医疗事故；从刑事责任角度来看，这已经涉嫌蓄意人身伤害罪。医生绝不能以这种无视潜在责任和个人权利的方式来治病救人。

也有一些医生认为，如果患者的生命因做作性障碍而受到威胁，那么诸如私下搜查病房等诊疗方式在法律和伦理上也许就是合理的。当然，如果真的出现医疗紧急情况，这种想法就有一定的道理。但是，如果当时患者并没有生命危险，这种想法可能就不一定成立了。除非患者被明确告知，而且也接受了必要的病房搜查是入院接受治疗的前提条件（这确实已经成为入院前的一项常见要求），否则，这种行为大行其道的日子已经一去不复返了。在如今这个法治社会，无论是进入普通医院还是精神病院，患者都没有自行放弃任何公民权利。在美国，甚至有相关法律规定，医院要在每个病区都张贴"患者权利须知"。此外，从技术层面来说，医院里每一项中度（及以上）风险的诊疗操作和每一种药物，都需获得患者的知情同意。没有任何法律文件允许医生对患者肆意做任何他们认为必要的事情，而不考虑患者的权利或个人偏好。

切实可行的方案

即便困难重重，仍然有一些办法可以帮助医生识别那些伪造疾病的患者，其中之一就是将知情同意程序融入医疗检查中。例如，如果医生怀疑某位患者可能在装病，那么他可以坐下来跟对方好好谈谈："我还不清楚你的身体究竟出了什么问题，不过有一种可能是，这病是你自行制造出来的。因为这只是其中一种可能，所以接下来我需要给你做一系列检查以排除这种可能性。我事先告知你，就是想征得你的同意，以便进行诊断。"在现实中，这种声明对医生来说非常困难，因为它会让医患关系变得紧张。如果患者确实有做作性障碍，那么他可能会找借口出院，然后溜到另一家医院继续自己的欺骗行为。但是，直截了当的方法可能会在帮助识别特定的做作性障碍病例方面有很好的效果，也许还能让一部分患者得到适当的治疗。

正如我之前所指出的，使用摄像机作为监控工具在诊断代理型孟乔森方面会非常有帮助。虐待行为的录像记录应成为孩子永久医疗记录的一部分，可供保护服务人员、双方律师和法院审查。当事人的律师一定会坚持认为这种监视侵犯了个人隐私，属于非法取证。但根据美国联邦法律和法院先例，这种异议一般都是无效的。不过，为了安全起见，一旦医生有所怀疑，就应该立即联系医院的律师和管理层。另外，医生还应咨询医院的风险管理部门，并与其商讨拟采取的侦查工作。医生可以向这些医院工作人员列举进行视频监控的理由。例如，视频监控可以挽救孩子的生命，也是虐待行为的有力证据；它可以作为呈堂证供；它可以帮助无辜的母亲洗清犯罪嫌疑；与酒店不同，医院病房内一般是没有隐私的。（当然，怀疑自己被监视的母亲会在被观察期间不做出任何虐待行为，还会以此声称录像中的正常养育方式足以推翻所有指控。）在美国，如果可疑行为发生在医院外，医生还可以联系自己的律师，或者咨询美国精神医学学会或美国医学协会的法律顾问。

对于可能的代理型孟乔森病例，美国医生要依法将他们上报给当地相关部门（包括英国在内的许多国家暂时还没有这项规定）。只要举报不是出于恶意伤害他人的目的，涉事医护人员就可以免于任何形式的起诉或诽谤诉讼。相比之下，瞒报或漏报行为或许会构成轻罪，相关人员也会被处以监禁和（或）罚款的处罚。

发现做作性障碍患者也许会让相关医生陷入一种道德困境。一方面，他们拥有治愈患者的愿望和决心；另一方面，这类患者往往会让人唯恐避之不及。医生要在相关法律及行业规范的框架内采取相应措施。例如，医生不能单方面终止积极的干预，不能突然就说"我觉得你在装病，所以从现在开始，我不会再为你看病或治疗了"。作为医生，他们要以某种方式预先告知患者，在某个期限过后，医生就不再提供诊疗服务了。同时，医生还要给患者留有一些合理的希望，帮助他们获得所需的其他医疗护理，医生可能也要协助患者获得这种护理。

📑 分享秘密：向他人揭穿骗局

从法律和伦理上讲，医生不仅必须尊重患者的隐私，还要遵守其他职业规范。但如果患者首先违反了医患间默认的规则，那么医生还有必要遵守吗？答案是，除某些特定情况外，医生要一如既往地恪守原则。

这些特殊情况对医护人员来说至关重要，因为他们几乎会毫无悬念地违背患者的意愿，并对外公布做作性障碍的诊断——例如，当他们为了尽早结束医疗上的"旋转木马"①时。根据《精神病学与法律临床手册》（*The Clinical Handbook of Psychiatry and the Law*）这本具有里程碑意义的指导书中的介绍，在下列情况下，未经患者同意披露患者的个人信息可能是合法的，甚至是必要的。

- 应对患者的紧急情况。当患者处于躯体或精神上的紧急情况时，出于对患者的最佳利益考虑，医生或治疗师认为有必要适当披露患者的相关信息。医生或治疗师可以在未经患者明确同意的情况下披露相关信息，并可以讨论做作性障碍的诊断及其他重要事项，如处方药或违禁药的使用情况。为防止事后引起纠纷，最好让另外一位临床医生评估患者的情况，并将其同意医生在发生紧急情况时披露患者信息的意见记录在案，这是一种有效的法律保护手段。
- 应对患者无行为能力的情况。如果临床医生认为患者在法律上没有能力接受或拒绝知情同意，就应该咨询患者的监护人或亲属。在米莉的案例中就出现了这种情况，她在去世前几周变得语无伦次，这

---

① 旋转木马（merry-go-round），这里比喻一连串使医护人员忙得团团转的医疗事件。——译者注

可能是由对大脑采取的自残行为和处方药所致。假如没有相关人选，临床医生则可以选择披露符合患者最大利益的信息。如果预估患者无行为能力的情况将一直持续下去，那么医生可能就需要对无行为能力做出正式裁定并指定监护人。

- 需要让患者住院或强制其就医。在美国，当以非自愿的方式让患者住院或收治患者需要提供必要信息（如明显的自杀或杀人行为）时，大多数州都允许披露此类信息。然而，某些地区也存在限制，具体事宜可以咨询当地政府部门。

- 保护第三方。《精神病学与法律临床手册》指出，过去精神科医生保护他人免受患者暴力行为的义务仅限于将这些患者收治，并确保他们不会逃脱且不会过早出院——这些职责不需要违反保密原则。然而，美国加利福尼亚州最高法院在 1976 年的一项判决中认定所有心理健康专业人士都有责任"采取一切合理且必要的措施"来保护患者的潜在受害者。在这一判决中，法院认定可能需要向受害者和（或）警方发出预警。美国大多数州都已做出了类似的决定和（或）颁布了管理此类情况的相关法规。虽然这种情况在做作性障碍的病例中十分少见，但当涉及代理型孟乔森的案例时，这种顾虑极有必要。

- 需要依据相关法律进行上报。心理健康专业人士、医生、护士、教育工作者及其他相关人员需要依法上报代理型孟乔森虐待等情况。在美国，尽管各州法规的具体措辞有所不同，但有 50 个州都强制要求与虐待儿童有关的情况必须上报。因此，了解与这些问题相关的当地法规和法律对医护人员来说是至关重要的。

- 需要与管理层及协助人员咨询、商议。根据《精神病学与法律临床手册》的要求，向协助主要护理人员护理患者的专业人士披露信息不被视为违反保密原则。这些专业人士可能包括上级领导、医院护理人员及同事。一旦得到患者主治医生的信任，相关人员就有义务像主治医生一样遵守保密原则。因此，在处理与做作性障碍有关的事情时，经验不足的临床医生可以自由地向专家同事咨询诊断和治疗等相关事宜，但专家不得向他人透露患者的具体信息。

披露信息的风险

这些法律要求和限制很明确，但在某些情况下会变得十分严格。美国新颁布的联邦医疗记录隐私条例使一般人在未经患者同意的情况下很难获取外部医疗记录。此外，该条例还允许患者请求更改自己的医疗记录，这对医疗欺诈案件的影响还有待观察。

在处理做作性障碍的案例时，医生的良知会对此有何影响呢？如果医生真的担心患者的装病行为，他们能否以患者的健康为由而在内部相互知会，并将患者的情况通知医院或保险公司呢？如果他们真的这样做了，那就准备好应对随之而来的一系列令人痛苦的后果吧。他们将不可避免地因违反保密原则而遭到起诉。此外，将情况上报给相关专业人士可能还会让他们面临更难以预测的后果。例如，有位医生想提醒自己的同行要小心一位他诊治过的女性患者，因为这位医生确信她患有做作性障碍。出于对患者健康的关心及对同行的责任感，这位医生主动联系了几位正在为这位患者看病的医生。然而，没有一个人把他的话当真。他们宁愿接受这位患者的精彩故事，这让那位医生惊愕不已。

也有许多医护人员试图规避法律的限制，主张建立一个全国性的做作性障碍患者登记制度以实现上报共享机制。他们的理由是，这一举措可以有效监测和限制这些患者的欺骗行为。尽管有些国家已经建立了类似的登记制度，但我个人认为这一方式并不可取。掌握这类患者的名单并将其发送给全国所有的医院、诊所和医生办公室，这样做可能会有很多隐患。首先面临的问题是，只要上了这份名单，患者这辈子就别想真正生病了，因为他们可能永远不会得到治疗。正如第 7 章中的患者温迪·斯科特向我们介绍的那样，伪装生病的行为随时都有可能结束。在许多情况下，一旦一个人的情感需求得到满足，他的装病行为似乎就会停止，而他也会继续正常地生活下去。此外，名单上的人可能随即就会被医疗保险拒之门外，而且这一影响将持续终生。

还有人建议使用非正式手段追踪和识别做作性障碍患者，包括在医院公告栏张贴患者照片、在急诊室分发相关传单等。然而，公告栏和传单的形式太不可控了，两者都会涉及信息泄密问题。弗雷德里克·C. 卡斯（Frederic C. Kass）博士在《综合医院精神病学》（*General Hospital Psychiatry*）期刊上发文指出，为了找到一种有效的折中方案，医生在决定是否公开披露做作性障碍患者的相关信息时，要充分考虑每位患者的具体情况。他建议考虑以下因素：患者装病行为的频率、患者所患做作性障碍的严重程度及其所导致的危险、患者所伪装疾病的性质。尽管我十分赞赏他做出的努力，但这将造成一个困境：由观察者自行判断患者装病行为的严重性可能会引发一些不必要的、非法拒绝治疗的情况，甚至还会让患者遭受公开诽谤。

尽管有这些警告，但还是有一些发表在专业期刊上的文章意图披露特定患者的身份。这样一来，其他行业内人士就会发现患者的存在。例如，有本牙科类期刊上报道了一位孟乔森综合征患者的案例，该患者在纽约大都会地区至少接受了 25 位牙医的治疗。文中详细介绍了患者的特征和症状情况，以提醒牙科界同行注意这位患者，据信他仍在该地区活动。一些早期由精神科医生撰写的论文中甚至提到了患者的真实姓名，这一情况在欧洲尤甚。有些文章包含了确切的姓名首字母缩写及大量细节描述，因此人们很容易就能识别出患者的身份。渐渐地，医生们在披露这类信息时变得越来越谨慎，而相关专业期刊也不再接受那些能够识别出做作性障碍患者个人身份的稿件了。

不过，医生们是足智多谋的，规避保密原则的计谋仍然层出不穷。有些医生建议，如果只是隐晦地说某位患者背后隐藏着一个不能说的故事，那就不算违反保密原则。还有些医生建议给转诊医生写一封关于该患者的信，其中注明"我被禁止就该患者是否患有做作性障碍发表任何意见"。然而，这种方法只是在道德和法律问题上钻了空子，并没有直接面对问题。这种做法实际上与其他违反保密原则的行为并无不同。

然而，涉及做作性障碍的医患保密原则问题仍存在相当大的争议。如果一个假装生病的人去医疗机构就诊，接受诊疗服务、占用医护人员的时间却不支付任何费用，那就是一种不折不扣的偷窃行为。然而，由于他作为患者的身份，临床医生不得不受到各种伦理和法律的约束，其中最重要的就是保密原则。试想一下，如果有人大摇大摆地走进商店，直接拿走里面的商品而不付费，那就没有什么保密原则可言了。这两种情况都属于偷窃。这一观点十分具有说服力，但归根结底是因为医生群体（他们习惯于发号施令）无法容忍这样的情况：患者居然享有比医生更多的特权。患者不必遵守作为患者的规则，医生却必须遵守作为医生的规则。在几乎所有的案例中，做作性障碍患者都可以剥夺医生向任何人透露病情相关信息的权利。

有一种方法或许能改变这一困境，那就是建议医学会和（或）其他专业组织针对这些问题明确态度，并公开发表声明："根据我们的行业伦理规范，某些情况不适用于保密原则。这些情况包括患者在提供信息时作假和（或）私下人为制造疾病。因此，在面对这些患者时，医生可能不必遵守常规保密原则。"立法机构也应该制定类似的法定语言，再由法官确认其合法性。然而，从历史上看，几乎任何一种可以想象得到的问题都要比医疗欺诈排得更靠前。我担心，即使是万里长征的第一步——由一个成熟的医疗组织发表正式的政策声明来指导医生的行为——也要很长的时间才能实现。

相关结论

还有另外一些因素会让相关法律和伦理意图显得扑朔迷离：诈病（带有违法犯罪性质）与做作性障碍或孟乔森综合征之间的微妙差异究竟是什么呢？根据诊断标准，医生区分诈病和既定精神疾病（如做作性障碍）的唯一依据就是其表面动机。但医生真的能读懂患者的心思吗？医生能否确定患者的主要动机究竟是扮演患者角色本身还是获得现实利益呢？如果各种动机并存或动机随着时间的推移而发生改变，又该如何诊断呢？这些问题仍然悬而未决，因为行业内对此尚没有明确的标准，也没有召集专门的专家小组在日常实践中为临床医生提供建议。

尽管存在上述种种风险和限制，但对那些想要好好治疗做作性障碍患者的医护人员来说，协同合作的多学科、跨领域整合治疗模式依然非常有帮助。无论是父母残害孩子（虐待）还是成年人伤害自己（精神疾病），这一点都至关重要，因为一旦提出疑问，举证责任就落在了揭发者身上。

迄今为止，我还没有听说过由患者的亲朋好友、医护人员或医疗机构对做作性障碍患者提起的民事诉讼案件。当患者造成经济损失或给人们带来情感伤害时，诉诸法律将是一种扭转局面的方式。当然，患者也一定会狡辩，说自己十分无助，自己也是精神障碍的受害者。尽管如此，我仍坚信有朝一日，那些深受其害的个人、组织或机构会对做作性障碍患者提起民事诉讼，并取得胜诉。

第 15 章

识别与诊断

在本章，我将探讨一个重要现象，那就是做作性障碍已广泛存在于我们每个人身边，但由于种种原因，相关患者仍未得到充分的诊断和治疗。大多数医护人员接受做作性障碍方面的培训少之又少，这让他们很难及时发现相关的疾病征兆，即使有所觉察，也很少有人能进行有效的干预。此外，医疗付费制度的限制、担心引起法律纠纷、社会污名及医护人员之间缺乏必要的沟通，这些因素叠加在一起也让准确诊断难上加难。本章列出了可能出现做作性障碍的部分迹象，例如，在患者惯用手可以够到的范围内出现形状奇特的身体疤痕等。另外，本章也会讨论有助于医生证实其怀疑的具体方法。

无论在医院里还是法庭上，能够证明某人患有做作性障碍，对所有临床医生来说无疑都是极其艰巨的任务。不过，大多数医护人员永远都不会遇到这种情况。由于相关知识的缺乏、医护人员之间的沟通不足、害怕引起法律纠纷及某些情况下的冷漠与忽视等因素的影响，绝大部分做作性障碍患者都从医疗健康系统的"裂缝"中被遗漏了。有的医生会指责自己的同行不作为，因为患者就这样在他们的眼皮底下悄悄溜走了。有时，很多患者其实多年前就被诊断出来，但医护人员对此视而不见。而我本人就是批评者中的一员。在大量的案例中，为了找到病因，患者健康的器官被切除、反复接受探查术和各种侵入式治疗，然而这些疾病最终被证实纯属伪造。很多时候，即使一份又一份价格昂贵的检查报告都显示阴性，医生仍然会为做作性障碍患者开处方药并进行其他相关治疗。实际上，实施医疗欺诈行为患者的数量被严重低估了。其中的原因十分复杂。

- 医学和心理学专业人士在医疗欺诈领域接受的培训少之又少，他们很难及时识别相关预警信号。就我个人而言，在医学院学习的四年加上在知名机构的四年精神科住院医师受训期间，我从未听说过"做作性障碍"或"代理型孟乔森"等专业术语。直到后来，一位医学杂志编辑发现我文章中的明显错误，并委婉地纠正我后，我才了解做作性障碍和诈病之间的区别。

- 当专业人士发现做作性障碍甚至代理型孟乔森时，很少有人知道该怎样进行干预，从而让这些患者或施虐者没有机会到其他医生和医疗机构那里继续行骗。

- 有时，即使医护人员发现患者在伪造疾病，也会故意不给出准确的诊断。因为他们知道这些患者不喜欢被人贴上污名化的标签，而对所有相关人员来说，面质这样的处理方式既困难又会带来麻烦。即使装病的证据确凿，医护人员也可能担心患者会以医疗事故、被诽谤或被诋毁为由起诉，借此转移社会对伪造疾病这件事的炮火攻击，并让忧心忡忡的"吹哨人"[①]保持沉默。

- 医疗服务付费体系实际上也不利于对装病行为的准确诊断。通常，保险公司和其他医疗服务买单方非但不会奖励提供有力证据的举报人，反而会拒绝支付因患者装病或人为诱发健康问题而产生的医疗费用。这样一来，医生便没有了足够的动机在表格上填写诸如"做作性障碍"之类的诊断，因为他们确定这样做就没人支付医疗费用了。同样的道理，自杀身亡的患者家属一般也不会得到任何人寿保险赔偿。正是出于这个原因，一些好心的验尸官和法医会将患者死因写成"原因不明"，而不是"自杀"。因自残造成的伤害或死亡会让所有保险赔付失效。

- 由于医学界和心理学界对医疗欺诈的心理和行为机制尚不了解，因此医护人员可能会对那些被误认为是在装病的真实患者治疗不足。类似温迪·斯科特（见第7章）这样的警示案例可能在一定程度上引起了大家的防范，导致对做作性障碍及相关问题的诊断不足。

- 几乎所有做作性障碍患者，以及几乎所有代理型孟乔森的施虐者，都害怕招致社会污名和（或）法律惩罚，所以自然都不会主动站出来——即使在极少数情况下，他们会想要寻求帮助以结束欺骗行为。

---

① "吹哨人"指的是为使公众注意到政府或企业的弊端，采取某种纠正行动的人。一般来说，弊端或不当行为指有人违反了法律、规则或规例，进而直接威胁到公众的利益，如欺诈行为。——译者注

- 没有任何官方协会或医疗组织会主动发布做作性障碍、孟乔森综合征、代理型孟乔森或诈病等相关内容——无论在线上还是以其他形式。

- 也许最重要的是，患者和施虐者会像马戏团里的杂技演员一样灵活地不被人发现。

我之前的一位患者介绍了自己的亲身经历，她向我讲述了大量的错误医疗干预是如何发生的。同时，她的故事中也充满希望，因为她的孟乔森综合征被彻底治愈了。

自残成性的内莉

真相很残酷，多年来，我一直想方设法让自己生病。我住过三四十次院、做过无数次手术、接受过无数次干预，医生给我开过数百种药，但他们从未怀疑这些问题其实是我自己一手造成的。从十几岁开始，我就偷偷地用烤箱清洁剂灼伤自己的手臂，还喝过加了厨房清洁剂的果汁。这么多年过去了，我的行为变本加厉，对身体造成的伤害每天都让我不得安宁。更让我难受的是，我意识到我将不得不带着这些伤疤度过余生了。

我知道自己的这些行为看起来让人无法理解，但我似乎别无选择。匪夷所思的是，自残竟成了我唯一的生存手段。我生病并不是想给自己造成痛苦或永久性的伤害，这些只是达到我的真实目的——从医护人员那里得到一点点关怀——的副作用而已。这些关怀会带给我力量，让我能够继续活下去。我会一次次地生病、住院、痊愈……如此循环往复。

长期以来，我觉得自己好像坚不可摧。但当我因为自残而被迫切除膀胱时，我才发现自己并没有那么强大。我现在必须随身挂一个尿袋，它时刻提醒着我做得有多过火。但此时，生病已经成为我的一种生活方式，我根本停不下来。这么做的代价实在太惨重了。在我失去医疗保险期间产生的医疗费用也让我不得不申报破产。据保守估计，我的住院服务费、门诊护理费和医药费加起来总共要 40 万美元，接下来我每个月都要花 200 美元左右来购买药物和医疗用品，这也将伴随我的一生。

最初，青春期时的我是为了躲避虐待才故意做出一些伪造疾病的行为的。只有当我生病时，虐待我的人才能让我喘口气。直到我 18 岁那年，一次偶然的机会，我因车祸住进了医院，那时我才充分感受到住院所带来的爱与关怀。正是在那次经历后，我才开始为了住院而故意让自己得病。虽然我最终也拿到了大学文凭，但因为忙于生病，我只能时不时地休学一段时间。毕业后，由于频繁住院，我只能断断续续地工作。

多年来，从没有人怀疑过我的所作所为。我会伪装一些症状，如腹痛，或者在尿液样本中加入血液让尿检结果异常；我也会蓄意诱发一些真实的疾病，如故意让自己被冻伤和感染。后来，我遇到了一个重大转折点。我像往常那样把细菌注射到自己的血液里，但这一次我却因败血性休克症状进了重症监护室。那是我生平第一次真正感到害怕，我怕自己会死掉。就在几个月前，我开始去看医生，医生花了很多时间来照顾我。在住进重症监护室的那段日子里，我下定决心，如果我的败血症能够痊愈，我就会把自己做过的所有事都告诉她。我觉得告诉她——分享这个秘密——会让我学会承担责任，让我能够摆脱那些危险的行为。

奇迹出现了。我真的康复了，我也确实将秘密告诉了我的内科医生。出乎意料的是，她并没有因为被我蒙蔽而愤怒，反而十分支持和理解我。尽管我没办法做到马上就不再装病，她还是坚持陪着我。不过，当我的事情在业内传开后，就再也没有人愿意给我看病了，甚至连那位医生要介绍给我的精神科医生也不愿见我。似乎其他医护人员对我很反感，害怕我，或者只是觉得自己还没有资格给我看病。虽然我感到特别失望，但我完全能理解他们的感受，因为我也对自己有同样的感受。我并不否认我的过去，只是为之羞愧。

最终我确信，要想获得重新来过的机会，我就得搬到别的地方住。一想到要搬家，我就十分害怕，因为我知道，如果搬家，我就得丢掉家里仅存的一点安全感。我还担心，如果我一不小心重蹈覆辙，那么我将永远无法向别人说出真相：因为我无法再次承受那样的羞耻感和屈辱感。当我开始为搬家做计划并实地考察可供落脚的地方时，我意识到，如果不进行治疗，我很可能会像过去一样再次失败。最终我还是选择了新家，这在很大程度上是因为我知道我在那里可以得到妥善的治疗。

如今，我确实为自己创造了一个全新的生活：我有了一份全职工作，工作表现也很不错，而且我拿到了研究生学位。我与一位新的内科医生建立了关系，她对我没有偏见，我会定期去见她。几年来，我的身体一直很健康。所以，我想与大家分享我的故事。

我希望那些受困于类似问题的病友能够明白，当我做出装病行为时，我以为伤害的仅仅是我自己，我也以为自己再住一次院就可以停止这种行为了。但事情的发展并不如我所愿。首先，身边的人不可避免地会受到牵连。当亲朋好友发现我在欺骗他们时，我几乎失去了所有人的支持。其次，我根本无法仅凭自身的意志力叫停装病行为。直到接受治疗后，我才发现有更可靠、更安全的方法可以满足我想被人关心的需要，于是我才停止了这种行为。曾经，我还那么天真地相信通过装病就可以解决问题。但我现在意识到，那样做除了制造更多的问题外，什么也解决不了。

同时，我也希望医生们能明白，我做这些并非存心想欺骗他们，而是为了让自己住院。在这种情况下，医生只不过是我实现目标的工具。当我最终获得了领悟、改变了动机，并且跟一位关心我的医生建立了稳定的关系后，我很快就停止了欺骗行为，因为现在的我对生病这件事已经没多大需求了。

然而，一直让我感到不安的是，有许多被做作性障碍这一"魔鬼"牢牢困住的病友永远也无法获得解脱。我多么希望可以告诉那些像我一样的患者及他们的医生：其实患者很容易就能找到替代的关爱和照顾，治疗师也要对自身的助人能力抱有信心，因为他们一定可以找到持续有效的治疗方法……只不过这一理想尚未实现。我希望，也坚信这一天迟早会到来。

结束对内莉的治疗六年后，我曾与她交谈，在此期间，她再也没有出现过自残行为。她每年都会去同一位内科医生那里做年度体检，但除此之外再没有其他就医记录了。如今的她变得乐观、开朗、行事高效、风趣幽默，活得也更加充实，整个人都特别健康。

与内莉不同，大多数患者不会承认自己的欺骗行为，更不会主动求治。因此，在识别做作性障碍和孟乔森综合征患者的过程中，有两个非常基本但至关重要的因素：适度的培训和团队合作。显然，准确诊断所有患者的重任都落在了医护人员的肩上，他们要与其他相关人员共同协作。团队的目标应该是确认或排除疑似诊断，然后采取适当的措施。尽管这种模式听起来简单易行，但并没有得到大范围的推广。例如，美国的医生往往遵循一条截然不同的路径——僵化的个人主义方式，他们甚至不去了解患者是否在看其他医生就直接进行诊疗。即便是那些过问的医生，可能也会发现自己很难拿到患者的外部医疗记录，甚至难以与其他医护人员取得电话联系。临床医生无法直接访问患者的医疗数据中央存储库。面对繁忙的日常工作，他们甚至会忽视患者透露出自己正在看其他医生这一关键信息。他们也没有足够的精力留心患者的奇怪举动，无法发现患者不想让自己的几位医生互通其病情。

充分认识到做作性障碍、孟乔森综合征、代理型孟乔森及诈病的存在，了解它们遵循的特定模式，是对它们进行准确诊断的关键所在。医学上有句老话，诊断的第一步就是高度怀疑。如果你对某种疾病完全不清楚或不了解，你就不可能持高度怀疑态度，诊断也就无从谈起了。

一位已故孟乔森综合征患者的女儿写道，她非常愤怒，因为母亲的欺骗行为在她生前完全没有被医生发现，也从未被当面质问过。确实曾有几位医生有所怀疑，但没有一个人去收集患者的医疗记录，也没有人向患者的家人了解情况，以确认或排除他们的怀疑。相反，医生们仅仅是根据患者数十年来对身体严重症状的描述和反复无常的检查报告来进行诊断和治疗的。直到患者去世，她的女儿收集了所有的医疗记录，并咨询了这方面的专家后，患者的孟乔森综合征才最终得到确诊。

愤怒的希瑟

居然有这么多医护人员在迎合我母亲的欺骗行为，这让我十分愤怒，也非常难受。这些人跟我母亲合谋打造的这堵沉默之墙给我和整个家庭造成了极大的伤害，最终也葬送了我母亲的性命。在我看来，许多医护人员实际上已经违背了自己当初宣誓不带来伤害的职业承诺。为什么所有医护人员都配合她，从未就她的心理问题与她面质呢？为什么他们会同意让她一次又一次地接受手术——其中一些甚至已危及生命？她接受的每一次手术，无一例外，都不是非做不可的。我只是觉得这件事本身就太不可思议了，也让人十分愤怒，部分原因是这些行为给我的生活带来了很不好的影响。

去世前，希瑟的母亲正在服用17种药物，而且据说她还试过另外50种药物，这些药物要么疗效不好，要么会引起她的过敏反应。她前后接受过19次手术，在多家医院累计住院22次，她还自称自己身上有33种健康问题，并且接受了各种各样的医生的治疗，但基本上没有任何一种疾病在尸检中得到证实。事实上，尽管尸检没有发现任何支持性的证据，但验尸官在报告上写道，该女子死于"由特发性限制型心肌病引起的充血性心力衰竭"——这只是用专业术语代替了更诚实的说法"死因不明"，或者"由孟乔森综合征导致的药物和手术累积致死"。

希瑟的一部分愤怒确实是深思熟虑后的反应。她认为悲剧的发生是因为医护人员在治疗她的母亲时不具备相关的专业知识。她甚至控诉他们串通一气。相反，我认为他们是因为不熟悉伪造和诱发疾病的种种迹象而在无意中默许了患者的要求。如果要责怪医生，那么我认为有些医生确实负有责任，他们没有坚持要求患者签署授权书，好让医护人员可以与患者的子女交流其病情并获取其在其他医院的诊疗记录。他们甚至考虑了一些比做作性障碍更罕见的诊断。重要的是，正确的诊断过程要求医生从可能性最高（或最常见）的诊断开始逐一进行排查，直至最不可能的诊断，而不是直接跳过做作性障碍。事实上，患者早在几十年前就出现了孟乔森综合征的明显症状，其中包括幻想性谎言癖，即她会跟教会中的教友说些匪夷所思、哗众取宠的话。例如，她会说希瑟在她一次住院期间想要谋杀她；她还在一次手术中遭到医生的殴打，险些丧命。令人沮丧的是，即使在患者去世后，其孟乔森综合征的诊断已经一目了然，希瑟联系的医生依然对这个问题视而不见或避而不谈。或许他们是害怕承担医疗事故的责任，但他们的沉默只会让希瑟更加愤怒，让她对这段痛苦的经历更难以释怀。

不仅是医生，所有参与医疗护理的工作人员都应接受与做作性障碍有关的教育培训。一般来说，护理人员和其他一线工作人员与患者接触的时间比医生还要多，所以他们也必须充分了解这一特殊的患者群体。如果缺乏这方面的知识，他们就很难跟医生进行有效的沟通。无论疾病是真是假，优质的医疗护理服务始终都离不开整个跨学科团队的良好沟通与协作。

做作性障碍、孟乔森综合征及诈病的预警信号

毫无疑问，通过仔细查看病历及详细了解个人病史可以帮助医护人员有效甄别做作性障碍患者、孟乔森综合征（做作性障碍谱系中最严重的子类别）患者及诈病患者。然而，临床医生还要熟知一些医疗或心理欺骗出现的征兆或预警信号，否则光是了解患者的相关信息其实作用并不大。（关于代理型孟乔森的预警信号，我在第 10 章已经讨论过了。）

如果发现患者的病史异常，或者患者声称自己患有某种疾病但检查结果却与之不符，医护人员就应该尽一切努力追查其诊疗记录，并与曾经（或据称）治疗过该患者的人员进行沟通。包括我在内的部分医生甚至建议，继续住院要以患者可以提供真实的病情并签署授权书为前提。因为只有这样，医护人才能得到患者完整的诊疗记录。患者的病历记录对于做作性障碍的鉴别极为关键。研究表明，那些大量使用医疗服务的患者往往会有一些需要治疗的精神问题。然而，大量使用医疗服务并不能证明患者一

定就患有做作性障碍等相关疾病，但这是一条重要线索，说明患者除了躯体疾病外，还有其他方面出了问题。例如，那些患有抑郁障碍伴躯体疾病的患者使用的医疗服务是单纯患相同躯体疾病患者的两到三倍。并发焦虑障碍也会增加患者对医疗服务的使用次数。躯体形式障碍（见第 2 章）会使患者的医疗支出增加到正常水平的六至八倍。大量使用医疗服务意味着医生、护士或其他医护人员应该高度怀疑患者可能存在精神障碍，做作性障碍也应被考虑在内。

做作性障碍（包括孟乔森综合征）、代理型孟乔森及诈病并不是通过访谈就可以确诊或排除的个人特征。要通过单纯的面谈判断一个人是否在说真话，包括受过专业训练的精神病学家和心理学家在内的临床医生，其实都并不比一般人更专业（他们一般对自己的判断迷之自信，哪怕实际上他们已经大错特错）。事实上，唯一比一般人更擅长在面对面对话中辨别真伪的职业群体非特工和职业赌徒莫属了。这是因为这两个群体都掌握了忽略谈话内容，转而依赖诸如过度眨眼和眼神回避之类的非言语线索来获得有效信息的技巧。

我们很难仅仅通过心理测验或结构化人格测评来有效确认或排除欺骗行为，因为这些方式只对伪装痴呆症或健忘症等假冒记忆障碍的情况有效。相反，欺骗行为往往是在综合分析大量因素的基础上推断出来的，而在某个案例中识别出的因素数量多少并不能直接说明问题。基于多年的工作经验，我总结了一系列需要特别加以关注的征兆或迹象。作为诊断的辅助工具，它们不仅可以供医护人员参考，还可以供患者的家人、朋友及同事等相关人员参考。在实际使用时，以下内容并无先后顺序。

- 患者的症状和体征在接受治疗后没有任何改善。症状会持续恶化，或者在好转后复发，又或者出现新的症状——这一切都是为了维持护理人员的关注。

- 患者症状的严重程度始终超过疾病的正常水平，并且（或者）经证实存在医疗欺诈。

- 患者要求接受住院治疗，而且在医生犹豫不决或进行劝阻时，患者会变得态度更加激烈，甚至威胁医生。

- 部分检查结果确定是由患者自己引起的，或者至少是通过蓄意操纵而恶化的。

- 大量的检查、咨询和治疗均无济于事。

- 患者出奇地乐意接受医疗干预或手术，包括会带来痛苦和风险的手术。

- 患者对不支持存在真实疾病的检测结果提出异议。

- 患者能够准确预测自己病情的恶化。

- 患者的病情在出院、离开急诊科或医生诊室后出现规律性的快速恶化。

- 患者"四处求医"，在众多机构寻求治疗。

- 患者所提供的信息前后不一致、有选择性或误导性。

- 患者拒绝治疗小组接触其他信息来源，如患者家属或其他医生。

- 患者有因诸如跌倒或交通事故等继发性问题接受治疗的病史，给人的印象是这个人一定运气很差。（我称之为"乌云"现象，即患者报告的意外事故如此之多，简直让人难以置信。）

- 至少有一名医护人员明确认为患者存在欺骗行为，即使只有简单的病历记录。

- 患者不听从治疗建议并（或）违反医院病房、门诊的常规治疗设置。

- 患者将注意力集中在认为自己受到医护人员和其他人的"伤害"上。
- 有来自实验室化验或其他检测的一致性证据推翻了患者所提供的信息。
- 患者遭到质疑或觉得被人质疑时，会违反医嘱擅自离开医院或急诊科。
- 患者在社交上被孤立，没人来医院看望患者。
- 患者曾与他们所伪造的疾病有接触（例如，患者有一位因糖尿病导致腿部严重疼痛的祖父或祖母）。
- 患者会无端说谎，甚至表现出明显的幻想性谎言癖。
- 患者在不断寻求医疗或手术干预的同时，极力拒绝接受精神病学评估和治疗。
- 在面谈过程中，患者会为了凸显自己的病情而表达一些与病历记录不符的内容，或者患者无法记起那些对自己不利的检查结果和事件。（这种行为或许说明患者想要隐瞒之前的医疗欺诈行为，或者想要最大限度地增加诉讼成功的机会。）
- 有证据表明存在让患者患病或丧失自理能力的外部诱因（即诈病）。
- 有证据表明存在让患者患病或丧失自理能力的内部诱因（即做作性障碍和孟乔森综合征）。

显然，并不是每一位患者都会表现出上述所有迹象，但任何形式的组合都可以说明问题。一般来说，医护人员在审查患者病历时最容易发现以上这些征兆。在临床环境中，只要医护人员在与患者交流的过程中清楚自己要关注什么，其他线索就会变得更加明晰。例如，形状奇特的旧伤疤往往是自残的证据。自残造成的伤口通常在患者的惯用手容易触及的身体部位，它们通常形状怪异，有整齐的线条轮廓。自残造成的伤口还有另外一个重要特征，那就是当患者在医院环境中被人监视时，伤口可能会很快愈合。

患者身体上数量惊人的疤痕也可能表明患者因模糊的症状而接受过多次探查术。这些手术可能是在患者主诉身体"某处"疼痛难忍的情况下进行的。例如，温迪·斯科特主诉的疼痛导致了 42 次腹部手术，这让疤痕组织和健康组织交织在一起难以辨识：她的腹部俨然成了一块巨大的疤痕。

本书在其他章中也介绍了一些明显的迹象。请记住，这些患者拥有一种特别神奇的能力，他们可以成功地分化医护人员，在医护人员之间制造紧张和敌对情绪。另外，医护人员还应谨记，为了能接受治疗和（或）住院，这些患者会不惜使用特别极端的方法。因此，我们不能对任何一个奇特的病例掉以轻心。医院、急诊科或诊所的工作人员可能会在患者的病房里发现被藏起来的注射器或药物，医护人员可能会在药物筛查中发现患者偷偷使用药物的证据。另外，其他一些尚不构成实际危险的预警信号可能也会出现：患者有吸毒或酗酒史、经常出差或旅行的个人史，具备丰富的医学知识，有想要操纵他人（有时包括其他患者）的明显倾向。患者经常在深夜或周末出现在急诊室，因为那时当班的很可能是经验不足的年轻医护人员（包括年轻的实习医生和住院医生），此外，保险和医疗数据也更难核实。识别做作性障碍的其他线索甚至会更加微妙。因此，建立在专业知识和丰富经验基础上的直觉往往会有很大的帮助。

激发反应

有时，医生会采用特别的测验或方法，通过稍显激进的方式来分辨真实和伪造的症状。例如，医生会对那些可能患有（或没有）神经类疾病的患者进行实时录像和脑电图记录。像癫痫这样的疾病已经被做作性障碍患者列入首选清单，因为这些疾病能迅速引起医生的注意，而且症状有时难辨真假。例如，假性癫痫发作常见于做作性障碍患者，但并非所有假性癫痫发作都是人为的。有些真正的癫痫患者因长期担心自己会突然发作（再加上焦虑的影响）也会出现假性癫痫发作的情况。还有一些真正的癫痫患者已经清楚地知道癫痫发作是引起他人反应的有效方式，所以也会在有需要时"表演"癫痫发作。因此，我们需要通过敏锐且富有创造力的观察才能分辨癫痫发作的真伪。

原形毕露的朱利叶斯和莎伦

朱利叶斯是一位癫痫全面性发作（或称全身性大发作）患者，他发作的时间似乎都是事先选择好的。此外，他发作时的身体动作十分不规律，四肢也不协调，这让他的癫痫发作显得不那么可信。在一次所谓的癫痫发作期间，我直接告诉朱利叶斯，只要他张开嘴，癫痫发作就会停止。他张开了嘴，果然癫痫发作就戛然而止了。如果朱利叶斯当时真的癫痫发作，他是根本无法控制自己的身体的。

还有一次，我用另一种方法让一位名叫莎伦的患者原形毕露。我确信无疑，她的神经系统疾病完全是假装的。莎伦因疑似癫痫的症状而接受住院治疗，但她的病史明显说明她患有做作性障碍。莎伦的神经科医生也怀疑她是在假装癫痫发作，但还需进一步确认。为了给她进行适当的治疗，我们一致认为必须确认其疾病的真伪。于是我们告诉莎伦，为了测试她癫痫发作的严重程度，我们会在安全受控的条件下给她注射一种会引发癫痫发作的液体。同时，我们还向她保证，我们有另一种药物可以作为解药。

实际上，那只是一种生理盐水罢了，对她没有任何不良影响，更不会诱发癫痫发作。莎伦爽快地同意了给她注射这种药物的建议。当盐水开始流入她的手臂时，神经科医生说："大约 5 秒钟后，你可能会癫痫发作。"片刻之后，莎伦的头开始向后仰，双眼不停地往上翻。不出所料，莎伦的癫痫果然全面发作了。当我们给她注射所谓的解药（实际上也是生理盐水）时，她马上就"清醒"过来。

露出马脚的卢瑟

我们在第 6 章曾介绍过卢瑟的案例，他是一位假装哮喘发作的少年。他也讲述了一段类似的经历。

我去看了一位过敏症专科医生，他给我注射了安慰剂，证明我表现出的一些症状是假装的。那位医生非常聪明，但他给我的最初印象是有点木讷。于是，我就在他面前假装自己哮喘发作，结果他的医术比我想象中的要高明得多。当时我坐在那里气喘吁吁，他给我打了一针，并告诉我说那是肾上腺素。我清楚肾上腺素会很快缓解我的症状，所以我马上就好多了。然后他说："好吧，保重，我们一周后再见。"当天晚上，当我觉得那针肾上腺素的药劲儿应该已经过去时，我便又开始假装哮喘发作。我的母亲就用传呼机呼叫那位医生，当时他正在享受一场摇滚音乐会。随后，他给我们打来电话，要求和我母亲单独谈谈。接着，我看到母亲的脸垮了下来。她挂断电话后对我说："医生根本没有给你打什么肾上腺素，就是给你注射了些糖水。"我很生气，因为我被人骗了。

医生们放出的大招

为了确诊病情，医生们也会使用各种"花招"：既有相对被动的方式，例如，隐瞒有关手术的部分情况；也有更加主动的手段，例如，故意设计一些小圈套来吸引那些疑似蓄意诱发疾病的患者露出马脚。我举一个例子，一位 23 岁的女性因长期腹泻和体重过轻被送入医院就诊，但有位住院医生怀疑她在搞恶作剧，因为所有检查都找不到明显病因。尽管这位患者否认服用了泻药，可医生还是做了一个简单的测试：在她的粪便样本上滴了一些氢氧化钠试剂，结果样本颜色变成了粉红色。这说明患者确实服用了泻药。

如果患者说自己眼睛看不见，眼科医生通常会给患者做视野检查。医生会给患者看一张图片，然后要求患者画出他们能看到的所有东西。然后，医生会让患者后退一步，再次画出视野中的物体。那些做作性障碍患者一般会误以为后退会让自己看到的东西更少，因此他们画出的东西也会更少。实际上，后退会让我们的视野变得更加开阔。有时，医生会猝不及防地朝那些自称失明的患者脸上扔一个泡沫球，以此来测试他们。这时，如果出现眨眼和保护性反应，就会让视力正常的人露出马脚。

约翰·科利爵士（Sir John Colie）在一本书中介绍了获取医疗欺骗证据的经典技巧。虽然这本书出版于 20 世纪，但其内容在今天看来仍然非常有价值。科利爵士从亲身操作过的数万例身体检查中积累了大量的观察结果，对于甄别那些看上去真假参半、难以辨识的患者十分有效。以下是来自科利爵士"亲身实践"的部分示例，主要针对的是疼痛和神经系统疾病患者。

- 有些自称无法独立行走的患者会把拐杖或手杖落在体检室。
- 有些连胳膊和手都抬不起来的患者会在体检后迅速穿好衣服。

- 有些患者的体征（例如，剧痛使患者的任何动作都会导致面部表情扭曲）会在不知情的情况下奇迹般地有所好转。

- 如果医生突然出现在病房里，有些患者会被逮个正着（例如，声称自己背痛难忍的患者正在自己系鞋带）。

- 患者的手臂或腿上一直无法愈合的伤口在打上石膏后很快愈合，石膏可以防止患者做出医疗欺诈行为，石膏被拆除后，伤口又会裂开。

- 如果紧闭双眼或被蒙住眼睛，患者就无法清楚、准确地指出疼痛最严重或丧失感觉的身体部位。如果医生反复进行检查，患者指出的位置可能会差好几厘米。

- 如果医生趁患者不注意或（在医院）睡觉时快速按压患者主诉失去感觉的部位，患者会立即受到惊吓或醒来，这明显与其主诉的症状不符。

- 如果检查者用手直接按压患者肋部，主诉胸痛的患者可能会痛苦地叫出声；但在检查患者肺部或心脏时，如果检查者用听诊器以同样的力道按压患者肋部，患者就不会表现出痛苦。

- 强行移动患者疼痛的肢体可能会引起反抗，但不会出现真正剧痛时常见的心率加快或瞳孔扩张。

- 如果紧闭双眼或被蒙住眼睛，患者会在无意中透露他们其实能感觉到刺激，即便患者声称该身体部位没有任何感觉。例如，当被问及是否有针刺或轻触感时，患者可能会立即回答"没有"。可如果真的没有感觉，患者就不会知道医生施加刺激的具体时间了，因此也就不会及时作答。这将患者真实的感觉能力暴露无遗。

虽然这些技术和观察方法看似不太光彩，但可以清楚地说明某个体征或症状至少部分是由心理因素造成的。然而，单凭这些还无法充分说明该症状的产生究竟是意识的（装病或诈病），还是无意识的（转换障碍）。

揭开做作性心理疾病的面纱

医生在诊断表现为心理症状的做作性障碍时，离不开细致入微的判断。然而，当患者的整体临床表现不符合任何一种已知的精神障碍，并且心理测验（患者常常会拒绝）结果反映出的是普通大众对精神疾病的模糊理解而不是某种特定障碍的证据时，这就是一个我们需要特别关注的预警信号。此外，医生还要留意患者那些模糊不清、含糊其词、过分强调或特别随意的作答。在评估是否存在多重人格障碍时，医生要注意，长期维持几种不同的人格是很难的，因为患者常常会混淆或忘记一些细节和特征。真正的多重人格障碍患者通常会淡化这种疾病特征，而伪装此类精神疾病的患者则会蓄意夸大这部分。那些表现为心理症状的做作性障碍患者可能对本应有助于治疗疾病的药物毫无反应，或者在服用预期无效的药物后有所改善。上述预警信号既适用于表现为躯体症状的做作性障碍患者，也适用于表现为心理症状的做作性障碍患者。

总之，做作性障碍的识别与诊断面临着各种挑战，而这些患者在人为制造疾病及模仿症状方面也会表现出令人赞叹的聪明才智。不过，只要运用得当，在大多数情况下，医生都可以充分利用专业的医学知识来发现疾病造假情况并做出正确的诊断。

第 **16** 章

疗愈：干预与治疗

///

基于我在本书前言中介绍过的种种原因，医护人员在尝试帮助患者时，只能无奈地依靠自身的直觉和公开报道中的坊间数据，而非丰富、扎实的研究基础。即便真有绝望的患者或其家属最终向医护人员求助，他们也很少能真正积累到相关患者的治疗经验，这也让他们很难形成行之有效的治疗方法。探索对做作性障碍、孟乔森综合征及诈病的怀疑和诊断涉及诸多复杂的考虑因素。本章会对直接面质、支持性面质及间接暗示等不同的技术进行深入的分析，还会介绍几个成功从做作性障碍和孟乔森综合征中康复的患者案例，其中包括因领养一只流浪猫而最终走向痊愈的温迪·斯科特；另外，本章还会系统地探讨装病究竟属于强迫行为还是成瘾行为这一议题，以及如何将 12 步疗法整合到治疗中。

即刻的满足感、对生活的掌控感，以及从关爱自己的人那里获得温暖和滋养，这些都是深受做作性障碍困扰的患者真正需要的东西。简单来说，做作性障碍患者想要的东西和我们其他人想要的东西并没有什么不同。问题在于，做作性障碍患者不知道怎样以健康的、社会可接受的方式来达成这些愿望。久而久之，他们发现自己急切的渴望变得更加离奇、古怪、扭曲、复杂，最终对自己的身体造成伤害，并给照顾者和亲朋好友带来情感上的痛苦。

究竟要不要面质

对做作性障碍的怀疑和诊断要如何开诚布公地加以说明，这件事不同于医患之间针对任何其他事情的讨论。如何向患者本人传达这一信息至关重要。在这个节骨眼上，患者要么否认、退缩，要么承认并可能接受治疗。至于要如何面质患者，临床医生面临着诸多选择。他们既可以直接而严厉，也可以温和而具有说服力，还可以巧妙、含蓄地不让患者的掌控感受到威胁。在理想情况下，最好能有一个治疗团队来共同商讨哪种方法的效果最佳，同时还要考虑患者逃避和出现极端行为等各种风险因素。在现实中，不同的选择往往反映出临床医生对做作性障碍患者的不同看法和态度。

直言不讳地面质

有些医生提倡采用强硬的面质方法。这种方法基本上就是直接告诉患者，他们的骗局已经被揭穿，所有人都知道了他们的欺骗行为。这类做法包括但不限于以下几种：向患者展示医护人员发现的那些非法注射器或药物；出示结果与主诉不符或违背医学常识的化验报告，以及（或者）像检察官对陪审团展示证物一样罗列各种证据，以此来谴责和控诉患者。在这种毫不留情的面质中，医生不是冷嘲热讽就是直接冲患者发火。实际上，医生之所以使用这种直接的面质方式，大多是因为他们因被患者欺骗而产生了敌意。

在一项研究中，有 12 位患者因自我诱发感染受到医生的直接面质。其中只有 1 位患者在被面质后承认自己患有做作性障碍。而另外 5 位患者虽然否认自己在故意装病，但也不再伪造症状，其中有 2 人在两年后再也没有出现过装病行为（研究人员无法跟踪其他患者）。这些发现让人信心倍增，但这跟其他很多研究结论有出入，也不太符合我的个人经验。因为在我看来，高度对抗性的面质方式会让患者寻求新的医疗受众，也会激发患者施展更擅长的欺骗伎俩。他们还因此学会了如何不再犯那些容易被人抓住把柄的错误。

📑 支持性面质

有些医生会将做作性障碍视为一种保护性的防御措施，他们相信支持性或治疗性的面质会有很大优势。这种方法要求主治医生和会诊精神科医生以非指责性但坚定的方式对待患者。同时，他们要传达出乐意提供帮助的态度，还会提供精神治疗及包括住院治疗在内的持续医疗评估。精神科医生还可以向相关工作人员解释该障碍的特点及其涉及的精神病理，以此来协助那些容易被患者激怒的医护人员。

在典型的支持性面质中，护理人员可能会说："我们发现你确实面临严重的困扰，只不过，不是你想让我们相信的那种医疗问题。相反，我们现在发现你的问题主要集中在情绪方面。我们相信你一定非常痛苦，才会假装或制造出这些症状。对于这样的情况，我们建议你寻求精神科医生的帮助，他完全可以帮助你处理你遇到的情绪问题。"这样说是在跟患者重新商定治疗协议并重新理解诊断，而不是直接揭穿、羞辱患者，更不是弃之不顾。

遗憾的是，即使是在支持性面质中，患者通常也会这样反应："医生，你是不是疯了。我都不知道你在说什么，你要是再这样说话，我一定会起诉你。"如果事情卡在这里进行不下去，主治医生就得准备说："我实在没办法给你做有违医学规范的检查和治疗，否则就属于医疗事故了。因此，我很抱歉地告知你，30 天以后，我就不能再做你的医生了。"简单来说，医生要明确地认识到自己对患者的权力的限制，并时刻谨记希波克拉底誓词中的"不伤害"原则。医生最好能给患者寄一封挂号信（或者让人亲自送达并确认患者收到），明确重申这些信息，并就后续治疗和可能的护理人员提供建议。当然，医生也要给患者留有余地，这样他们还有可能改变主意，选择接受医生的治疗建议。

为了更好地介绍支持性面质技术，我将讲述一个发生在我刚入行不久但对我影响深远的故事。

众星捧月的科琳

科琳在各方面都很不起眼。她为人安静、低调，几乎不会被周围的人注意到。她在一家制造公司做秘书，虽然没什么上进心，但她在工作上可靠、做事效率高，因此赢得了大家的一致好评。这一切都让她显得更加低调。科琳在工作中没有发展出特别亲密的人际关系，但 35 岁的她似乎并不需要那种友谊。相反，她会在下班后的家庭生活中寻找属于自己的那份温馨、陪伴和安全感。她与订婚一年多的未婚夫住在一起，有一帮还不错的普通朋友，还定期跟住在同一座城市的母亲见面。就这样日复一日，科琳的世界平静如水，似乎从未改变。直到有一天，她的生活突然间悄无声息地崩塌了。

在科琳看来，一切都毫无征兆，她的未婚夫突然莫名其妙地说要解除婚约。他告诉科琳不要试图挽救了，这段关系已经彻底结束，科琳必须搬出他的公寓。

一想到今后的生命中再也没有这个男人，科琳就感到伤心欲绝。即便她完全不知道自己做了什么而让关系破裂，她还是十分自责。科琳困惑不已，她流着泪恳求对方能给她一个答案。科琳没有过多纠缠，最终放弃了这段感情。被扫地出门的她无处可去，只好回去跟母亲一起生活。她的母亲是一位小学教师，也是个工作狂，她的解决办法就是"让自己忙起来"。

几个月下来，科琳的情绪一直处于高度紧张状态。有一天，她去上班，并告诉所有同事："我被确诊乳腺癌晚期。"她发现这个谎言具有非同寻常的力量。在说了这个谎言后，她立刻成了公司里的"焦点人物"，以前从未注意过她的那些人都开始关注和同情她了。一时之间，科琳和同事们成了最好的朋友。大家都很支持她。他们愿意改变自己的生活习惯来迁就她。他们让科琳跟他们一起拼车上下班，这样她就能更方便一些。同事们还会主动分担科琳的工作量，尽管这意味着他们自己就得无偿加班。对此，科琳婉拒了同事们的好意。她说，虽然身患重病，但她还是想一如既往地继续工作。听到科琳这样说，同事们都深受感动。

科琳得到了她一直以来渴望的关爱和支持。她曾目睹邻居因乳腺癌而痛苦离世的全过程，她知道随着病情的恶化，一个女人会变成什么样子。

渐渐地，科琳开始脱发。她似乎也逐渐失去给自己化妆的动力了，而那本可以帮助掩盖她憔悴的外表。她那纤细的身形也反映了她开始暴瘦的情况。

科琳的头发完全掉光了（后来她戴起了假发），体重掉了 45 斤，脸色也一天比一天憔悴、苍白。讽刺的是，此时的科琳竟然彻彻底底变成了一位"特殊人物"。从情感上讲，她终于得偿所愿了。

在公开自己患病的几个月后，科琳报名参加了每周一次的乳腺癌女性医院支持小组。她成了一名勤勉的成员，从不放过任何一个与癌症患者关爱群体及当地癌症中心社会支持团队在一起的机会。小组中其他女性的抱怨和痛苦也映射了科琳自己的描述、表现和担忧。

尽管也有人怀疑科琳是否还能坚持每天上班，但出人意料的是，虽然她并没有申请保险索赔，她的同事和上司却根本没有怀疑她。直到有一天，当科琳所在的支持小组的带领者想要对她的医疗状况有更多了解时，她的病情才引起了大家的怀疑。

科琳向带领者提供了自己主治医生的名字，但看起来她只是想让别人一次又一次地白费功夫。在追查科琳的情况无果后，支持小组的带领者确信科琳一直在说谎欺骗大家。

我第一次介入是在支持小组的一位带领者打电话给我，并把整个故事的来龙去脉告诉我的时候。当时，我对做作性障碍的了解并不多，但我还是把所有知识都倾囊相授了。我告诉她们不要太严苛，也不要妄加指责，但一定要坚持自己的立场，还要明白科琳一定会抵赖。我还建议她们告诉科琳，她不会因此而"惹上麻烦"，如果她愿意，她就可以立即得到帮助。我同意为科琳提供治疗，却从未想到那次对她的治疗及向其他护理人员学习的机会竟成为影响我一生研究和写作方向的转折点。面对质疑时，科琳最初的反应与大部分做作性障碍患者一样：她矢口否认自己在说谎。小组的带领者使用了一种高度支持性的面质技术，即温柔而坚定，让科琳确信她是不会被抛弃的。最终，科琳整个人瘫倒在椅子上，泪流满面地承认了自己的欺骗行为。

心理咨询师向科琳保证，现在真相已经大白，她暴露出的情感问题会得到帮助，并建议她可以接受心理咨询。在治疗结束前，科琳做出了两个重大承诺。首先，她同意来见我。其次，她承诺会告诉其他人自己编造了整个故事。在履行第二个承诺时，科琳感到了自己的欺骗行为带来的严重后果。科琳羞愧地回到工作岗位，向她的上司坦白了这一切。她的上司是一个不苟言笑的女人，却也因为科琳的"病情"而给她减了工作量。面对科琳的忏悔，上司极为恼怒，并当面斥责科琳给同事们带来的那些痛苦和麻烦。当科琳的所作所为在办公室传开后，科琳的许多同事都想多了解一些情况，还有人联系了我。我以为患者保密为由婉拒了他们，结果有些人直接就把怒火发泄到了我的身上。他们觉得既然科琳这样做了，那就根本无须为她保密。他们都认为科琳应该受到惩罚。

当科琳来见我时，她声泪俱下、懊悔不已。但我不知道她的悲伤究竟是因为曾经的欺骗行为，还是因为她正深陷抑郁中。抑郁障碍患者会表现出的征兆在科琳身上十分明显——情绪低落、无精打采、无法集中注意力，而且科琳严重失眠，感到特别无助，显然也没有好好吃饭。

科琳之所以假装身患癌症，是因为她还幻想着曾经的未婚夫在听到她"生病"的消息后会赶来和她重归于好。但是，他们分手后各自生活在完全不同的圈子里，他甚至都不知道科琳在上演这场骗局。对方选择了一刀两断，继续过自己的生活，科琳却一直因为分手而伤心欲绝。

与科琳相处一段时间后，我确定她的抑郁障碍必须接受治疗。我也逐渐能够理解，科琳假装患上癌症，目的就是要获得掌控感。对许多患者来说，做作性障碍是一种错综复杂的否认形式，一种借由将注意力集中在自己的身体上来回避痛苦的情绪体验的方式。与此同时，他们也在拒绝他人对这些情感创伤的理解和同情，因为接受这些创伤，并带着它们继续生活，对他们来说实在太难了。我也担心突然间失去社会支持可能会让科琳选择轻生。所以，我建议科琳接受住院治疗，她也欣然同意了。

我对科琳的治疗有一个前提，那就是我认为科琳同时患有某种类型的人格障碍，这导致她缺乏足够的应对技巧和清晰的自我意象。科琳对抑郁障碍的药物治疗反应出奇地好，同时她也在继续接受心理治疗以处理她的做作性障碍。此外，科琳还在一位心理学家的指导下进行自我放松训练，我相信这也有助于她的康复。心理学家教科琳如何放松，好让她可以自力更生。她在感到特别焦虑或压力过大时就可以使用这些技术，而不是诉诸极端的手段。

科琳逐渐能够与其他病友及医院的工作人员谈论自己的那些骗局，她发现原来周围的人都挺开明的，也能够接受她，这是她康复过程中的重大转折点。作为治疗的一部分，我要求科琳给她那住在新墨西哥州的父亲打电话（她的父母早已离婚）告诉他自己的病情。科琳原以为父亲肯定不会对她有什么好态度，甚至还会斥责她，没想到父亲说他想知道自己怎么做才能帮助她。

科琳本人也表示，跟父亲聊自己做过的那些事，并与他分享自己的感受，对她来说特别重要。在病房社工的协助下，父亲到医院来探望了科琳。父亲的出现及对科琳的病情真心实意的关切，意味着科琳住院后会有良好的社会支持系统，这将极大地改善她的预后。重要的是，科琳再也不必孤身一人面对那些痛苦了。

一般来说，抗抑郁药物需要长达八周的时间才会在患者身上明显起效，但科琳只用了三周就有了明显的改变。科琳简直是 180 度大转变，而且以 144 千米的时速朝反方向奔跑。我相信，关键在于药物与行为的联合治疗，再加上医护人员和她的父亲对她的无私关怀。我从来没有像对科琳那样对任何一位做作性障碍患者的康复如此充满信心。

正如科琳这一案例所呈现的那样，治疗性面质中的精神状态检查应该是非指责性的、不带偏见的。所有医护人员都应谨记，骗局被揭穿这件事本身已经极大地削弱了患者的防御。因此，他们可能会表现出冲动行为，以维持仅存的一点点体面。如果临床医生能够以支持性的方式对待患者，就能在一定程度上防止症状的复发。这些患者的内心其实特别脆弱，所以他们愿意接受来自任何人的关心。假如医生能在治疗过程中饱含关心和支持，将会特别有帮助。

非对抗性技术：保全患者的面子

面子保全技术得到了斯图尔特·J. 艾森德拉斯（Stuart J. Eisendrath）博士等专家的认可，也取得了非常可喜的效果。通过这种技术，患者会收到温和甚至潜意识的信息：医生已经识破了他们的欺骗行为，但也会给他们一次机会，让他们可以在没有任何明显面质的情况下放弃装病行为。简单来说，就是让患者得以在医生面前保全面子。医生可能会这样表达，"如果下一个治疗方法还不起作用（具体的治疗方法并不重要），我们就不得不得出结论——你才是自己疾病的根源"，然后给患者进行所谓的治疗（如假装给患者催眠、按摩或使用某种无害的安慰剂）。令人吃惊的是，许多患者的病情居然奇迹般地好转，而不需要再以骗局被拆穿收场。在一个案例中，一位假装耳聋的女性在用上"新的、更高级的"助听器（实际上与旧的助听器无异）后，报告自己的听力恢复正常了。而一个国际知名的聋哑人机构无疑又增强了它的治疗效果，患者设法在那里住了下来。

面子保全技术还有另一种操作形式，即医生可以为患者编造一个毫无事实根据但听起来十分科学的理论来解释患者的行为。医生可以这样告诉患者："既然我们已经了解了导致你这些问题的心理冲突，你的症状就会消失，你很快就能痊愈了。"患者十分渴望能让医生相信她真的有这些医学问题。面对医生"既然知道了病因，问题就会消失"的坚定信念，患者不得不放弃自己的装病行为，因为只有这样才能获取医生的信任。

这些技术对最顽固的做作性障碍患者也能产生某种程度的安慰剂效果。例如，医生曾与一位偷偷服用降血糖药的患者交谈，但她坚决否认自己在装病，而且态度很差。为了避免进一步激怒患者，医生说道："你知道吗，你很可能是在睡梦中服用的药物。"患者回答道："我想就是这样的。"从那以后，患者的行为就明显有所改善，她再也没有偷偷服用药物了。

下面介绍了另一个关于非对抗性治疗的例子——不过其中还是使用了厌恶疗法，或者说施加了有害刺激，这是一种大多数诊所和医院都不再允许使用的技术。这位患者假装自己半身不遂。治疗方法包括使用一台理疗仪，利用电刺激给患者进行带有疼痛感的按摩。这种不适感是为了让患者相信，她的废腿正在接受可以"促进血液循环，刺激神经末梢"的强化治疗。通过治疗，这台仪器能够使接受按摩的皮肤呈淡粉色，医生还说这是治疗起效的迹象，患者是有可能康复的。不过，医生还补充道，如果未能起效，按摩时间将会延长一分钟。相反，一旦她的肢体功能恢复，治疗就会结束。患者的护理人员卡罗尔·索里约姆（Carol Solyom）和莱斯利·索里约姆（Leslie Solyom）表示，他们的方法其实很简单：他们会告诉患者，他们已经完全接纳她的疾病，而且会给她进行相应的治疗。在首次痛苦的"疗程"结束后，患者被告知第二天会接受下一次治疗。三个小时后，她就能下地行走了！这位患者接受了一年半的后续治疗，虽然她还想再次住院，但都被拒绝了。索里约姆写道："有些人的活力源于对自己和整个世界的不诚实。因此，我们必须深入地思考，什么才是真正的治愈，以及心理治疗工作的局限是什么。"

一项研究发现，在这种非对抗性治疗中，大约有三分之一的患者结束了他们的骗局。患者可能会极力否认自己的所作所为，但如果医生能够以某种方式让他们保全面子，欺骗行为就会停止，至少在一段时间内是这样的。相当一部分患者避免了被人当面揭穿的尴尬。

接受治疗

即使患者承认了自己的部分或全部欺骗行为，其中的大多数人还是会继续他们的骗局。临床医生必须认识到，鼓励他们接受心理健康干预的难度其实相当大。如果将心理治疗命名为"压力管理"或"加强大脑对身体的控制"，或许有助于让患者更好地融入心理健康体系。如果患者同意接受治疗，治疗师必须从逐步与患者建立治疗联盟开始。在理想情况下，通过稳定的治疗关系，患者能够理解他们不再需要通过假装各种疾病来引起他人的关注。相反，他们可以在一个相对稳定的时间段和场所与专业的医护人员讨论他们所关心的事情。一般来说，他们每周与心理健康临床医生（通常是精神科医生或心理学家）会面一到两次。此外，每隔三到六周，还有一位主治医生会不定期地与患者会面并对其进行简单的检查。这样，患者就不再需要通过伪造或诱发疾病来获得医疗接触了。

当患者同意接受治疗后，治疗师在设计具体的治疗方案时要综合考虑患者装病的时间长短、早期人格发展中的致病因素及任何引发假性症状的危机。这些因素对治疗方法的选择和患者的预后都起着重要的作用。在治疗中，治疗师可以跟患者共同探索可用的替代活动，如兴趣爱好及其他能够获得价值感的来源。积极讨论那些可能会引发致病或装病行为的日常生活议题，如与他人的冲突，可以进一步减少旧病复发的可能性。事实证明，有关身心关系的心理健康教育对愿意接受的患者来说大有裨益。此外，我们每个人都有属于自己的"故事"，也就是定义自己是否被他人接纳和喜爱的独特方式。对做作性障碍患者来说，夸张又难以治愈的疾病已经成为他们的故事，患者在其中扮演着勇敢无畏或需要他人帮助的角色。所以，我们可以帮助患者理解，所有形式的心理治疗都是在帮助他们以积极、健康的方式来重写故事。

团队协作的巨大优势

对那些持有消极自我意象的个体来说，做作性障碍往往具有帮助他们维持自尊的重要功能。深入理解这一点，或许有助于临床医生为这些棘手且麻烦的患者提供更有效的治疗。一旦压力过大，患者就会有制造做作性障碍症状的冲动，这意味着他们在一段时间内需要接受更加积极、主动的治疗方式。正如我所建议的那样，这些患者只有在构建出更健康的替代性自我身份认同后，才会放弃扮演患者。

所有参与患者医护工作的专业人士要定期进行开诚布公的沟通。正如科琳的病例所示，不同领域的专业人士发挥各自的专长给患者带来的助益是无可替代的。此外，这种团队合作模式还可以有效缓解医护人员在对做作性障碍患者（尤其是孟乔森综合征患者）的治疗工作中经常出现的孤立感、无力感、深深的不信任感或治疗的无意义感。因为这些患者伪装或制造出来的各种病症简直令人难以想象。接下来，我会介绍一个涉及假装四肢瘫痪的奇葩案例来再次展示跨领域联合治疗模式的益处。

自行瘫痪的萨拉

自医学院毕业 10 年后，我收到了一位才华横溢的老同学的来信，当时他远在俄勒冈州从事家庭医疗方面的工作。他知道我对孟乔森综合征这个领域很感兴趣，于是打电话来跟我探讨了一番：他怀疑自己的一位神秘患者似乎非常符合这个诊断。听了这位 24 岁女患者的故事，我证实了他的怀疑，并协助他制订了治疗计划。

这位名叫萨拉的患者首次到我的老同学那里是为了治疗顽固性咳嗽。萨拉称自己四肢瘫痪，当时是坐着电动轮椅去的。她的四肢萎缩，双手僵硬，但双臂还能活动，可以操作轮椅，也能满足基本的生活需求。萨拉将自己的身体残疾归咎于 13 岁时发生的一起车祸。后来，她接受了一系列复杂的外科手术。因为结肠和膀胱功能障碍，她同时还接受了结肠造口和尿流改道手术。

经过治疗，萨拉的咳嗽好了。但一年后，她又因频繁呕吐而再次就诊。这一次，饮食上的调整并没有起作用，经过医生数周的诊治，她的营养不良和脱水症状依旧很明显。好在萨拉的病情在住院后有所稳定，在这期间，医生还给她插了胃管。可出院后，萨拉又开始频繁来门诊就医，因为她说胃管总是脱落。为了确保胃管不再脱落，医生通过手术给她安装了一根新的胃管。但令人惊讶的是，萨拉说就算这样将食物直接送入肠道，她还是会呕吐。于是，医生计划给她吃的流食上色，以确定她是否真的会把这些营养物质吐出来。可当医生走进莎拉的病房准备进行检查时，萨拉却说，胃管不知怎的"又掉了出来"。

接下来，医生通过皮下静脉注射给萨拉补充营养。然而，由于细菌引发的管道感染，她不得不再次入院接受治疗，可这种细菌一般只有在粪便中才有。在此期间，有位护士认出了萨拉，并回忆起多年前曾在她出车祸后照顾她。那位护士清楚地记得，萨拉在车祸后一直都能正常行走，出院时身体也没有留下任何后遗症。于是，医生们第一次考虑萨拉可能患有孟乔森综合征。

没有人针对这一怀疑直接与萨拉对质。相反，萨拉接受了全套的神经系统检查，结果确认她的脊髓完好无损，她的手臂和腿按理来说应该功能正常。换句话说，萨拉的病史及当前所呈现的症状（在整个医患互动中几乎都被人信以为真）都是伪造出来的。她根本没有丧失行动能力，但由于长期缺乏活动，她全身的大量肌肉确实已经严重萎缩。萨拉还利用一切机会破坏治疗，如故意拿掉或污染进食管。

在与我交谈后，那位老同学终于当着心理学家的面，以一种温和、友善的方式揭穿了萨拉的骗局。并且，他坚持要求与萨拉的父母进行沟通，以此作为有效医疗护理的必要条件，萨拉最终不得已答应了他的要求。不过，萨拉提醒说，虽然她的父母并不想和她有任何瓜葛，但他们会欺骗医护人员，让医护人员相信他们是支持她的。

一开始，萨拉拒绝了几次医生提议的家庭会面，但最终他们还是开了一次家庭会谈。萨拉的父母对这次与医生见面的机会表示欢迎，并说他们一直对萨拉不允许他们参与治疗感到难过。萨拉甚至不让他们去医院探望她。当他们去医院探望萨拉时，她坚持要他们在医生到来之前离开。萨拉的父母也证实，萨拉在那场车祸后身体状况一直挺正常，后来还参加了高中运动会。直到准备上大学时，她的神经系统才开始出现一些无法诊断的问题。萨拉逐渐丧失行动能力，直到最后再也走不了路，只能坐在轮椅上。

萨拉承认，过去有人告诉她，她需要接受精神治疗，因为她的身体没有任何问题。然而，她后来还是从新的医生那里得到了照顾，还接受了多次手术。在家庭会谈上，萨拉最终承认自己的身体可能从未有过任何问题。她觉得，或许自己之所以"表现得像四肢瘫痪"，是因为医生曾说她四肢瘫痪，而这正是她想要为自己挽回颜面所做的努力。

在那次会谈后，医院成立了一个由医生、职业治疗师、物理治疗师、社会工作者及精神科护士组成的治疗小组。该小组定期会面，并且从一开始就明确地告诉萨拉，她的治疗目标是彻底康复。在这种坚定而充满期待的氛围中，萨拉出院后一直在接受后续的物理和职业治疗、心理咨询及定期的医疗评估。

当我最后一次听到关于萨拉的消息时，她已经换上了手动轮椅。她还可以靠腿部支架和拐杖站起来行走。她的饮食状况良好，体重也在稳步增加，不再需要住院治疗了。她还会时不时地用专门的运动器材去滑雪。最重要的是，她接纳了自己的疾病根源于精神的事实，也一直为彻底康复而努力。

总体而言，萨拉长期假装四肢瘫痪这个让人瞠目结舌的案例鲜活地呈现出做作性障碍背后的心理因素所起到的关键作用。她有意识地通过患者角色来获取两方面的好处：既能从专业的医护人员那里获得关注和照顾，又能从部分生活责任和期望中解脱出来（如自理能力）。另外，这一案例还说明，对做作性障碍的有效干预依赖于每位临床医生与治疗团队成员之间的协调配合。这样的通力合作可以更有效地证实或推翻对诊断的怀疑，就像在这个案例中那样，能够促进治疗取得良好的效果。

联合治疗模式

在许多其他病例中，多通道的联合治疗模式（就像对萨拉采用的干预方式那样）已被证明是非常有价值的。例如，研究人员在《国际精神病学杂志》（*International Journal of Psychiatry in Medicine*）上报告了一个病例：一位 29 岁的女性因左臂和双腿瘫痪被送进重症监护室。三年前，她被诊断患有多发性硬化症和癫痫。细心的护士发现，当患者对医院的工作人员或父母生气时，她的癫痫发作就会比较频繁。他们还发现患者"瘫痪"的手臂其实可以活动。通过心理咨询、父母会谈，以及查阅患者的病历，他们发现患者从小就梦想成为一名医生。高中时期，她就因为各种模棱两可的症状频繁就医。等到了大四，在被所有申请的医学院拒绝后，她开始出现神经系统方面的症状。频繁住院成了家常便饭。有一次，她居然在康复医院住了八个月，在那里有人怀疑她在装病。她还在一次脑电波检查期间突然抽搐，但检测报告上的数值显示她并没有癫痫发作，这证实了她患有做作性障碍。

患者同意接受治疗，负责她的治疗小组很快就制订了治疗计划并设定了目标，包括提升她的掌控感和自尊水平，帮助她建立更好的人际关系、培养与她的年龄相符的兴趣爱好。治疗包括由两位心理学家共同负责的心理治疗、可以监测她"瘫痪"的手臂和腿部肌肉张力微小变化的生物反馈治疗，以及行为调节训练（例如，告诉患者的家属不要理会她的"癫痫发作"）。在前九个月里，患者每周接受一次治疗，在随后的六个月里，患者每月接受一次治疗。经过干预，患者最严重的症状，如瘫痪、癫痫发作、呼吸暂停和膀胱失控等，几乎都消失不见了，她住院的天数也大大减少了。此外，她还顺利考入了一所提供健康专业学位的大学，并开始参与符合其自身年龄的社交活动。

🗐 争议：做作性障碍究竟属于成瘾还是强迫

许多患有做作性障碍和孟乔森综合征的患者都会信誓旦旦地把那些装病和造假行为描述成不受控制的，简而言之，带有强迫或成瘾的特点。患者经常描述在成功欺骗他人后体验到的那种强烈的"快感"或极大的释放感和解脱感。受此影响的患者表示，他们其实也不想说谎，但就是无法停下来，哪怕说谎正在毁掉他们的生活。尽管这一领域的研究刚刚起步，但用于治疗强迫症和某些成瘾行为的药物可能会有一定的疗效。

对患者家属及其他相关人员来说，他们也要充分认识到自己在助长欺骗行为中所起的作用。下面这个案例就清晰地展示了在患者不需要承担任何责任的情况下提供经济来源的相互依赖行为所带来的恶劣影响。纵容和相互依赖是酗酒者和成瘾者的家人和朋友的典型行为，因为他们往往通过默许的方式纵容物质滥用。用以上这些词语来形容这个涉及物质滥用的孟乔森综合征案例简直再合适不过了。

醉生梦死的特伦斯

30岁的特伦斯为自己精心设计的悲惨故事持续了五年之久。他一直说自己患有癌症，病情时好时坏，接受化疗还带来了很大的副作用。他还有其他一些身体问题，这让他的痛苦雪上加霜。在这个过程中，特伦斯从父母那里前后共骗来了 20 多万美元。他的父母因为害怕被儿子嫌弃，甚至对他最显而易见的谎言都充耳不闻、视而不见。父母在特伦斯身上投了巨额资金却不要求他承担任何责任，也从未与负责他护理工作的医疗机构的缴费部门有过任何联系。事实上，特伦斯把这些钱都花在了吸毒和游玩上。他带着一群狐朋狗友去曼哈顿最豪华的餐厅和酒店，买最贵的票去看百老汇演出，整日醉生梦死、纵情享乐。特伦斯年迈的父母已经拿自己的房子做了三次抵押贷款，看来他们想要早日退休并颐养天年的愿望基本上是不可能实现了。他们写道：

特伦斯现在跟我们承认，一切都是谎言。他一直骗我们说自己患有肾细胞癌，只剩下六个月的生命。他不让我们跟医生或医院联系，因为他说他对自己的生命已经完全没有指望，所以希望我们尊重他的个人隐私。但现在我们知道了，他从来都没有接受过任何治疗或手术。同时，他还骗别人说自己的母亲正在昏迷中或已经去世，这都是一派胡言。他还说自己去过芝加哥、斯隆凯特林和梅奥诊所做临床化验，但也都是谎言。他骗我们说他做了多次手术，包括部分肺切除手术、部分胃切除手术、结肠造口术、双侧睾丸切除手术等，结果都是骗人的。他去斯隆－凯特林医院是为了看百老汇演出，根本就不是去做手术或接受治疗。我们花了大把大把的钱给他买一些根本不需要的东西，各种手杖、拐杖、腿部支架、助行器、腕带、手臂吊带、特制步行鞋，甚至还给他钱买用来遮盖术后秃头的围巾。这小子简直把我们当成了随时可用的"提款机"，可我们也不知道接下来该怎么办。

后来，这对父母不远千里乘坐飞机来见我，我对他们进行了一些心理教育和辅导。我强烈建议他们不要再满足特伦斯的要求，在必要时也可以和他彻底断绝关系，并且要认清他的谎言。这对父母需要接受的是，他们很可能会被儿子抛弃，但没有比这更加健康的选择了。他们接下来要大量使用"不"这个字，这是他们过去无法想象的。从那以后，他们就再也没有和我联系过。

有些做作性障碍患者会从匿名戒酒互助会的 12 步疗法中受益匪浅，这与成瘾患者有很多相似之处。有几位患者自行定制并"亲身践行"这一方案，以此来克服自身的做作性障碍（目前还没有"做作性障碍匿名互助会"或"孟乔森综合征匿名互助会"）。那些同时患有物质成瘾的患者可能会发现，如果参加匿名戒酒、戒毒、戒可卡因等互助会，会对他们的做作性障碍有一定的辅助治疗作用。在飞机上假装哮喘发作的少年卢瑟已经康复五年多了。卢瑟发现自学的 12 步疗法配合抗抑郁药、心理治疗及匿名戒毒互助会是打开他自我实现之门的关键所在。卢瑟现在已经是他所在社群中受人尊敬的领导者。我特别熟悉的另一位患者也写信说她的康复之路虽然不太平坦，但她庆幸自己仍在继续前行。

塔莎的经历

自从参加匿名戒酒互助会以来，我对寻求关注的渴望有了更多的掌控。我一生都在重复一种破坏性的模式：厌食、贪食、用刀子或刀片割伤自己。甚至还有一段时间，我跟很多男人上床，却还是嫌不够。这真让人不齿，也让我觉得自己从里到外都脏透了，但每当一个男人离开，我就想再找一个。因为我实在太渴望得到关注了。40 岁之前，我从未曾酗酒，但很快我就对酒精产生了依赖。奇怪的是，正是酒精拯救了我：我的醉态实在太明显了，我在大街上走就能被看出来。

塔莎发现，她在匿名戒酒互助会上获得的支持取代了她继续维持做作性障碍的需要，尽管就像她对酒精的渴望一样，伪造或自我诱发疾病的冲动一直在她的内心蠢蠢欲动。对许多患者来说，做作性障碍与成瘾行为如出一辙，康复将是一个伴随终生的过程，而且他们需要持续不断的支持才能防止自己走上老路。

另一些人会通过电话或互联网组成互助支持小组。事实上，互联网上就有不少面向做作性障碍患者和孟乔森综合征患者的线上支持小组，另外还有其他支持小组可以为各种形式的受骗者提供支持。此外，许多患者发现，直接通过电子邮件与从做作性障碍或孟乔森综合征中康复的人交流，也能获得安慰并有所改善。

尽管这种干预措施（成瘾治疗中的另一术语）在很大程度上尚未得到验证，但它应该很有价值。就做作性障碍而言，这一方法要求那些关爱并支持患者但又不愿意放纵患者继续招摇撞骗的人提前进行会谈，有时治疗师也会在场，大家一起商量何时、在何地及以怎样的方式面质患者。那些态度模糊不清或助长患者欺骗行为的家人和（或）朋友会被排除在外。其中一种策略是让每个人先以书面形式整理出患者装病的证据，接着，大家要决定如果患者不按照行动计划行事会有什么样的后果。该计划可能会包括接受精神科住院治疗（因此，最好提前选定一位住院精神科医生）和（或）门诊治疗。众人会要求患者给那些受骗者写坦白信、立即与某个人会面并告之真相，还会要求患者做一些具体的事情。之后，会有人安排患者在某个时间到某个地方去，而不透露这是在进行干预。

在会谈期间，众人会直接向患者呈现其装病的证据及其谎言带来的后果。如果患者拒绝继续参加会谈或拒绝遵守大家一致通过的规则，那么患者本人将承担一切后果。有时，这可能意味着减少或终止对患者经济上的支持，或者患者必须在某个日期前找到别的住处。然而，所有参与者都必须清楚，做作性障碍患者可能会做出危险的行为，甚至会威胁、企图或实施自杀，这些都是完全有可能的。因此，如果没有住院治疗，患者可能需要持续接受观察，直到干预小组的成员判定其安全为止。

干预本身也可以通过保全患者面子的方式来进行。例如，众人可以告诉患者，他们已经收集了很多铁证，证明患者根本没有生病；但患者或许是误解了医生的话，又或许是过度解读了正常的身体感觉，最终才走上了歧途。

📑 对医护人员的关爱

接受治疗的不仅限于做作性障碍患者本人。那些被卷入患者欺骗之网的专业医护人员或许也非常需要治疗的支持。为此，无论是患者仍在病房或急诊部门期间，还是在他们离开后相当长的一段时间内，心理咨询师都可以为相关医护人员提供心理上的帮助。即使患者拒绝接受治疗，心理咨询师仍然可以帮助医护人员处理情绪方面的困扰。就像我在前文提到的，这些患者常常会激起医护人员强烈的愤怒感、被背叛感，甚至厌恶感。医护人员需要学习如何管理这些负面情绪，以免影响对患者的正常护理工作。无论是在与做作性障碍患者接触期间还是之后，心理咨询师都需要对相关医护人员提供必要的心理教育和支持。参与其中的每个人都应该有机会充分讨论自己被触发的情绪和感受。由于护理人员与患者相处时间最长，因此他们特别容易受其影响。有些医院会为接触过这类棘手患者的工作人员提供团体治疗和支持性面谈。

《社会心理护理与精神健康服务杂志》（*Journal of Psychosocial Nursing and Mental Health Services*）和《重症监护护士》（*Critical Care Nurse*）上的文章的作者们认识到了护士在医护工作中承担的重要责任，并提供了一些操作指南，以帮助护士更好地服务做作性障碍患者。他们建议，护士要避免表现出任何敌意或排斥行为、表明自己已经意识到欺骗行为但不排斥患者、确保对患者保持切合实际的期望、为患者提供跨领域的综合护理、防止自己对患者或疾病过度卷入，并确保以客观事实来支持自己的怀疑。与其他医护人员一样，护士应该事先接受与做作性障碍有关的知识培训。这种早期教育培训不仅有助于护士与此类患者打交道，还能预防他们成为患者中的一员，因为护士被患者同化的风险会更高。组织护理专业培养项目的人已经认识到这些现实情况，并理解护士与所有专业人士一样需要必要的社会支持和相关项目，以满足他们的情感需求。

📋 理解治疗：他们既是患者也是骗子

做作性障碍患者完全忽略了他们对自己的身体及关心他们之人造成的影响。他们完全清楚自己的所作所为，却仍然一意孤行。满足需求已经成为他们生活的动力，但也蒙蔽了他们的双眼，让他们看不见自己的所作所为。而其他一切人和事都变得不重要了。

患者的亲朋好友及同事仿佛都被置于一种心理黄昏地带[①]：他们无法帮助做作性障碍患者改过自新，也无法处理自己被压抑的悲伤。正如我所指

---

① 黄昏地带：在这里，它可以被理解为法律和道德的灰色地带。——译者注

出的那样，当亲朋好友发现自己的满腔赤诚和牺牲都被浪费在了一个弄虚作假之人的身上时，他们会受到极大的情感创伤。那位深受众人爱戴的患有囊性纤维化疾病的教师其实是在装病——大家曾为其奉献了一整个篮球赛季，还纷纷倾囊相助——这让学校的校长如何向学生们解释呢。我在刚开始涉足做作性障碍这一奇特领域时，就遇到了这样的难题。

做作性障碍俨然是一盘一边倒的棋局。在这盘特殊的棋局中，患者支配着其他棋手的一举一动。尽管从表面上看似乎享有自主权和掌控权，但被迫卷入其中的人其实别无选择，只能配合着将这些自欺欺人的人当成真的患者。医学界关于由此造成的医疗资源浪费和反感呼声不断，但人性之善终究占了上风。虽然患者的欺骗行为在社会和医学上常常不被接受，但做作性障碍患者仍然享有接受精神治疗的权利，即便关于治疗的建议最终会遭到患者本人的拒绝。我知道许多特别成功的案例，其中不乏像罗伯塔和威诺娜这样的人（详见下文），大多数精神科医生无疑会将他们视为不可治疗的患者。

来自罗伯塔的忠告

作为一位基本康复的孟乔森综合征患者，我觉得有必要给那些想要帮助我和其他患者康复的人士一些指导原则和建议。愿意为我提供治疗的精神科医生少之又少，这主要是因为他们都认为我是不可被治愈的。通过有限的心理治疗结合我自创的自助技巧，我已经在彻底康复这条路上取得了长足的进步。

首先，我想强调的一点是，这种疾病是完全可以被治愈的。患者需要以积极的心态来接受心理治疗的帮助。任何从一开始就被认定会失败的治疗方法都将以无效告终。因为治疗师首先必须相信患者有康复的能力。我遇到过太多精神科医生，他们从一开始就认为治疗注定会失败，因此只建议维持支持性的"治疗"。如果精神科医生对积极的治疗结果充满信心，那么患者就更容易康复。我本人就是个活生生的例子，我可以充分说明顽固、严重的孟乔森综合征也是能被治愈的，彻底的康复并非痴人说梦。

做作性障碍患者是在不恰当地利用症状来满足日常生活中未被满足的特定需求。因此，康复的重点应该放在帮助患者以更恰当的方式满足这些需求上。由于这种障碍比较特殊，患者的许多需求最初会在与治疗师的关系中得到满足。

在安全、滋养性的治疗环境中，不要使用强硬（甚至敌对）的面质方法。无论是真实的还是虚假的症状，都应该得到认可和相应的治疗。患者要跟自己的主治医生保持良好的合作关系，这样主治医生也能认真对待患者的躯体主诉。医生应该始终明白，患者的症状有可能是伪造的，因此要避免采取伤害性和不必要的干预措施。我强烈建议，无论是否存在躯体方面的不适，患者都要定期与主治医生和精神科医生会面。这样做有助于缓解患者的被抛弃感，满足患者想要与医生联结的渴望，而不需要人为制造出问题来。在关系中感到安全和稳定是治疗取得成功的关键所在。只有这种心理需求定期得到满足，患者才能将精力放在生活的其他方面上，而不用再整日纠结于如何制造疾病和寻求抚慰。

在接受心理治疗的过程中，我花了很长时间才完全相信自己其实患有一种真实的疾病，也经历了很长的时间才接纳自己实际上是一位精神疾病患者，而不仅仅是在装病而已。这种问题就像成瘾一样，因此最开始可以将行为改变的目标设定得稍微小一点，不积跬步无以至千里。另外，复发也是完全有可能的。如果治疗师与患者签订治疗协议，规定一旦疾病复发就中止治疗，只会适得其反，但这种做法是比较常见的。在治疗中，患者仍然无法完全控制自己的行为，他们也会担心自己再次失败并被人抛弃。这些才是真正的问题所在，只是伪装成了其他模样而已。因此，治疗师的工作之一就是看穿患者的装病行为，试着了解其背后的心理动机。只有建立起相互信任的医患关系，面质才会有效果。即便疾病复发，治疗师也可以将其当作工具，用来进一步了解患者装病行为的动机和真实需求。如果患者觉得必须隐藏疾病复发的情况才能保护自己不被抛弃，这样的治疗就很难有好的效果。

找到曙光的威诺娜

我接受了众多精神科医生的治疗，但都失败了，因为他们都强制要求我签订治疗协议，一旦我的做作性障碍复发，他们就会停止治疗。这些糟糕的经历让我深感抑郁、绝望和失控。每次被医护人员拒绝或抛弃都会引发我又一次的装病行为。我会密集地伪造症状，去多达10家不同的医院就诊，这样的行为大约会持续三周左右，然后在接下来的三四个月里，我会什么都不做，只是努力收拾生活的残局。尽管我在专心工作时表现还算出色，但我经常被解雇。不过，我从未对家人撒谎，直到今天，他们仍然相信我说的都是实话。这些关系对我来说一直都非常重要，也是我能够回归健康生活的重要原因。

我之所以能够康复，主要是因为我下定决心要找到一种更好的生活方式，尽管当时的我无法想象那会是一种什么样的感觉，也不知道这样做是否值得。最终，我找到了一位不用签订治疗协议就愿意治疗我的精神科医生。他对我的康复起到了不可或缺的作用。虽然他曾多次在我非常想自杀的时候救过我的命，但我觉得他提供的最重要的帮助是他真的相信我，并且无条件地接纳我。在我需要他的时候，他总是在我身边。就像一个 1 岁大的孩子需要确认父母在房间里才能勇敢地探索房间的另一块区域一样，只有感觉他就在我身边，我才能勇敢尝试，才会使用新的、健康的应对方式。这是我经历过的最可怕的冒险，如果没有他，我真的不知道该怎么做。我认为精神卫生行业不要再要求像我这样的患者签订治疗协议了（"再装病一次，你就滚蛋！"），而是应该逐步创造安全的治疗环境，这样才能促进患者勇敢尝试从而迈向健康之路。如今，我能够对那些触发因素更加明晰，并努力保持稳定。

罗伯塔和威诺娜身为患者的现身说法，正如本书中其他人的叙述一样，对我们至关重要。为什么呢？一直以来，来自医疗专业人士的治疗建议和资源供不应求。然而，本书却让医疗专业人士和大众听到了来自患者本人、患者的亲朋好友乃至泛泛之交的那些不论强烈或平静都感人至深的声音，这些人都以自己独特的方式受到了影响。

改变往往发生在最意想不到的时候

康复，尤其是在孟乔森综合征病例中，有时得益于生活中意外的改变（例如，找到了一位知心伴侣），而不是精神科治疗本身。有位患者曾有自我诱发败血症、假性失明和假性不明原因发热病史，她迫不及待地接受了肌肉萎缩症的错误诊断，并因此坐上了轮椅。后来，这位患者通过教会结识了其他人并建立起友谊，之后，她逐渐放弃了那些伪装。这些关系只存在于医疗环境之外，并为她提供了她曾经只能借由装病寻求的滋养。

即便是那些成功康复的患者，也会有重蹈覆辙的冲动。滥用医疗资源的诱惑永远存在。毕竟，这是患者个人史的一部分，因此也将伴随他们一生。随着时间的推移，许多患者能够康复到只是偶尔会冒出这类念头。

被医院开除的阿德莱纳

我曾是一位做作性障碍患者，不过这似乎是很久以前的事情了。如今，我已不再整天"住"在急诊室里，也不再因为能给医疗急救人员提供扮演英雄的机会而感到满足了。相反，我嫁给了一位护士。或许这是最好的疗愈方式，因为如果我真的出现躯体疼痛，他不会跳起来过度反应。有一次，他要接受一个简单的手术，而我在候诊室外等他。我那时非常害怕，想象他在手术台上接受治疗的情景，让我这辈子都不想再看到医生了。后来，我还跟他讨论了医疗委托协议，并表示如果我将来得了什么病，我会自愿放弃任何治疗。想想看，我思考问题的方式几乎180度大转变了，这真的很奇怪。

虽然我曾与丈夫讨论过我的真实诊断，但他本人其实对心理学领域并不太感兴趣。事实上，他对精神病学和心理学领域反常的不信任可能是帮助我康复的一部分。因为他会不断地说，我并不是精神疾病患者，我也逐渐相信了这一点。因此，他对我的支持是我康复的关键因素之一。另一个因素是我在遇到他之前就有了孩子。有了孩子，我就没法一次性在医院住上几周，也不能一周进两次急诊室，更不可能随时"晕倒"和"停止呼吸"。实际上，由于做作性障碍这个疾病，我失去了女儿将近三年的监护权，只能把她交给我的父亲和继母照看。讽刺的是，在那段时间里，我的状况变得更糟了。孤身一人时，我特别需要身边能有个人，非常想有人能在乎我。哪怕不是情感上的关怀，有人能在身体上照顾我也行。于是，我想要生病并进入急诊室。就在我因伪装疾病住进精神病院后，我感到自己完全被困住了。我记得当时医护人员很纠结，有人相信我是真的生病了，也有人只把我当成一个频繁进出医院的常客。在那段时间里，我也在努力申请大学，还参加了急救医护人员的培训课程。当然，我在课程中表现得很出色。当医学研究已然成为我的生活时（为了把病装得更加逼真），这门课程对我来说简直易如反掌。

不过，我相信你能明白发生了什么。在同一个房间里有那么多"肾上腺素瘾君子"，实在太容易了。只需要很小剂量的肾上腺素（注射肾上腺素）就能让一名看似健康的年轻女子出现异常的心动过速。我甚至自我诱发过室上性心动过速（一种具有潜在生命危险的心律失常）。因为这个方法我使用了太多次，所以我最终被医院开除了——理由是他们说我的"健康状况"可能会将其他患者置于危险的境地。他们的做法我完全可以理解，却也让人心碎。直到后来，我嫁给了我的现任丈夫，我才又申请在那家医院工作，他们也重新接纳了我。我必须证明自己才能保住这份工作，而我也做到了，我一直保持身体健康。我深知，对一位做作性障碍患者来说，在医疗领域工作可能会成为康复的阻碍，但对我来说并非如此。我赢得了许多人的尊重，他们之前只要一见到我就翻白眼。我终于找到了婚姻也无法完全给予我的东西。我喜欢那种感觉，正是它帮助我避免了重蹈覆辙。

我在前文介绍过的温迪·斯科特的案例就是另一个十分有力的证明。她曾先后在欧洲数百家不同的医院累计住院约800次，直到后来，她偶然间在一所流浪者之家开始负责照顾一只宠物猫，才停止了欺骗行为。她明白，如果自己再次入院，就没人照顾宠物猫了。现在，她把自己看作一位照顾者，而不是被照顾者。由此，她仿佛一下子就摆脱了自己长期以来的欺骗行为。

与死亡擦肩而过的经历（如上一章提到的内莉的情况）往往会帮助患者最终意识到其行为的危险性及改变的必要性。他们会明白，原来自己并不像想象中的那样能够牢牢掌控自己的病症和体征。这时，医生要殷切鼓励这些患者与其他人建立联系，要通过语言而不是痛苦的行为来满足自身的需求。

冒 什么样的结果是可接受的

总体来看，做作性障碍患者，尤其是孟乔森综合征患者的预后依然不容乐观。他们无法忍受挫折，喜欢说谎，这与科琳等人的情况形成鲜明的对比。科琳对心理治疗和行为治疗持开放的态度，从而最终扭转了自己的生活方式。有些报告称，接受长期的心理治疗对某些患者会有所帮助，但病例的心理基础各不相同，因此治疗方法也必须因人而异。

对许多患者来说，我相信必须着眼于控制其行为而非寻求彻底治愈。也就是说，医生所能期望的最好结果就是减少他们伪造疾病的数量或降低他们伪造疾病的严重程度。有时，治疗也意味着部分满足患者的需求，而不必根除其潜在行为。如果患者有某类心理问题，医生有具体的治疗方案，而做作性障碍只是次要的，医生便可以在治疗患者主要障碍的同时处理其伪造疾病的问题。那些因重性抑郁障碍而患上做作性障碍的患者的预后是所有做作性障碍患者中最好的。对一些病情较轻或由特定情境诱发疾病的病例来说，家庭治疗技术或直接的实际干预（如解决社会环境问题）或许会取得不错的效果。大多数孟乔森综合征患者都非常难治，因此对他们来说，早期识别和伤害管控才是干预的关键——要尽量防止患者因反复手术和侵入性干预而造成躯体方面的伤害。

护理人员也必须接受做作性障碍患者可能会有"掉链子"的时候。出现这些问题并不意味着医生治疗失败，也不意味着应该放弃治疗。治疗这些疾病需要医生坚持不懈的努力。护理人员还要明白，如果给患者开具体的精神疾病处方，患者有可能会拒绝服药，甚至会滥用或误用药物。所以，医生不要放弃任何一种可能有效的治疗方法，并期待患者的健康状态可以越来越稳定。如果医生能将一位患者的住院时间减少 50%，那么治疗就已经取得了成效。为这样的患者进行治疗确实很难，因为他们本身可能没什么改变的动力。因此，为了取得好的疗效，医生还要考虑为做作性障碍患者提供替代性的社会支持资源。患者能否融入一个更具滋养性的社会支持系统，从而减少对症状的需求呢？找到一个社会支持系统，即便是像科琳找到的那样小却有力的支持系统，对于获得好的疗效也是至关重要的。

在《美国心理治疗杂志》（*American Journal of Psychotherapy*）上，詹姆斯·P. 梅奥（James P. Mayo）博士和约翰·J. 哈格蒂（John J. Haggerty）博士共同指出，截止到他们发表该报告时，已有 37 位做作性障碍患者同意接受广泛的评估或治疗。其中 22 人接受了数月至一年或更长时间的心理门诊治疗，有 10 人的病情已有所改善。与每年进入医院的大量做作性障碍患者相比，这些数字虽然微不足道，却也给其他做作性障碍患者带来了坚持下去的希望。尽管一些患者后来没有继续接受治疗，他们也部分获益了。梅奥博士和哈格蒂博士在报告中讲述了其中一位患者的故事。这是一名 22 岁的女子，她冒充精神科医生打电话给医院，转介自己入院接受"精神病性孟乔森综合征"治疗。在安排她入院时，这位患者谎称自己得了消化性溃病，结果顺利进入了诊疗病房。她最终承认自己患有孟乔森综合征，却不愿接受精神科住院治疗，而是接受了门诊治疗。令人惊讶的是，这位患者在 16 个月内累计接受了 70 次治疗。在那段时间里，她出现过多次失误，不仅取消过几次治疗，还多次装病住院。不过，她住院时恰好都赶上治疗师不在，这让她体验到了难以忍受的被抛弃感。虽然她最终退出了治疗，并继续自己的生活，但在接受治疗的中间八个月里，她的症状和行为确实有了显著的改善。这样看来，即使对那些最困难的病例来说，希望之火仍然会闪烁出莹莹微光。所以，临床医生面临的挑战在于看到光明，而不是畏惧黑暗。

对所有疾病来说，最好的治疗莫过于预防。如果医生能够找到合适的方法来有效缓解人们的匮乏感和绝望感，如果人们对关注和照顾的迫切需求能够通过社会支持和个人成就得到更好的满足，那么做作性障碍这种疾病很可能就会成为历史。除了在前言中向大家交代的一些期望，我还希望借由本书，为那些觉得自己孤立无援的迷途之人带来些许慰藉。

这些人究竟有多渴求关怀，以至于他们宁愿忍受巨大的痛苦和羞耻来换取片刻的照顾、关心和掌控感？作为精神科医生和科研人员，这是我愿倾尽毕生所学去探究的问题，同时也是我身为一名作者，真心恳请你可以在指责做作性障碍患者前慎重考虑的事情。正如诗人伊丽莎白·巴雷特·布朗宁（Elizabeth Barrett Browning）于 1857 年的诗中所写：

> 我想，如果天上的圣人看到人世间有这么多孤苦伶仃的生灵，
> 竟然在医院里学会跟人打交道，
> 在那里得到社会的慰藉，
> 他们的心情一定久久难以平复吧。

/ **致谢** /

我谨在此向众多同道表达诚挚的感谢，自本书初版问世以来的这20多年里，他们一直热心地与我分享观点、交流经验。正是借由我们持续不断地坦诚交流，了解各自观点的异同，大胆地求同存异，同心协力地开发相应的研究方法来推动这一领域的不断发展，我们才能深入、透彻地理解本书试图解释的核心议题。我要特别感谢詹姆斯·汉密尔顿博士和玛丽·谢里登博士，他们两位是我多年的挚友，也给了我相当多的支持。同时，我要感谢我那位不屈不挠的文学经纪人——来自旧金山 Veritas Literary 公司的凯瑟琳·博伊尔（Katherine Boyle）女士，从2002年项目启动到如今本书典藏版问世，她一直在为这个项目的顺利开展而辛勤付出。她平易近人、思想睿智、专业娴熟且待人热情。我也要由衷地感谢各位媒体合作伙伴，无论是传统媒体还是数字新媒体，多亏了他们，我才得以接触大量受众，努力开启一扇尘封已久的沉默之门。此外，我还要感谢 Taylor & Francis 出版集团的专业出版团队，感谢他们鼎力相助，倾情打造本书。一本书只有在被人阅读时才具有价值，他们当之无愧是本书的幕后英雄。我把最深切的感激之言放在最后：我万分、万分地感谢你们，感谢在过去的30多年里毫无保留地向我敞开心扉的患者、患者家属及相关人士。正是因为你们的勇敢、才华、热情和洞见，以及你们那份时常痛彻心扉的孤独感，才促成了本书的问世及新生。你们的分享对我意义非凡。